Die
Lehre von der Sylbenbildung
in Verbindung
mit der
Sprachzeichenlehre für Deutsche.

Zur
Benutzung in Deutschen Volksschulen
unterrichtlich dargestellt
von

F. H. G. Graßmann.

Berlin,
bei G. Reimer.
1828.

Sprachbildungslehre
für
Deutsche.

Zur
Benutzung in Deutschen Volksschulen
unterrichtlich dargestellt
von

F. H. G. Graßmann.

Erster Theil.

Die
Lehre von der Sylben-bildung
in Verbindung
mit der
Sprachzeichenlehre für Deutsche.

Berlin,
bei G. Reimer.
1828.

Berlin, gedruckt bei A. W. Hayn.

Vorrede.

In der einleitenden Abhandlung meiner Anleitung zu Denk- und Sprechübungen (Berlin. 1825. S. 23. folgg.) habe ich in kurzen Grundzügen einen Plan vorgezeichnet, wie nach meiner Ansicht der Sprachunterricht in Volksschulen auf eine naturgemäße Art behandelt werden müsse. Da mir inzwischen mehre nicht ungünstige Stimmen über die dort vorgetragene Ansicht des gesammten Elementarunterrichtes und besonders des Sprachunterrichtes zugekommen sind, so habe ich mich dadurch aufgemuntert gefühlt, zur weiteren Ausführung jenes Planes selbst vorzuschreiten, und übergebe hier dem Publikum die beiden ersten Theile meiner Darstellung des Sprachunterrichtes, wovon der erste Theil die Lehre von der Sylbenbildung und die ganze Sprachzeichenlehre, der zweite die Lehre von der Wortbildung enthält. Jeder derselben kann aber auch als ein für sich bestehendes Werk betrachtet und wird daher auch einzeln überlassen werden. Der dritte Theil, die Lehre von der Redebildung, wird vielleicht binnen Jahresfrist nachfolgen. Das Verhältniß, in welchem jene

Denk- und Sprechübungen zu diesem Sprachunterrichte stehen, ist in jener Einleitung ebenfalls näher beschrieben.

Nicht ohne einige Besorgniß lasse ich insbesondere den ersten Theil ans Licht treten, da einerseits die von dem Gewöhnlichen in so vielen Punkten abweichende Darstellungsweise des Inhaltes mich mancherlei Mißverständnisse fürchten läßt, andererseits der Einwurf so sehr nahe liegt, daß, wenn auch die Sache an sich selbst als richtig anerkannt werde, doch die Einführung in die Schule unthunlich sei und das Ganze dadurch alle praktische Wichtigkeit verliere.

Was den ersten Punkt betrifft, so ist die Darstellung der Sache mit einer ganz eigenthümlichen Schwierigkeit verbunden gewesen, die ich vielleicht nicht in ihrem ganzen Umfange überwunden haben mag. Die Untersuchung weiset darauf hin, daß die Art und Weise, wie wir die Sprachelemente (Sprachgrundtheile) durch Buchstaben bezeichnen, in vielen Fällen, und ganz besonders in Hinsicht auf die geschärften Vokale (gestoßenen Laute) unrichtig, und daß eine angemessenere Bezeichnungsart sehr wünschenswerth sei. Bei einer schriftlichen Mittheilung über diesen Gegenstand muß nun, indem man bemüht ist, gewisse Zeichen als unpassend und unrichtig gewählt nachzuweisen, inzwischen von dieser unrichtigen Bezeichnungsart selbst doch immer Gebrauch gemacht werden, und es kann nicht fehlen, daß dem Leser das richtige Verstehen des Vorgetragenen dadurch sehr erschwert und zu einer Verwirrung seiner Vorstellungen naher Anlaß gegeben wird; noch mehr wird die richtige Auffassung des Sinnes erschwert durch die große Weitläuftigkeit des Vortrages, zu welcher der Schriftsteller sich unumgänglich genöthigt sieht, indem er da, wo der mündliche Vortrag nichts als das einfache Aussprechen eines Tones verlangt, wortreiche Umschreibungen gebrauchen muß, um diesen Ton zu bezeichnen. — So sehr willkommen mir daher jede gründliche Prüfung meiner Ansicht über die Sprachelemente, besonders über die Vokale, und auch jeder begründete Tadel derselben, sein wird, da es mir lediglich um die Ermittelung und Aufhellung der Wahrheit zu thun ist, so dringend muß ich doch jeden Leser, der auf diesen Gegenstand überhaupt tiefer eingehen will, bitten, sein Urtheil über meine Angaben nicht früher auszusprechen, als bis er sich vollständig überzeugt hat, daß er meine wahre Meinung richtig gefaßt habe, und wirklich gegen diese und nicht gegen ein selbstgeschaffenes Gebilde ankämpfe.

Daß der Einwurf, die hier aufgestellte Behandlung des Sprachunterrichtes eigne sich für jetzt nicht zur Einführung in unsere Schulen, gegründet sei, erkenne ich in dem Maaße an, daß ich auch nicht einmal den Wunsch hege, daß diese Einführung sogleich geschehen möchte, ja daß ich in meinem Verhältnisse als Schulaufseher und als Vorsteher eines Schullehrer-Seminars die vollständige Anwendung in Schulen meines Wirkungskreises für jetzt sogar untersagt habe, weil bei dem jetzigen Stande der Dinge daraus unausbleiblich Verwirrung und Unordnung hervorgehen müßte. Dies konnte mich jedoch nicht abhalten, ein methodisches Lehrgebäude dieser Art, als Bild dessen, was eigentlich sein sollte und was sein könnte, wenn alle Beschränkungen der Gegenwart weggedacht werden, aufzustellen. Sollte es sich bewähren und von den Einsichtsvolleren anerkannt werden, daß es in sich richtig zusammenhange und in Uebereinstimmung mit dem Entwickelungsgange des menschlichen Geistes aufgestellt sei, so kann die darauf verwandte Mühe nicht vergeblich gewesen sein, und der Einfluß auf die Schule und durch diese auf das Leben wird nicht ausbleiben, da jede Annäherung zur Wahrheit gewiß auch fruchtbringend für das Leben ist. — Daß ich aber, ungeachtet dieser meiner Ueberzeugung von der jetzt noch nicht stattfindenden Anwendbarkeit dieser Lehrweise, dennoch großentheils die unterrichtlich-dialogische Form gewählt und damit eine wirkliche Anwendung scheinbar angenommen habe, geschah hauptsächlich, theils weil mir dies als die angemessenste Form erschien, um meine ganze Ansicht nach dem inneren Zusammenhange aller Theile klar darzustellen und den Leser auf die leichteste Weise in dieselbe ganz hineinzuführen, theils weil dieser Gegenstand nächst der Zahlenlehre und Raumlehre sich ganz vorzüglich dazu eignet, um daran ein Vorbild rein entwickelnder und naturgemäß fortschreitender Methode aufzustellen, welches unvollständig geblieben sein, ja seiner eigentlichen Grundlage entbehrt haben würde, wenn die methodische Behandlung der Elemente darin nicht mit aufgenommen wäre. Daher schmeichle ich mir auch, daß der Lehrer an Volksschulen, auch wenn er das Dargebotene in seiner Schule nicht sogleich anwenden kann, doch theils in Hinsicht auf Methode, theils um seine Einsicht in die Muttersprache zu befestigen und zu vervollständigen, aus dem Buche wird Nutzen ziehen können. Manche Abschnitte aus dem ersten Theile sind übrigens auch schon jetzt der unmittelbaren Anwendung in der Schule fähig, z. B. die ganze Rechtschreibelehre, wobei nichts als ein voraufgegangener Unterricht nach der sogenannten Lautirmethode vorausgesetzt wird.

Der Inhalt des zweiten Theiles, der Wortbildungslehre, liegt unstreitig der unmittelbaren Anwendung in der Schule viel näher und ich darf hier den Vorwurf der Unausführbarkeit wohl weniger fürchten. Ob die Wortbildungslehre nun nach ihrem ganzen Umfange in einer Schule durchzunehmen sei, oder wie weit damit nur gegangen werden könne, darüber läßt sich nichts Allgemeines sagen, sondern es müssen dabei alle besonderen inneren und äußeren Verhältnisse der Schule berücksichtiget werden. Auf jeden Fall möchte ich wünschen, daß in keiner Schule die Wortbildungslehre ganz übergangen, sondern daß überall wenigstens das Wesentlichste daraus genommen würde, wenn bei der großen Beschränktheit der Zeit, wie sie freilich in gar vielen Schulen stattfindet, die Beschäftigung damit sich auch nur auf die Aufsuchung von Wurzelwörtern und daraus hervorgehenden Ableitungen und Zusammensetzungen beschränken sollte, ohne auf die nähere Betrachtung der einzelnen Formen und die Art und Weise, wie dadurch das Innere, der Sinn der Wörter, äußerlich dargestellt wird, tiefer einzugehen. Es muß lediglich dem Ermessen der Schulaufseher und Lehrer überlassen bleiben, näher zu bestimmen, was in dieser Hinsicht gerade in ihrer Schule geleistet werden kann und wie danach der Unterricht anzuordnen ist, wobei dann dieses Handbuch der Wortbildungslehre dem Lehrer überall hinreichende Materialien darbieten wird.

Inhalt.

Die

Lehre von der Sylbenbildung

in Verbindung

mit der

Sprachzeichenlehre für Deutsche.

Erster Haupttheil.

Die Lehre von der Sylbenbildung in Verbindung mit der Reinen Sprachzeichenlehre.

Erster Abschnitt.

Von den Sprachgrundtheilen und deren reiner Bezeichnung. — Lautlehre.

Erstes Kapitel.

Aufsuchung sämmtlicher Sprachgrundtheile.

1.

L. Gib mir hinter einander an, was du deinen Leib nennst, wie weit derselbe sich erstreckt, und welches die Haupttheile desselben sind!

K. Mein Leib ist alles, was ich an mir sehen und fühlen kann. Er geht von den Fufssohlen bis zum Scheitel, und von da bis an die Fingerspitzen. Die Haupttheile desselben sind: der Kopf, der Hals, der Rumpf und die Gliedmafsen.

L. Wie würdest du das Ganze, was du jetzt ausgesprochen hast, wohl nennen?

K. — eine Rede —

L. Mußte ein Zuhörender nothwendig die ganze Rede, welche du ausgesprochen hast, hören, um etwas zu verstehen, oder sind in dieser Rede wohl schon kleinere Abschnitte enthalten, welche für sich einen verständlichen Sinn geben?

K. Schon kleinere Abschnitte geben einen verständlichen Sinn.

L. Gib mir einen solchen kürzern Abschnitt deiner Rede an, der für sich einen verständlichen Sinn gibt!

K. Mein Leib ist alles, was ich an mir sehen und fühlen kann.

L. Wovon redest du hier?

K. — von meinem Leibe.

L. Was sagst du von deinem Leibe aus?

K. Daß er alles ist, was ich an mir sehen und fühlen kann.

L. Du benennst hier also erst einen Gegenstand und sagst von ihm dann etwas aus. — Kannst du dir wohl denken, daß eine Rede oder ein Theil derselben einen verständlichen Sinn gäbe, wenn nicht beides darin vorkommt?

K. Nein; es muß in jedem Falle irgend wovon gesprochen und davon auch etwas gesagt werden, wenn man sich dabei etwas denken soll.

L. Eine jede solche Rede oder einen solchen Theil einer Rede, worin ein Gegenstand benannt und von ihm etwas ausgesagt wird, nennt man einen Satz. —

Kannst du nicht in dem vorhin angeführten Abschnitte deiner Rede wieder einen kleinen Abschnitt unterscheiden, in welchem ein Gegenstand benannt und von ihm etwas ausgesagt wird?

K. Ja, in der letzteren Hälfte wird mit dem Ausdrucke ich jemand benannt, der etwas kann, und es wird von ihm (von mir selbst) ausgesagt, daß er etwas sehen und fühlen kann.

L. Also ist in dem vorigen Abschnitte der Rede auch noch mehr als Ein Satz enthalten. Suche ihn in die einzelnen Sätze zu zerlegen, welche er enthält, und gib mir dieselben, jeden besonders, an!

K. Mein Leib ist alles —
Ich kann an mir etwas sehen und fühlen.

L. Wollen wir es ganz genau nehmen, so können wir den letzteren Satz noch wieder in folgende zwei Sätze zerlegen: ich kann an mir etwas sehen — ich kann an mir etwas fühlen. — Da aber diese beiden Sätze bis auf einen einzigen Ausdruck gleichlautend sind, so spricht man das Gemeinsame nur Einmal aus und verknüpft blos das Verschiedene durch ein hinzugefügtes und. — Gib also die drei einfachen Sätze an, aus welchen dieser Abschnitt unserer Rede besteht!

K. Mein Leib ist alles —
Ich kann an mir etwas sehen.
Ich kann an mir etwas fühlen.

L. Da ich nun nicht sagen will, daß mein Leib alles Mögliche oder alles Vorhandene sei, sondern nur alles in einem gewissen Umfange oder in einer gewissen Beschränkung, so werden die beiden letzten Sätze, nachdem sie auf die angegebene Art durch und verbunden sind, gebraucht, um den Umfang näher anzugeben, in welchem Alles hier verstanden werden soll, und diese Verbindung der beiden letzten Sätze mit dem ersten macht zugleich die Verwandlung des etwas in was und einige andere Umstellungen der Bestandtheile der letzteren Sätze nothwendig, so daß diese drei Sätze, zu einem Ganzen verbunden, nun wie lauten?

K. Mein Leib ist alles, was ich an mir sehen und fühlen kann.

L. Gib mir den nächstfolgenden Abschnitt der vorher aufgestellten Rede an!

K. Er geht von den Fussohlen bis zum Scheitel und von da bis an die Fingerspitzen.

L. Wer geht?

K. Er.

L. Was ist mit diesem Er gemeint?

K. Mein Leib.

L. Von wem wird hier etwas gesagt?

K. Von meinem Leibe.

L. Richtig! der kurze Ausdruck er steht anstatt mein Leib und ist darum gesetzt, damit man den längern Namen des Gegenstandes, von dem man etwas sagen will, nicht so oft wiederholen dürfe. Wenngleich in diesem Abschnitte der Rede ein Gegenstand nicht geradezu benannt wird, so ist doch in ihm etwas vorhanden, was auf den schon vorhergegangenen Namen desselben zurückdeutet. Um also unsere vorige Erklärung von einem Satze vollständig zu machen, wollen wir darin noch aufnehmen, daß der Gegenstand auch bloß angedeutet werden könne.

Ein Satz ist eine Rede oder ein Theil einer Rede, in welchem ein Gegenstand benannt oder wenigstens angedeutet, und von ihm etwas ausgesagt wird.

K. w., d. h. die Kinder wiederholen das vom Lehrer Vorgesprochene.

L. Untersucht nun, ob der angeführte Abschnitt der Rede nur Ein Satz ist oder mehre Sätze enthält!

K. Es sind eigentlich zwei Sätze: Er geht von den Fuſssohlen bis zum Scheitel — er geht von da bis an die Fingerspitzen. Was diese beiden Sätze Gleiches enthalten, ist nur Einmal gesagt und das übrigbleibende Verschiedene durch und verbunden.

Der noch übrig bleibende Theil der Rede kann, streng genommen, noch in vier Sätze zerlegt werden:

Ein Haupttheil desselben ist der Kopf.
— — — der Hals.
— — — der Rumpf.
Haupttheile desselben sind die Gliedmaſsen.

Da aber diese Sätze nicht blos gleichartig sind, sondern auch größtentheils dieselben Bestandtheile enthalten, so hat man sie dadurch wieder mit einander verbunden, daß man das Gleiche nur Einmal sagte, das Verschiedene aber hinter einander angab und die beiden letzten Bestandtheile durch und verband. Dabei muß wegen der Mehrheit der Dinge, von denen man etwas aussagt, Hauptheile statt Haupttheil und sind statt ist gesagt werden. Desselben ist ein stellvertretender Ausdruck und steht anstatt meines Leibes.

L. Gebt mir jetzt alle einzelne Sätze an, welche in der angeführten Rede enthalten sind, wie sie, außer Verbindung gebracht, lauten!

K. Mein Leib ist alles —
Ich kann an mir etwas sehen.
Ich kann an mir etwas fühlen.
Er (mein Leib) geht von den Fussohlen bis zum Scheitel.
Er geht von da bis an die Fingerspitzen.
Ein Haupttheil meines Leibes ist der Kopf.
— — — der Hals.
— — — der Rumpf.
Haupttheile meines Leibes sind die Gliedmaßen.

L. Woraus besteht also eine Rede?

K. Eine Rede besteht aus Sätzen.

Es folgen mehre ähnliche Zerlegungen einer Rede in Sätze, insoweit es nöthig ist.

2.

L. Wiederholt den ersten größeren Abschnitt der vorigen Rede!

K. Mein Leib ist alles, was ich an mir sehen und fühlen kann.

L. Welcher Bestandtheil des ersten Satzes gibt den Namen des Gegenstandes an, von welchem etwas gesagt werden soll?

K. Mein Leib.

L. Könnt ihr euch wohl eine bestimmte Vorstellung von etwas machen, wenn jemand sagt mein Leib?

K. Ja! es wird zwar damit von einem Dinge nicht etwas ausgesagt, aber wir können uns doch das Ding selbst vorstellen, welches der Sprechende meint.

L. Könnt ihr nicht selbst von dem Gesagten noch weniger hören, und euch doch schon etwas vorstellen, was damit bezeichnet ist?

K. Ja! schon wenn wir Leib hören, können wir uns etwas dabei vorstellen.

L. Ein Theil eines Satzes, bei welchem man sich etwas vorstellen kann, heißt ein **Wort**.

K. w.

L. Könnt ihr euch bei mein auch etwas vorstellen? Was?

K. Wir können uns bei mein zwar nicht ein besonderes Ding vorstellen, wie bei Leib; aber wenn es zu Leib gesetzt wird, so sieht man daraus, daß es der Leib dessen sein soll, der da spricht. Also kann man sich bei mein auch etwas vorstellen.

L. Was ist also mein auch?

K. Ein Wort.

L. Eben so könnt ihr euch bei ist, alles, was, ich, an, mir ꝛc. etwas vorstellen; jeder dieser Theile des Satzes bedeutet etwas, und daher sind es lauter Wörter. — Woraus besteht also ein jeder Satz?

K. **Ein jeder Satz besteht aus Wörtern.**

L. Was ist ein **Wort**?

K. **Ein Wort ist ein Theil eines Satzes, bei dem man sich etwas vorstellen kann, oder, der etwas bedeutet.**

L. Aus wie vielen Wörtern besteht der vorhin angeführte Abschnitt der Rede? Zählt sie auf!

K. — aus 12 Wörtern: Mein, Leib, ist, alles u. s. w.

Zerlegung des Nachfolgenden und mehrer andern Sätze in Wörter.

3.

L. Gebt die Wörter des ersten Satzes einzeln an!

K. Mein — Leib — ist — alles u. s. w.

L. Merkt einmal darauf, ob ihr das Wort alles eben so aussprecht, als jedes der drei vorhergehenden Wörter! Wenn ihr einen Unterschied bemerkt, so gebt ihn mir an!

K. Das Wort mein sprechen wir auf Einmal ganz aus, aber das Wort alles sprechen wir in zwei Absätzen aus.

L. Richtig! Wir wollen sagen: das Wort mein (Leib — ist) wird mit Einem Ansatze der Stimme, das Wort al-les mit zwei Ansätzen der Stimme ausgesprochen. — Fahrt fort, von den nachfolgenden Wörtern anzugeben, mit wie vielen Ansätzen der Stimme sie ausgesprochen werden!

K. Die Wörter was — ich — an — mir — und — kann werden mit Einem Ansatze der Stimme ausgesprochen.

Die Wörter sehen — fühlen werden mit zwei Ansätzen der Stimme ausgesprochen.

L. Findet ihr im Nachfolgenden auch noch Wörter, welche mit mehr als zwei Ansätzen der Stimme ausgesprochen werden?

K. Ja! Fussohlen — Hauptteile — desselben — Gliedmaßen werden mit drei — — Fingerspitzen wird mit vier Ansätzen der Stimme ausgesprochen.

L. Was mit Einem Ansatze der Stimme ausgesprochen wird, heißt eine Sylbe (oder eine Spelle).

K. w.

L. Wenn ihr die Sylbe mein hört, braucht ihr noch mehr, um euch dabei etwas vorstellen zu können?

K. Nein! wir können uns schon bei dieser Einen Sylbe etwas vorstellen.

L. Was ist diese Sylbe also zugleich?

K. Die Sylbe mein ist zugleich ein Wort.

L. Könnt ihr euch bei der Sylbe al für sich allein auch schon etwas vorstellen? Was bedürft ihr noch?

K. Bei der Sylbe al für sich allein können wir uns noch nichts vorstellen. Wir müssen noch eine andere Sylbe, wie z. B. les (oder le, lein, ter ꝛc.) dazu hören, ehe wir uns eine Vorstellung machen können.

L. Erst dann werdet ihr also auch ein Wort haben. Wie werdet ihr die Wörter nach der Anzahl der Sylben eintheilen?

K. In einsylbige und mehrsylbige Wörter, und die mehrsylbigen Wörter sind nach der bestimmten Zahl der zu ihnen gehörigen Sylben wieder zweisylbige, dreisylbige, viersylbige ꝛc. Wörter (zwei-, drei-, vierspellige Wörter) u. s. w.

L. Woraus bestehen also Wörter?

K. Wörter bestehen aus Sylben.

L. Was ist eine Sylbe?

K. Eine Sylbe ist ein Wort oder ein Theil eines Wortes, welcher mit Einem Ansatze der Stimme ausgesprochen wird.

Weitere Uebung des Zerlegens von Wörtern in Sylben.

Anmerk. Sollte es den Kindern auffallen, daß z. B. Fuſs hier nicht als ein Wort anerkannt, sondern nur als eine einzelne Sylbe des Wortes Fuſssohlen betrachtet wird; so wird der Lehrer leicht zeigen können, daß Fuſs zwar sonst ein eigenes Wort sey, daß aber hier bei dieser Sylbe nicht der ganze Fuß, sondern bei Fuſssohlen nur an die Sohlen (die unteren Flächen) desselben gedacht werden solle, und daß Fuſs nur dabei stehe, um anzuzeigen, daß die Sohlen eines Fußes, und nicht etwa die Sohlen an Stiefeln oder Schuhen gemeint sind.

4.

L. Wir haben jetzt die Rede in ihre Theile, und die Theile wieder in kleinere Theile zerlegt, bis wir zuletzt auf Sylben als solche Theile gekommen sind, die mit Einem Ansatz der Stimme ausgesprochen werden, aber für sich allein noch nichts bedeuten, wenn sie nicht zugleich auch Wörter sind. Wiederholt mir, ehe wir weiter gehen, die bisherige Eintheilung der Rede!

K. Eine Rede besteht aus Sätzen — oder: Theile der Rede sind Sätze.

Sätze bestehen aus Wörtern — oder: Theile von Sätzen sind Wörter.

Wörter bestehen aus Sylben — oder: Theile von Wörtern sind Sylben.

L. Es fragt sich nun, ob auch die Sylben noch aus Theilen bestehen, und ob wir die Eintheilung also noch weiter fortsetzen können, oder ob wir mit den Sylben auf etwas Untheilbares und Einfaches gekommen sind. Dies wollen wir jetzt näher untersuchen. — Gebt die beiden ersten Sylben des ersten Satzes an!

K. Mein — Leib.

L. Klingen beide Sylben ganz verschieden, oder glaubt ihr, daß beide Sylben etwas Gleiches haben? — Um es euch zu erleichtern, wollen wir die Sylben etwas abändern. Denkt euch den Anfang des Satzes in folgenden Wörtern: Theile meines Leibes sind: der Kopf u. s. w. —

L. Gebt aus jedem der drei ersten Wörter die erste Sylbe an!

K. Thei — mei — Lei.

L. Glaubt ihr, daß diese drei Sylben etwas Gleiches haben?

K. Ja.

L. Klingen sie ganz gleich, oder vernehmt ihr neben dem Gleichen auch noch etwas Verschiedenes?

K. Wir hören in allen dreien neben dem Gleichen noch etwas Verschiedenes.

L. Schon daraus könnt ihr entnehmen, daß jede dieser Sylben sich noch in kleinere Theile zerlegen lassen müsse. Denn wenn eine Sache mit einer andern Gleiches und Verschiedenes enthält, so muß jede derselben ein Zusammengesetztes sein, also mehre Theile enthalten, so daß ein Theil der einen mit einem Theile der andern gleich und das Uebrige der einen von dem Uebrigen der andern verschieden ist. — Versucht jetzt das Gleiche in den Sylben Thei — mei — Lei für sich allein darzustellen! — Da es euch noch schwer wird, so sprecht erst diese drei Sylben noch einmal, und dann noch folgende Sylben dazu: rei — schei — kei — bei u. s. w.

K. sprechen: Thei — mei — Lei — rei — schei — kei — bei rc. — Das Gleiche in allen diesen Sylben ist æi.

L. Richtig! — æi hört man in allen Sylben. — Sprecht noch einmal diese ganze Reihe von Sylben und merkt darauf, ob ihr das Verschiedene in ihnen vor oder nach dem æi hört!

K. Wir hören es in allen vor dem æi.

L. Nun wollen wir es in der Sylbe, von welcher wir ausgingen, zuerst aufzufinden suchen — mein. — Sprecht mein und mir und merkt, ob ihr in beiden Sylben etwas Gleiches, und wo ihr dasselbe hört!

K. Mein — mir. Ja, wir hören etwas Gleiches und zwar zu Anfange der Sylben.

L. Versucht es für sich darzustellen, und damit ihr es desto leichter findet, so sprecht diese Sylhen noch einmal aus und dazu nachher noch die Sylben mit — ma — mut — müh u. s. w.

K. Mei — mir — mit — ma — mut — müh u. s. w. — Das Gleiche in allen diesen Sylben klingt m (sie sprechen den Halblaut *m*).

L. Jetzt haben wir aus der Sylbe mein schon zwei verschiedene Theile herausgenommen. Gebt sie an!

K. sprechen: m, æi.

L. Haben wir die Sylbe dadurch erschöpft, oder bleibt von ihr noch etwas übrig? — Um es zu finden, vergleicht die Sylbe mein mit der Sylbe meil. Seht zu, ob die Sylbe meil die vorhin angegebenen beiden Theile auch hat, ob außerdem in jeder der beiden Sylben noch etwas Verschiedenes sey, und wo ihr dieses hört!

K. Ja! die Sylbe meil enthält die beiden vorhin angegebenen Theile (m-æi) auch, und außerdem hat jede dieser beiden Sylben am Ende noch etwas Verschiedenes.

L. Um diesen dritten Bestandtheil unserer Sylbe zu finden, vergleicht damit aus den Worten unserer Rede noch folgende Sylben: kann — von — den — hen — und sucht das Gleiche, was ihr in ihnen allen am Schlusse hört, anzugeben!

K. Mein — kann — von — den — hen. — Das Gleiche in allen klingt n.

L. Gebt nun die Bestandtheile der Sylbe mein an, wie wir sie gefunden haben, und merkt darauf, ob ihr außer denselben in dieser Sylbe noch etwas hört, oder ob die Sylbe dadurch erschöpft ist!

K. M-æi-n. — Wir hören in dieser Sylbe nichts weiter; sie ist also ganz in ihre Bestandtheile zerlegt.

L. Von der Sylbe Leib ist uns einer ihrer Bestandtheile æi schon bekannt geworden. Sucht jetzt die anderen Bestandtheile dieser Sylbe auf!

Der L. gibt ihnen, um den Anfang aufzufinden, etwa noch die Sylben les, len, laut 2c., und die Kinder finden dadurch den Halblaut l. Um den Schluß zu finden, gibt er ihnen etwa noch die Sylben Grab, ob, Kop 2c., wodurch die Kinder den scharfen Schluß p auffinden.

Eben so werden dann die nachfolgenden Sylben ist, al-les in folgende Sprachtöne zerlegt: ĕ, ß, t, — ă, l, l, ǣ, ß *). — Um jeden einzelnen neuen Sprachton aufzufinden, gibt der L. erst, so weit es angeht, aus der zur Untersuchung vorliegenden Rede, dann aus dem übrigen Sprachvorrathe, solche Sylben zu Hülfe, welche außer dem Einen Sprachtone, welchen er finden lassen will, lauter ungleiche Bestandtheile enthalten.

L. Gebt mir jetzt alle Bestandtheile der durchgegangenen Sylben in der Reihenfolge an, wie wir sie gefunden haben, indem ihr dabei diejenigen übergeht, welche mehr als einmal vorgekommen sind!

K. M, æi, n, l, p, ĕ, ß, t, ă, ǣ.

L. Sprecht den ersten aus, und untersucht dabei, ob ihr noch eine Verschiedenheit von Theilen in ihm bemerkt! — Merkt besonders darauf, ob er am Ende eben so klingt, wie am Anfange!

K. m. — Wir hören nichts Ungleiches in ihm, sondern er klingt am Ende noch eben so, wie am Anfange.

L. Richtig! Ihr könnt zwar die Aussprache nach Willkühr verlängern oder abkürzen, aber der Klang des Tones bleibt sich während der ganzen Dauer des Aussprechens immer gleich. — Sprecht jetzt den zweiten Bestandtheil aus und stellt darüber dieselbe Untersuchung an!

K. æi. — Er klingt am Ende anders als am Anfange; doch geht man über den Anfang schnell hinweg, und dann klingt er während der übrigen Dauer des Aussprechens gleich. In ihm sind also noch verschiedene Theile zu unterscheiden.

L. Erklärt euch über alle andern bisher gefundenen Bestandtheile der Sylben einzeln der Reihe nach! Gebt mir von einem jeden insbesondere an, ob ihr noch eine Verschiedenheit von Theilen in ihm gewahr werdet, oder nicht!

---

*) Ueber die abweichende Buchstabenbezeichnung vergleiche das Nachfolgende. — — ß soll das Zeichen des scharfen Zungenhauches sein und in lateinischer Schrift das deutsche ß ersetzen, wofür es in der lateinischen Schrift kein einfaches Zeichen gibt.

K. n — läßt sich länger oder kürzer aussprechen, aber der Klang bleibt sich überall gleich, und es ist also keine Verschiedenheit von Theilen zu erkennen.

l — eben so.

p — wird in einem Augenblicke herausgestoßen und läßt sich gar nicht abkürzen; wegen dieser augenblicklichen Aussprache läßt sich keine Verschiedenheit von Theilen in ihm denken.

ĕ — eben so.

ß — die Aussprache läßt sich verlängern und abkürzen, aber der Klang bleibt sich überall gleich.

t — die Aussprache geschieht augenblicklich, läßt sich nicht abkürzen und verstattet keine Verschiedenheit von Theilen.

ă — eben so.

æ̆ — eben so.

L. Unter den bisher gefundenen 10 Bestandtheilen von Sylben sind also 9, in welchen ihr keine Verschiedenheit von Theilen annehmen zu können glaubt, und welche ihr dadurch für untheilbar erklärt; — nur in einem einzigen erkennt ihr eine Verschiedenheit von Theilen darum an, weil er am Ende anders klingt, als am Anfange.

Wenn man eine Sache so weit in ihre Theile aufgelöset hat, daß nun weiter keine Zertheilung stattfinden kann, weil man auf etwas Untheilbares gekommen ist, so nennt man die zuletzt gefundenen Theile ihre Grundbestandtheile oder Elemente. Was sich noch in Theile zerlegen läßt, nennt man auch zusammengesetzt, dasjenige aber, was keine Theile enthält, einfach. — So werden wir nun auch solche Bestandtheile von Sylben, welche wie die 9 gefundenen alle fernere Theilbarkeit ausschließen, Grundbestandtheile oder einfache Bestandtheile der Sprache, kürzer Sprachgrundtheile oder Sprachelemente, nennen können, wollen jedoch für gewöhnlich der größeren Verständlichkeit wegen einfache Sprachtöne sagen. —

Den Bestandtheil æi können wir zwar, streng genommen, nicht hierzu rechnen; da man aber über den Anfang desselben so schnell hinwegeilt und er während der übrigen Dauer des Aussprechens gleich klingt, der Anfang sich auch so leicht und ungezwungen an das Nachfolgende anschließt, so wollen wir ihn hier vorläufig den einfachen Bestandtheilen der Sprache oder den Sprachelementen (den einfachen Sprachtönen) beizählen, wollen uns aber dabei vorbehalten, über ihn, und wenn sich etwa noch einige andere dieser Art darbieten möchten, künftig eine nähere und strengere Untersuchung anzustellen.

Woraus bestehen nach unserer bisherigen Untersuchung also Sylben?

K. Sylben bestehen aus Sprachgrundtheilen oder einfachen Sprachtönen.

L. Was sind Sprachgrundtheile oder einfache Sprachtöne?

K. Sprachgrundtheile oder einfache Sprachtöne. sind diejenigen letzten Bestandtheile der Sprache, welche sich nicht weiter in kleinere Theile zerlegen lassen.

L. Da wir jetzt in der Zerlegung der Rede zu einem Schlusse gekommen sind, so wiederholt mir die Folge der gemachten Eintheilungen im Zusammenhange!

K. Eine Rede besteht aus Sätzen — oder: Theile der Rede sind Sätze.
Sätze bestehen aus Wörtern — oder: Theile von Sätzen sind Wörter.
Wörter bestehen aus Sylben — oder: Theile von Wörtern sind Sylben.
Sylben bestehen aus Sprachgrundtheilen oder einfachen Sprachtönen — oder: Theile von Sylben sind Sprachgrundtheile oder einfache Sprachtöne.

L. Gebt

L. Gebt auch umgekehrt an, wie aus dem Einfachen das Zusammengesetzte nach und nach entsteht!

K. Ein oder mehre Sprachgrundtheile (einfache Sprachtöne) bilden eine Sylbe.
Eine oder mehre Sylben bilden ein Wort.
Mehre Wörter bilden einen Satz (selten Ein Wort, z. B. schreibe).
Ein oder mehre Sätze bilden eine Rede.

5.

L. Schon bei der Zergliederung des ersten Satzes unserer Rede haben wir 10 verschiedene einfache Sprachtöne gefunden; es hat sich aber auch schon bis hierher gezeigt, daß dieselben einfachen Sprachtöne in verschiedenen Sylben wiederkehren (l in Leib und alles, ß in ist und les). Wir wollen jetzt die ganze Rede, welche wir in unserer bisherigen Betrachtung zum Grunde gelegt haben, in ihre einfachen Sprachtöne zerlegen und sehen, wie viel einfache Sprachtöne darin enthalten sein werden. Merkt es daher jedesmal an, wenn wir einen neuen finden, und behaltet die Zahl der gefundenen!

Es wird nun Sylbe für Sylbe durchgegangen; die schon vorgewesenen Sprachtöne werden abgesondert und die neugefundenen werden der Zahl der bisherigen hinzugefügt. In dem ersten Satze waren 10 verschiedene einfache Sprachtöne enthalten:

m, æi, n, l, p, ĕ, ß, t, ă, æ̆.

was — w, ă, ß — gibt blos den neuen Sprachton w, da ă und ß schon da gewesen sind.
ich — ĕ, ch — gibt den neuen Sprachton ch.
an — ă, n — gibt keinen neuen.
mir — m, ī, r — gibt zwei neue Sprachtöne: ī und r.
se — s, ē — gibt zwei neue: s und ē.
hen — h, æ̆, n — gibt einen neuen: h.
und — ŏ, n, t — gibt einen neuen: ŏ.
füh — f, ǖ — gibt zwei neue: f und ǖ.

len — l, æ̆, n — gibt keinen neuen, da alle drei da gewesen sind.
kann — k, ā̆, n — gibt einen neuen: k.
er — æ̆, r — gibt keinen neuen.
geht — j, ē, t — gibt einen neuen: j.
von — f, å̆, n — gibt einen neuen: å̆.
den — d, ǣ, n — gibt zwei neue: d, ǣ.
Fuſs — f, ŭ, ß — gibt einen neuen: ŭ.
soh — s, ō — gibt einen neuen: ō.
len — l, æ̆, n — gibt keinen neuen.
bis — b, ĕ, ß — gibt einen neuen: b.
zum — t, ß, ŏ, m — gibt keinen neuen (z besteht aus t u. ß).
Schei — sch, æi — gibt einen neuen: sch.
tel — t, æ̆, l, gibt keinen neuen.
und — ŏ, n, t — gibt keinen neuen.
von — f, å̆, n — gibt keinen neuen.
da — d, ā — gibt einen neuen: ā.
bis — b, ĕ, ß — gibt keinen neuen.
an — ă, n — gibt keinen neuen.
die — d, ī — gibt keinen neuen.
Fin — f, ĭ, η *). — gibt zwei neue: ĭ, η *).
ger — j, æ̆, r — gibt keinen neuen.
spit — sch, p, ĕ, t — gibt keinen neuen.
zen — t, ß, æ̆, n — gibt keinen neuen.
Die — d, ī — gibt keinen neuen.
Haupt — h, au, p, t — gibt einen neuen: au.
thei — t, æi — gibt keinen neuen.
le — l, ē — gibt keinen neuen.
des — d, æ̆, ß — gibt keinen neuen.

---

*) η soll in lateinischer, so wie η in deutscher Schrift, ein anderes Zeichen für den Kehlhalblaut sein, und die Form des Zeichens an die Verwandtschaft mit n und n erinnern. Die vom Hergebrachten abweichende Bezeichnung der einfachen Sprachtöne bei der Zerlegung der Sylben wird im Nachfolgenden ihre Aufklärung finden.

sel — s, æ̈̆, l — gibt keinen neuen.
ben — b, æ̈̆, n — gibt keinen neuen.
sind — s, ë̆, n, t — gibt keinen neuen.
der — d, æ̈̆, r — gibt keinen neuen.
Kopf — k, å̆, p, f — gibt keinen neuen.
der — d, æ̈̆, r — gibt keinen neuen.
Hals — h, ä̆, l, ß — gibt keinen neuen.
der — d, æ̈̆, r — gibt keinen neuen.
Rumpf — r, ö̆, m, p, f — gibt keinen neuen.
und — ö̆, n, t gibt keinen neuen.
die — d, ī — gibt keinen neuen.
Glied — j, l, ĭ, t — gibt keinen neuen.
ma — m, ā — gibt keinen neuen.
ßen — ß, æ̈̆, n — gibt keinen neuen.

Die ganze Reihe der bisher gefundenen verschiedenen einfachen Sprachtöne ist also folgende:

m, æi, n, l, p, ë̆, ß, t, ä̆, æ̈̆, w, ch, ī, r, s, ė, h, ö̆,
f, ǖ, k, j, å̆, d, ǣ, ü̆, ō, b, sch, ā, ï̆, ŋ, au.

Es sind also bis hierher 33 verschiedene einfache Sprachtöne gefunden worden, von denen keiner dem andern ganz gleich ist.

L. Euch fällt es schwer, bei der zunehmenden Anzahl einfacher Sprachtöne, die wir finden, diejenigen zu behalten, welche wir bereits gehabt haben, und welche noch nicht da gewesen sind; und noch schwerer fällt es euch, jeden einzelnen von dem andern zu unterscheiden. Um daher eurem Gedächtnisse zu Hülfe zu kommen, wollen wir sichtbare Zeichen zu Hülfe nehmen, und ich werde für jeden neu gefundenen einfachen Sprachton ein bestimmtes Zeichen an die Wandtafel schreiben, welches uns an denselben erinnern soll. Die Bedeutung dieser Zeichen müßt ihr euch daher genau merken. — Da diese Zeichen sich in geschriebenen Büchern gewöhnlich finden und daher unter dem Namen Buchstaben als Mittel zur Bezeichnung der einfachen Sprachtöne allgemein eingeführt sind, so müßt ihr dieselben nicht blos kennen, sondern auch fertig nachbilden lernen, und wir wollen künftig einige besondere Stunden in der Woche dazu bestimmen, daß ihr euch in der Nachbildung derselben übt. — Was sind also Buchstaben?

K. Buchstaben sind sichtbare Zeichen für die einfachen Sprachtöne.

L. Das Nachbilden der Buchstaben nennt man schreiben, und die dazu von uns bestimmten Stunden sollen daher auch Schreibestunden heißen.

Der Lehrer schreibt ihnen nun die Buchstaben der kleinen deutschen Currentschrift erst in derjenigen Folge an die Wandtafel, in welcher die ihnen entsprechenden einfachen Sprachtöne aufgefunden worden sind, also das Bisherige auf folgende Art:

1) m.	12) ch.	23) å̆.
2) åi.	13) ī.	24) d.
3) n.	14) r.	25) ǟ.
4) l.	15) ſ.	26) ü̆.
5) p.	16) ē.	27) ō.
6) ĕ.	17) h.	28) b.
7) ß.	18) ŏ.	29) ſch.
8) t.	19) f.	30) ā.
9) ă.	20) ǖ.	31) ĭ.
10) ä̆.	21) k.	32) ŋ.
11) w.	22) j.	33) åu.

und so wie nachher ein neuer Sprachton aufgefunden wird, fügt er den ihm entsprechenden Buchstaben dieser Reihe hinzu. In den Schreibestunden werden dann die Kinder geübt, diese Buchstaben nachzubilden; dort werden die Buchstaben aber nach der größeren oder geringeren Schwierigkeit, welche das mechanische Nachzeichnen derselben verursacht, geordnet, worüber die Schönschreiblehre das Nähere im Einzelnen anzugeben hat.

L. Ihr habt bemerkt, daß dieselben Sprachtöne jetzt sehr oft wiederkehrten, und indem wir die vorige Rede zeregten, kamen wir zuletzt fast auf gar keine neuen Sprachtöne mehr. Daraus läßt sich vermuthen, daß die Zahl der einfachen Sprachtöne überhaupt nicht sehr groß sein, und daß es uns bei fortgesetzter Bemühung gelingen werde, sämmtliche in der deutschen Sprache vorkommenden einfachen Sprachtöne aufzufinden. Damit uns jedoch keiner entgehe, wollen wir noch fortfahren, Reden bis auf ihre Grundbestandtheile zu zerlegen, bis es uns gar nicht mehr gelingen wird, irgend noch neue Sprachtöne aufzufinden, und wir uns überzeugt halten können, daß wir alle in der Sprache vorhandenen aufgefunden und angemerkt haben. — Gebe jetzt jeder unter euch den Namen eines Dinges an, was hier in, an oder bei dem Hause ist, zergliedere das Wort und bemerke dann, ob es aus lauter schon bekannten Sprachtönen besteht, oder ob ein neuer gefunden ist! Für jeden neugefundenen Sprachton werde ich auch ein neues ihm entsprechendes Zeichen hier an die Wandtafel schreiben.

K. 1. Schulstube — sch, u, l, sch, t, u, b, e. Dies Wort gibt einen neuen Sprachton: u.

L. (schreibt an die Tafel): 34) ū.

K. 2. Fuſsboden — f, ŭ, ß, b, o, d, ǣ̆, n. — Dies Wort enthält lauter uns schon bekannte Sprachtöne.

K. 3. Ofen — o, f, ǣ̆, n. — Es gibt keine neuen Sprachtöne.

L. Sprich das Wort so aus, wie es lautet, wenn man mehre Gegenstände dieser Art anzeigen will, und verfahre dann mit dem Worte eben so!

K. 3. Oefen — ȫ, f, ǣ̆, n. — Nun gibt es einen neuen Sprachton: ȫ.

L (schreibt an die Wandtafel): 35) ȫ.

K. 4. Rock — r, å̆, k. — Es gibt keinen neuen Sprachton.

L. Benenne mehrere Gegenstände dieser Art!

K. 4. Röcke — r, ǣ̆, k, k, e. — Jetzt enthält es den neuen Sprachton: ǣ̆.

L. (schreibt an: 36) ä̆.

K. 5. Axt — ă, k, ß, t — gibt keinen neuen Sprachton.

K. 6. Küche — k, ö̆, ch, ch, ĕ — gibt den neuen Sprachton: ö̆.

L. (schreibt an): 37) ö̆.

K. 7. Bücher — b, ü̆, ch, ch, æ̆, r — gibt den neuen Sprachton: ü̆.

L. (schreibt an): 38) ü̆.

K. 8. Töpfe — t, æ̆, p, f, ĕ — gibt keinen neuen Sprachton.

K. 9. Garten — j, ă, r, t, æ̆, n — gibt keinen neuen Sprachton.

L. So wie du das Wort ausgesprochen und in seine einfachen Sprachtöne zerlegt hast, enthält es allerdings keinen neuen Sprachton. Nun wirst du aber gewiß schon von andern Leuten, besonders von solchen, die aus der Fremde zu uns kommen, gehört haben, daß sie den Anfang vorn etwas anders, und zwar etwas härter, aussprechen; nämlich so: g. (Er spricht nun Garten so vor, daß das g vorn wie ein ganz sanftes k klingt, und der sanfte Kehlschluß ist.) Sprich das Wort so nach und zerlege es dann in seine Bestandtheile!

K. 9. (spricht eben so nach): Garten — g, ă, r, t, æ̆, n. — Jetzt enthält es einen neuen Sprachton: g.

L. (schreibt an): 39) g.

L. Wir (in Pommern) sind fast gar nicht gewohnt, diesen Sprachton zu sprechen oder von unseren Landsleuten sprechen zu hören. Er wird aber in andern Gegenden unsers Deutschen Vaterlandes in vielen Wörtern ausgesprochen, besonders zu Anfange der Wörter, z. B. in Gott, gut, Gabel, Gaum, Gras, Glaube rc., und diese Aussprache wird von Kennern der Deutschen Sprache allgemein für die richtige erachtet.

K. 10. Hausthür — h, âu, ß, t, ṻ, r. — Dies Wort enthält keinen neuen Sprachton.

K. 11. Häuser — h, æ, u, s, æ, r. — Dies Wort enthält einen neuen Sprachton: äu.

L. (schreibt an): 40) äü.

K. 12. Bierglas — b, ī, r, g, l, ā, ß — enthält keinen neuen Sprachton.

Nach vielen ähnlichen Versuchen werden endlich gar keine neuen Sprachtöne mehr gefunden. Um die Kinder davon zu überzeugen, daß sie sämmtliche in der gewöhnlichen Rede vorkommenden einfachen Sprachtöne aufgefunden haben, läßt der Lehrer ein jedes Kind nach eigener ganz freier Wahl aussprechen, was es will; er läßt auch ganze Sätze aussprechen und zergliedern (z. B. Jeder Körper hat drei Ausdehnungen: Länge, Breite und Dicke). Aber durch alle diese Versuche werden keine einfachen Sprachtöne weiter gewonnen, die nicht schon da gewesen wären.

L. Wie nennt ihr es, wenn man kleine Kinder durch ein leises Gemurmel einzuschläfern sucht?

K. einbuȷȷen (ȷ soll das Zeichen für den sanften Zungen-Kehlhauch sein, welcher dem sch entspricht, aber in Wörtern der gewöhnlichen Deutschen Rede nicht vorkommt).

L. Sprecht das Wort noch einmal, zerlegt es in seine einfachen Bestandtheile, und untersucht, ob dabei ein neuer einfacher Sprachton vorkommt!

K. einbuȷȷen — æi, n, b, ŏ, ȷ, ȷ, æ, n. — Ja, es enthält den neuen Sprachton: ȷ.

L. (schreibt an die Tafel: 41) ȷ.

L. Dieser Sprachton kommt in Wörtern der Deutschen Sprache fast gar nicht vor, außer in einigen Wörtern, deren Gebrauch etwas Unedles hat, z. B. einbuȷȷen, wuȷȷig (von einem Menschen gebraucht, der sich in seinem Verhalten flüchtig und verworren zeigt). Daher haben wir für diesen Sprachton auch gar nicht einmal einen eigenen Buchstaben; denn der, den ich hier angezeichnet habe, ist ein selbstgebildeter. — Dagegen kommt dieser Sprachton in mehren Wörtern vor, die aus einer fremden, besonders aus der französischen Sprache herkommen, z. B. Page, Bagage, Fourage, Jabot u. s. w., wo er jedoch mit einem andern Buchstaben (mit g oder j) bezeichnet wird, denen wir schon eine anderweitige Bestimmung angewiesen haben. Da es uns indeß um vollständige Aufzählung aller einfachen Sprachtöne zu thun ist, und dieser nicht blos in einigen deutschen Wörtern der niedrigen Sprechart, sondern noch häufiger in Wörtern fremden Ursprungs vorkommt, die auch in der Deutschen Sprache häufig gebraucht werden, so durften wir ihn hier nicht übergehen.

L. Ihr wißt, daß die Deutsche Sprache unter uns in zwei sogenannten Mundarten, der hochdeutschen und plattdeutschen oder niederdeutschen, geredet wird. Weil es uns um Kenntniß der Deutschen Sprache überhaupt zu thun ist, so wollen wir auch die niederdeutsche Mundart mit in den Kreis unserer Untersuchung ziehen. Da ihr nun in hochdeutscher Rede keine neuen Sprachtöne mehr finden könnt, so wäre es möglich, daß ihr noch in niederdeutscher Rede dergleichen fändet, wenn ihr sonst mit dem Gebrauche dieser Mundart hinreichend bekannt seid. Sucht also nach niederdeutschen Wörtern, welche einfache Sprachtöne enthalten, die bisher noch nicht aufgezählt sind! — — Wie lauten die hochdeutschen Wörter Nagel und Vogel im Niederdeutschen? Sprecht sie aus, zergliedert sie und merkt darauf, ob ihr dabei einen neuen Sprachton findet!

K. Någel — n, å̄, j, ä, l.
Vågel — f, å̄, j, æ̈, l.

In diesen beiden Wörtern ist der neue Sprachtoͤn: å̄.

L. (schreibt an die Tafel): 42) å̄.

L. Dieser Sprachton kommt in der hochdeutschen Mundart gar nicht vor, findet sich aber in der niederdeutschen desto häufiger, wo er die Stelle des hochdeutschen a und o, vorzüglich des erstern, vertritt. — Gebt jetzt beide Wörter so an, wie sie lauten, wenn man mehre Dinge dieser Art benennen will, zergliedert sie und merkt, ob ihr einen neuen Sprachton findet!

K. Næ̊gel — n, æ̊̄, j, æ̈̆, l.

Væ̊gel — f, æ̊̄, j, æ̊̆, l.

Hierin kommt der neue Sprachton æ̊̄ vor.

L. (schreibt an die Tafel): 43) å̄.

L. Auch dieser Sprachton ist im Niederdeutschen sehr häufig, wird aber bei uns im Hochdeutschen nur in sehr wenigen Wörtern gesprochen, z. B. in Höker (Kleinhändler mit Lebensmitteln), Köhler, stöhnen, dröhnen, Kröte; doch wird er beim Schreiben durch ȫ bezeichnet, und von manchen wird auch ö dafür ausgesprochen. —

Von jetzt an möchten unsere ferneren Bemühungen, neue Sprachtöne zu entdecken, wohl vergeblich sein. Die Zahl sämmtlicher einfachen Sprachtöne beträgt also 43 und ist in folgender Reihenfolge von uns gefunden worden:

1) m.	16) ē.	31) ï̆.
2) æi.	17) h.	32) ŋ.
3) n.	18) ö̆.	33) åu.
4) l.	19) f.	34) ɑ.
5) p.	20) ǖ.	35) ȫ.
6) ë̆.	21) k.	36) æ̊̆.
7) ß.	22) j.	37) o̊̆.
8) t.	23) å̆.	38) ů̆.
9) ä̆.	24) d.	39) g.
10) æ̈̆.	25) ǣ.	40) æ̊ü.
11) w.	26) ü̆.	41) J.
12) ch.	27) δ.	42) å̄.
13) ī.	28) b.	43) æ̊̄.
14) r.	29) sch.	
15) s.	30) ā.	

Zweites Kapitel.

Eintheilung und Anordnung der Sprachgrundtheile.

Vorbemerkung. Die bisher aufgefundenen 43 einfachen Sprachtöne müssen nun nach ihrer Aehnlichkeit und Verwandtschaft zusammengestellt und angeordnet werden, um dadurch eine leichtere Uebersicht derselben zu gewinnen. Dazu soll im Nachfolgenden der Weg gezeigt werden, indem jedoch zur Vermeidung der Weitläuftigkeit die Entwickelung durch Fragen und Antworten fortgelassen wird. Dennoch sollen auch im Folgenden die einzelnen Sätze in derjenigen Folge vorgeführt werden, wie sie nach ihrem innern Zusammenhange und mit Rücksicht auf die Fassungskraft der Kinder beim Unterrichte entwickelt und zum Bewußtsein gebracht werden müssen.

6.

Alles Sprechen geschieht beim Ausathmen der Luft und es wird dabei Luft aus der Lunge durch die Luftröhre in die Mundhöhle getrieben, aus welcher sie dann entweder durch den offenen Mund oder durch die Nase ausströmt. Jeder einzelne Sprachton ist daher auch mit einem solchen Ausströmen der Luft verbunden. Die ausströmende Luft ist aber entweder von einem lauten Tone begleitet oder nicht.

Entsteht ein lauter Ton, so erzeugt sich derselbe bei dem Durchgange der Luft durch den sogenannten Luftröhrenkopf oder Kehlkopf. Der Luftröhrenkopf oder Kehlkopf ist eine Erweiterung der Luftröhre nahe an ihrem Eintritte in die Mundhöhle, und zeigt sich äußerlich durch eine sichtbare Hervorragung am Vorderhalse, welche man im gemeinen Leben den Adamsapfel nennt. Im Kehlkopfe sind quer über die Höhlung der Röhre zwei feine Häute übergespannt, welche die beiden Stimmhäute heißen, und welche zwischen sich eine feine Oeffnung, die Stimmritze, lassen. Durch besondere Muskeln können die Stimmhäute einander näher gebracht und von einander entfernt werden, wodurch dann die Stimmritze verengt oder erweitert wird. Wenn die aus der Lunge kommende Luft durch die verengte Stimmritze hindurchgetrieben wird, so setzt sie dieselbe in eine zitternde Bewegung, welche sich nicht blos den anliegenden Körpertheilen, sondern auch der ausströmenden Luft selbst mittheilt und dadurch den Schall der Stimme erzeugt. Der Kehlkopf mit seinen Stimmhäuten und der Stimmritze heißen daher Stimmwerkzeuge. Aeußerlich fühlt man die zitternde Bewegung der Stimmwerkzeuge und der benachbarten Theile, wenn man den Finger an den Vorderhals über dem Kehlkopfe anlegt, während man a oder einen anderen Vokal ausspricht. Nur ein Ton, der durch die hier beschriebene Thätigkeit der Stimmwerkzeuge entsteht, soll uns künftig ein lauter Ton heißen.

Die beim Sprechen ausströmende Luft strömt entweder ganz frei und ungehindert durch den offenen Mund aus, oder sie wird bei ihrem Durchgange durch die Mundhöhle an irgend einer Stelle an dem freien Ausströmen behindert, so daß sie entweder für eine kurze Zeit aufgehalten oder doch so beengt wird, daß sie sich mit einiger Gewalt hindurch drängen muß und dadurch ein Geräusch verursacht.

Bei manchen der vorhin aufgezählten einfachen Sprachtöne wird ein lauter Ton gehört, welcher durch Thätigkeit der Stimmwerkzeuge entsteht, und der Mund ist während dieser Zeit so weit geöffnet, daß die ausströmende Luft nirgends einen Aufenthalt findet. Solche Sprachtöne heißen Vokale oder Laute (auch Grundlaute oder Selbstlaute). — Bei andern fehlt eines der beiden angegebenen Kennzeichen oder es fehlen beide zugleich, d. h., es fehlt entweder die Thätigkeit der Stimmwerkzeuge und der daraus hervorgehende laute Ton, oder das freie Ausströmen der Luft, oder es fehlt beides zugleich. Sprachtöne, die auf diese Weise entstehen, heißen Consonanten oder Lautbestimmungen (auch Mitlaute), weil sie immer nur mit Lauten zugleich ausgesprochen werden und die Aussprache derselben näher bestimmen.

Eine nähere Prüfung der vorhin aufgezählten Sprachtöne ergibt, daß unter ihnen 23 Laute und 20 Lautbestimmungen sind, nämlich, nach der Reihenfolge, in welcher sie während der vorigen Untersuchung aufgefunden sind:

Laute oder Vokale:

æ̊i, ë̆, ä̆, æ̈̆, i, ē, ö̆, ǖ, ă̈, ǣ, ü̆, ō, ā, ï̆, åu, ŭ, ȫ, æ̊̈, ö̆, ü̆, æ̊ü, å̄, æ̈̄.

Lautbestimmungen oder Consonanten:

m, n, l, p, ß, t, w, ch, r, s, h, f, k, j, d, b, sch, ŋ, g, ȷ.

7.

Von den gefundenen 23 Lauten oder Vokalen sind die Mehrzahl solche, welche gar keine Verschiedenheit von Bestandtheilen mehr in sich zu erkennen geben, und diese sollen daher einfache Laute oder Einlaute genannt werden. In andern läßt sich dagegen eine Verschiedenheit der Bestandtheile darin erkennen, daß sie am Ende anders klingen als zu Anfange; und diese sollen zusammengesetzte Laute oder Doppellaute oder Diphthonge heißen. Unter den oben angeführten 23 Lauten sind nur drei Doppellaute: æü, åu, æ̊i; alle übrigen 20 sind Einlaute, wie die nähere Prüfung darthut.

8.

Bei der näheren Untersuchung der 20 Einlaute zeigt sich wieder ein wesentlicher Unterschied. Einige derselben können nach Willkühr länger oder kürzer ausgesprochen werden, und während der ganzen Zeitdauer des Aussprechens strömt die Luft frei und ruhig zwischen der Zunge und dem Gaumen aus der Mundöffnung, ohne vorher irgendwo anzustoßen; sie können gezogene Laute heißen und sind folgende 10 an der Zahl: ī, ē, ǖ, ǣ, ō, ā, ȫ, ā, å̄, ǣ̊. Andere werden durch ein ganz augenblickliches Hervorstoßen der Luft erzeugt, und können daher weder verlängt, noch verkürzt werden, da sie schon so kurz als möglich ausgesprochen werden; zugleich erhält die ausströmende Luft durch eine Näherung der Zungenwurzel an den Hintergaumen eine veränderte Richtung, indem sie bei dem plötzlichen Hinausstoßen zuerst an den Vordergaumen getrieben wird, von diesem abprallt und so erst durch die Mundöffnung hinausgeht. Sie sollen daher gestoßene Laute (geschärfte Vokale) heißen, und ihrer sind ebenfalls 10, nämlich folgende: ĕ, ă, æ̆, ö̆, å̆, ü̆. ĭ, æ̊̆, ö̆, ü̆.

9.

Bleiben wir bei den zehn gezogenen Lauten stehen, so zeichnen sich unter ihnen fünf durch einen besonders reinen und jedem so eigenthümlichen Klang aus, daß in keinem derselben etwas von einem andern gehört wird, und daß daher keiner mit einem andern leicht verwechselt werden kann; sie sollen daher reine Laute heißen und sind folgende: ī, ē, ō, ā, ā. Die fünf anderen haben einen unreineren, getrübteren Klang, so daß man in jedem etwas von dem Klange mehrer reinen Laute zu vernehmen glaubt. Um sich ihr Verhältniß anschaulicher vorzustellen, sagt man von ihnen, daß sie zwischen diesen reinen Lauten liegen, welche man mit ihnen gleichsam mitklingen hört; und daher sollen sie unreine Laute oder Zwischenlaute heißen; es sind nämlich: ǖ, ǣ, ȫ, å̄, ǣ̊.

10.

Von den fünf reinen Lauten entsteht a, wenn man bei etwas weiter Eröffnung des Mundes, indem die Zunge ruhig auf der Grundfläche des Mundes liegen bleibt, einen lauten Ton angiebt, und kann daher füglich der Oefnungslaut genannt werden, weil zur Hervorbringung desselben außer dem lauten Tone nichts als die Oeffnung des Mundes erfordert wird. — Durch ein Vorschieben der Lippen, während die Zunge in ihrer vorigen ruhigen Lage bleibt, entstehen o und u, und zwar durch ein geringes Vorschieben o, durch ein stärkeres u; daher o und u füglich die beiden Lippenlaute, nämlich o der erste Lippenlaut und u der zweite Lippenlaut, heißen können. — Durch ein Erheben der Zunge, verbunden mit einem Annähern der beiden Zahnreihen und Lippen gegen einander, ohne letztere jedoch vorzuschieben, entstehen e und i, und zwar bei einem geringeren Erheben des Zungenrückens e, bei einem stärkeren i. Da beide Laute ihre Entstehung vorzugsweise der Zunge verdanken, so können sie am besten die beiden Zungenlaute, nämlich e der erste Zungenlaut und i der zweite Zungenlaut, genannt werden.

11.

Von den fünf unreinen Lauten oder Zwischenlauten hat å Antheil an dem Klange von a und o, liegt also zwischen beiden, wird durch ein geringes Vorschieben der Lippen bei ruhiger Zunge gebildet, und gehört zu den Lippenlauten; er mag der Oefnungs-Lippenlaut heißen. — Der Laut ǣ hat Antheil an dem Klange von a und e, liegt zwischen beiden, wird durch ein geringes Erheben des Zungenrückens ohne Vorschieben der Lippen gebildet und gehört zu den Zungenlauten; er mag der Oefnungs-Zungenlaut heißen. — Der Laut æ̊, der unreinste von allen Lauten, hat Antheil an dem Klange von a, e, und o, liegt zwischen diesen drei reinen Lauten, wird durch ein geringes Vorschieben der Lippen verbunden, mit einem geringen Erheben des Zungenrückens gebildet, und gehört sowohl zu den Lippen-, als zu den Zungenlauten; daher er der Oefnungs-Lippen-Zungenlaut heißen kann. — Der Laut ö hat Antheil an dem Klange von o und e, liegt zwischen beiden, wird durch ein etwas stärkeres Vorschieben der Lippen verbunden mit einem etwas stärkeren Erheben des Zungenrückens gebildet, gehört sowohl zu den Lippen-, als zu den Zungenlauten und kann, da er zwischen dem ersten Lippenlaute und ersten Zungenlaute liegt, der erste Lippen-Zungenlaut genannt werden. — Der letzte Zwischenlaut ü hat Antheil an dem Klange von u und i, liegt also zwischen diesen beiden reinen Lauten, wird durch ein noch stärkeres Vorschieben der Lippen verbunden mit einem noch stärkeren Erheben des Zungenrückens gebildet, gehört daher ebenfalls sowohl zu den Lippenlauten als zu den Zungenlauten, und mag, da er zwischen dem zweiten Lippenlaute und dem zweiten Zungenlaute liegt, der zweite Lippen-Zungenlaut genannt werden.

12.

Noch deutlicher wird man das Verhältniß dieser verschiedenen Laute gegen einander erkennen, wenn man sich dasselbe auch örtlich für das Auge versinnlicht, und dazu mag nachstehende Zeichnung dienen:

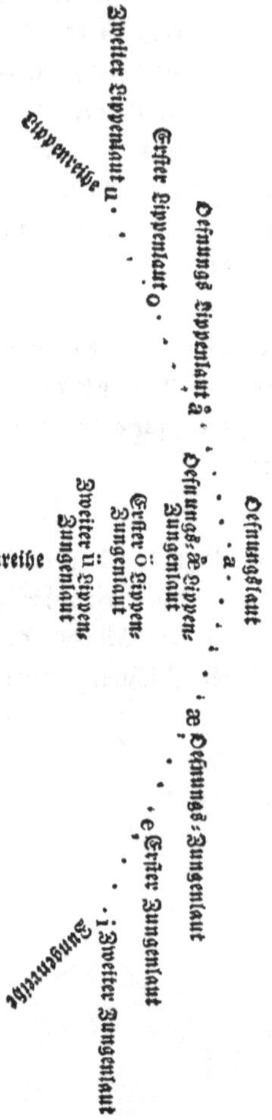

Diese Zeichnung stellt dar, wie sämmtliche 10 Laute sich in drei Reihen ordnen lassen, welche alle drei in dem Laute a ihren gemeinsamen Anfangspunkt haben, nämlich:

1) die Lippenreihe, zu welcher a, å, o, u gehören;

2) die Zungenreihe, zu welcher a, æ, e, i gehören;

3) die

3) die Lippen-Zungenreihe, zu welcher a, æ̊, ö, ü gehören.

Die Laute der Lippenreihe bilden sich durch Vorschieben der Lippen und eine damit verbundene Verkleinerung der Mundöfnung. Bei u hat diese Verkleinerung der Mundöfnung einen solchen Grad erreicht, daß nun nichts weiter hinzukommen darf, wenn noch ein freies Ausströmen der Luft bleiben soll; denn sobald man die Mundöfnung nun noch weiter verkleinert, entsteht schon ein hörbares Hindurchdrängen der Luft, der Sprachton hört auf, ein Laut oder Vokal zu sein, und wird zu einer Lautbestimmung oder einem Consonanten. (Daraus erklärt sich die nahe Verwandtschaft der Buchstaben u und v (welches wie w gesprochen wurde) im Lateinischen und die völlige Verwechselung beider Buchstaben bei der Schrift) — Die Laute der Zungenreihe entstehen vorzüglich durch ein Erheben des Zungenrückens, welches den Durchgang der Luft zwischen der Zunge und dem Gaumen verengt. Bei i hat diese Verengung wieder einen solchen Grad erreicht, daß nichts mehr hinzukommen darf, wenn nicht das freie Ausströmen der Luft aufhören soll; denn sobald der Zungenrücken nun noch weiter erhoben wird, entsteht ein hörbares Hindurchdrängen der Luft, der Sprachton hört auf ein Laut zu sein und wird zu einer Lautbestimmung. (Daher wieder die nahe Verwandtschaft der Buchstaben i und j, sowohl im Lateinischen, als im Deutschen, und die völlige Verwechselung beider Buchstaben.) — Die Laute der Lippen-Zungenreihe entstehen durch das Vorschieben der Lippen und das damit gleichzeitig verbundene Erheben des Zungenrückens, so daß bei æ̊ die Lippenstellung von â und die Zungenstellung von æ, bei ö die Lippenstellung von o und die Zungenstellung von e, bei ü die Lippenstellung von u und die Zungenstellung von i stattfindet. Bei ü ist daher die Mundöfnung auf beiden Stellen der äußersten Gränze der Verengung nahe; durch weitere Verengung entsteht aber keine dritte Lautbestimmung, sondern der dann entstehende Sprachton ist, je nachdem die Verengung an einer oder der andern Stelle stärker ist, entweder dem w oder dem j näher verwandt.

13.

Die Laute theilen sich nach §. 3. in gezogene und gestoßene. Die gezogenen Laute können nach Willkühr länger oder kürzer ausgesprochen werden; im erstern Falle könnte man sie gedehnte, im letztern verkürzte Laute nennen. Da man aber selten Veranlassung hat, auf diesen Unterschied Rücksicht zu nehmen, sondern sie gewöhnlich nur im Gegensatz gegen die gestoßenen Laute betrachtet, so nennt man die gezogenen Laute gewöhnlich, ohne Berücksichtigung des durch die längere oder kürzere Aussprache entstehenden Unterschieds, gedehnte Laute, und dieser Benennung wollen auch wir uns künftig, als der fast ganz allgemein eingeführten, bedienen. —

Die nähere Untersuchung der gestoßenen Laute zeigt, daß jedem gedehnten Laute ein gestoßener Laut entspricht, bei dessen Aussprache die theilnehmenden Sprachwerkzeuge (Lippen, Zunge) ganz dieselbe Lage und der Mund dieselbe Oeffnung hat. Der gestoßene Laut entsteht aus dem entsprechenden gedehnten durch die größtmögliche Abkürzung der Aussprache desselben, also durch eine augenblickliche Aussprache, bei unveränderter Lage der Sprachwerkzeuge; nur daß diese augenblickliche Aussprache nicht stattfinden kann, ohne ein geringes Anziehen der Zungenwurzel gegen den Hintergaumen, welches dem Luftstrome eine veränderte Richtung nach dem Vordergaume gibt, von welchem die herausgestoßene Luft erst abprallt und so zur Mundöfnung hinausgeht. Wegen dieser völligen Uebereinstimmung in der gegenseitigen Lage aller Sprachwerkzeuge benennt man die gestoßenen Laute mit denselben Namen, wie die gedehnten, nennt den gedehnten und den ihm entsprechenden gestoßenen Laut nur Einen Laut und betrachtet diese Verschiedenheit nur als zwei besondere Arten (Modificationen) der Aussprache eines und eben desselben Lautes. Man zählt daher nicht 20 Laute, sondern nur 10, deren jeder aber auf zwei Arten, nämlich gedehnt und gestoßen, ausgesprochen werden kann. Indem wir dieser Ansicht auch folgen, benennen wir diese Laute auf folgende Art:

war — gedehnter Oefnungslaut.	ā	ă gestoßener Oefnungslaut. — Hand.
sehr — gedehnter erster Zungenlaut.	ē	ĕ gestoßener erster Zungenlaut — sind.
mir — gedehnter zweiter Zungenlaut.	ī	ĭ gestoßener zweiter Zungenlaut — Bild, Wind.
Mohn — gedehnter erster Lippenlaut.	ō	ŏ gestoßener erster Lippenlaut — kurz, Frucht.
fuhr — gedehnter zweiter Lippenlaut.	ū	ŭ gestoßener zweiter Lippenlaut — rund, Schuld.
Bǣr — gedehnter Oefnungs-Zungenlaut.	ǣ	æ̆ gestoßener Oefnungs-Zungenl. — Mærz, Herz.
Någel — gedehnter Oefnungs-Lippenlaut.	å̄	å̆ gestoßener Oefnungs-Lippenlaut — von, Rock.
Nægel — gedehnter Oefnungs-Lippen-Zungenlaut.	æ̊̄	æ̊̆ gestoßener Oefnungs-Lippen-Zungenl. — möchte, Röcke.
schön — gedehnter erster Lippen-Zungenlaut.	ȫ	ö̆ gestoßener erster Lippen-Zungenlaut — fürchte, schmücken.
fühlt — gedehnter zweiter Lippen-Zungenlaut.	ǖ	ü̆ gestoßener zweiter Lippen-Zungenlaut — sündlich, Füſse.

Die einzelnen Wörter sind rechts und links deswegen hinzugefügt, damit daraus jeder die wahre Aussprache eines jeden gedehnten und gestoßenen Lautes entnehmen könne.

Anhang. Bemerkungen über die Bezeichnung der gestoßenen Laute.

In Hinsicht auf die in vorstehender Tabelle getroffene Auswahl von Wörtern für die gedehnten Laute wird für den Leser kein Bedenken obwalten; desto auffallender wird aber den meisten Lesern die Auswahl derjenigen Wörter erscheinen, welche den gestoßenen Lauten hinzugefügt sind; ja, da ein jeder an die eingeführte Bezeichnung der Laute durch Buchstaben und dadurch an die Verwechselung gewisser gestoßener Laute von Jugend auf gewöhnt ist, so mag es den meisten Lesern schwer fallen, sich überhaupt nur in die Ansicht des Verfassers zu finden. Darum sey hier Folgendes zur Rechtfertigung derselben gesagt.

Jeder der 10 gedehnten Laute hat einen ihm entsprechenden gestoßenen Laut, der durch die größtmögliche Abkürzung des ersteren entsteht. Da aber die gedehnten Laute å und æ in der hochdeutschen Mundart gar nicht vorkommen und es daher an einem besonderen Zeichen für sie fehlt, so hat man bei der gestoßenen Aussprache derselben für den erstern o, für den letzteren ö als Zeichen genommen. Da es nun wieder an eigenthümlichen Zeichen für das o und ö fehlte, deren Zeichen schon verbraucht waren, so nahm man für das gestoßene o den Buchstaben u, und für das gestoßene ö den Buchstaben ü, und rückte daher bei der gestoßenen Aussprache jedes dieser Zeichen in seiner Reihe eine Stuffe höher hinauf, als es eigentlich nach seiner ursprünglichen Bestimmung stehen sollte. In der dritten Reihe, der Zungenreihe, geschah nachher eben dasselbe, ungeachtet dort kein solcher Mangel an Buchstaben stattfand; man gebrauchte nämlich auch hier den Buchstaben e zur Bezeichnung des gestoßenen æ, und daraus erzeugte sich in Hinsicht auf die gestoßene Aussprache der Irrthum, daß das gestoßene e dem gestoßenen æ gleich klinge; zur Bezeichnung des gestoßenen e wurde nun auch in dieser Reihe der Buchstabe i gebraucht.

Bei dieser Verwendung der Zeichen fehlte es an besonderen Zeichen für das gestoßene u, ü und i, und es blieb nichts übrig, als diese drei Sprachtöne ebenfalls mit u, ü und i zu bezeichnen, welches man um so leichter that, da das gestoßene u, ü und i im Deutschen viel seltener vorkommen, als alle anderen gestoßenen Laute. Die Folge davon war, daß man die Natur dieser drei gestoßenen Laute gänzlich verkannte und sie mit ihren gleichnamigen gedehnten Lauten verwechselte, besonders da sich bei ihnen dreien die gestoßene Aussprache dem Klange nach von der gedehnten weniger unterscheidet, als bei o, ö und e. Man gewöhnte sich so sehr daran, sie als gedehnte Laute zu betrachten, daß man in manchen Fällen sogar ihnen die Dehnungszeichen hinzufügte, z. B. in Glied, giefsen, bieten, und daß man bei ihnen in anderen Fällen die gewöhnliche Regel der Rechtschreibung, daß nach einem gestoßenen Laute das folgende Bestimmungszeichen doppelt gesetzt werden muß, nicht in Anwendung treten ließ, z. B. in gute, Güter, hüten, wenn gleich die nachfolgende Lautbestimmung wirklich doppelt gesprochen wird.

Um sich von der Richtigkeit der hier dargelegten Ansicht zu überzeugen, muß man sich erst die Ueberzeugung verschaffen, daß das i in Bild und Spind, das u in Bund und gut, das ü in hüten und gültig nicht ein gedehnter, sondern ein gestoßener Laut sei. Zu dem Ende vergleiche man den Laut i in Schild mit dem in schielt, den Laut u in Huld mit dem in buhlt, den Laut ü in sündlich mit dem in Sühnopfer, und man wird nicht zweifeln können, daß in jedem dieser Wörterpaare ein zweifaches i, u und ü vorkomme. Sucht man nun die Laute i, u und ü in den Sylben Bild, Huld und sünd dadurch abzusondern und als für sich bestehende zu erhalten, daß man sämmtliche Vor- und Nachbestimmungen, womit sie verbunden sind, nicht mit ausspricht, so wird man finden, daß diese Laute, so wie sie in den angegebenen Sylben klingen, augenblicklich herausgestoßen werden, und daß sie willkührlich weder verlängt, noch verkürzt werden können, ohne ganz andere Laute aus ihnen zu machen, und daß auch bei ihnen der Strom der herausgehenden Luft eine veränderte Richtung erhält, nach welcher er erst gegen den Vordergaumen anstößt, dort abprallt, und dann erst zur Mundöfnung hinausgeht. Es passen auf diese drei Laute also alle Kennzeichen der gestoßenen Laute überhaupt, und sie müssen daher unbedenklich diesen beigezählt werden. — Vergleicht man auf der andern Seite den Laut in Schild mit dem in schilt, den Laut in Huld oder Hund mit dem in und, den Laut in sündlich mit dem in Hütte, so zeigt sich wieder eine unleugbare Verschiedenheit; und wenn nach dem Vorhergehenden die Laute in Schild, Hund und sündlich das wahre gestoßene i, u und ü sind, so müssen die Laute in schilt, und, Hütte überhaupt andere Laute, als i, u und ü sein.

Dies verhält sich nun in der That so und der Laut in schilt, mit, Tisch ist das wahre gestoßene e; der Laut in und, kurz, Schmutz, Druck ist das wahre gestoßene o; der Laut in Hütte, Glück, Rücken ist das wahre gestoßene ö. — Um sich davon zu überzeugen, suche man sich erst den Laut in der Sylbe mit oder Tisch durch Weglassung der Vor- und Nachbestimmungen für sich allein darzustellen. Dann spreche man ein gewöhnliches gedehntes e, wie es z. B. in mehr lautet, kürze es, indem man die Weite der Mundöfnung und die Lage aller Sprachwerkzeuge genau und unverändert beibehält, immer mehr ab, bis man endlich zu einem augenblicklichen Herausstoßen der Luft gelangt: und man wird gewiß den Laut in der Sylbe mit, nicht aber den Laut in der Sylbe Bett erhalten. Spricht man dagegen erst ein gedehntes e und dann den Laut der Sylbe Bett, so erweitert sich die Mundöfnung ein wenig, und die Sprachwerkzeuge gehen in diejenige Stellung über, mit welcher der Laut æ gesprochen wird, so daß der Laut in der Sylbe Bett unstreitig das gestoßene æ ist. — Eben so suche man sich den Laut der Sylbe und oder Druck abgesondert, spreche dann das gewöhnliche gedehnte o (z. B. aus der Sylbe Mohr), kürze es mit Beibehaltung der ganzen Lage der Sprachwerkzeuge bis zum augenblicklichen Herausstoßen ab; und man wird den Laut der Sylbe und haben. Spricht man dagegen erst ein gedehntes o und dann den Laut der Sylbe von, so erweitert sich die Mundöfnung etwas und geht in die Stellung über, womit der Laut â gesprochen wird, so daß der Laut in der Sylbe von unstreitig das gestoßene â ist. — Endlich suche man sich auch den Laut in der Sylbe Glück abgesondert, spreche dann das gewöhnliche gedehnte ö, wie es z. B. in der Sylbe schön vorkommt, kürze es mit genauer Beibehaltung der Lage aller Sprachwerkzeuge bis zum augenblicklichen Herausstoßen ab; und man wird den Laut der Sylbe Glück haben. Spricht man dagegen erst ein gedehntes ö und dann den Laut der Sylbe könnt, so erweitert sich die Mundöfnung ein wenig und geht in die Stellung über, mit welcher der Laut æ gesprochen wird, so daß der Laut in der Sylbe könnt unstreitig das gestoßene æ ist.

Ein Lehrer wird die hier dargelegte Ansicht noch durch folgenden Erfahrungsbeweis beim Unterrichte von Kindern und solchen Personen, welche noch nicht durch vieles Lesen und Schreiben an die eingeführte Zeichensetzung zu sehr gewöhnt sind, sich bestätigen können. Wenn er z. B. anfängt, Kindern die Lehre von den gestoßenen Lauten vorzutragen, so sage er ihnen erst: „das gestoßene a wird so (ä̆) ausgesprochen“ — und lasse sie dieses gestoßene a erst einigemal nachsprechen. Dann frage er sie: „Wie werdet ihr nun das gestoßene e, das gestoßene o, das gestoßene ö aussprechen?“ — und sie werden gewiß den Laut hervorbringen, der in den Sylben mit, und, Glück, nicht aber den, der in den Sylben Bett, von, könnt gehört wird. — Oder der Lehrer lasse erst eine Reihe von Sylben mit den gedehnten Lauten e, o, ö sprechen, z. B.

ehf, ehm, ehn, ehl, ehp, eht,
ohf, ohm, ohn, ohl, ohp, oht,
öhf, öhm, öhn, öhl, öhp, öht,

und fordere sie dann auf, eben diese Sylben mit gestoßenen Lauten auszusprechen. Sie werden durchaus geneigt sein, diejenigen Sylben anzugeben, welche wir mit unserer eingeführten Schrift auf folgende Art bezeichnen:

iff, imm, inn, ill, ipp, itt,
uff, umm, unn, ull, upp, utt,
üff, ümm, ünn, üll, üpp, ütt.

Nur mit Mühe und durch oft wiederholtes Vorsprechen des Lehrers sind sie dahin zu bringen, die Sylben anzugeben, welche man gewöhnlich von ihnen haben will, und welche wir auf folgende Art bezeichnen:

eff, emm, enn, ell, epp, ett,
off, omm, onn, oll, opp, ott,
öff, ömm, önn, öll, öpp, ött.

Diese Erfahrung, welche ich mit Kindern fast täglich mache und welche mir eine der ersten Veranlassungen gegeben hat, die hier dargelegte abweichende Ansicht über die gestoßenen Laute aufzustellen, wird sich gewiß einem jeden bestätigen, der denselben Versuch mit Aufmerksamkeit wiederholt und das Ergebniß beobachtet, ohne gegen die Sache selbst eine vorgefaßte Meinung hinzuzubringen.

Nach dieser voraufgegangenen Entwickelung mögen nun nachfolgende Beispiele in einer vollständigen Reihenfolge zeigen, welche Laute ich als die wahren gedehnten (gezogenen) und gestoßenen Laute anerkenne:

1) Das a ist gedehnt in: Aal, Qual, kam, fahl.
Das a ist gestoßen in: Fall, Kamm, salt, Hass, warm, lang, stand.

2) Das e ist gedehnt in: mehr, steht, Schnee, See.
Das e ist gestoßen (wird aber gewöhnlich durch i bezeichnet) in: mit, bin, spitz, nicht, List, Ritt, Schiff.
Nur in den Vorsylben be und ge und in den Ausgän-

gen vieler Wörter wird nach der gewöhnlichen Aussprache bei dem Buchstaben e das eigentlich gestoßene e gesprochen, welches aber bei der abgebrochenen sylbenweisen Aussprache solcher Wörter zu einem gedehnten oder gezogenen e wird: bĕgraben, gĕgeben, Wüstĕ, hoffĕ. — Wenn man genau darauf merkt, wird man finden, daß dieser Laut, so wie er gewöhnlich gesprochen wird, derselbe Laut ist, den man in dem Worte mit hört.

3) Das i ist gedehnt in: mir, dir, fiel, Bier, ihn.

Das i ist gestoßen in: Bild, Schild, Spind, Ring, Finger, giefsen, Spiefse, bieten.

4) Das o ist gedehnt in: Ton, Strom, vor, Sohn, ohne, Moos.

Das o ist gestoßen (wird aber durch u bezeichnet) in: stumm, durch, Sturz, Brust, um, Druck, nutzt.

5) Das u ist gedehnt in: Stuhl, Uhr, Ruhm, fuhr.

Das u ist gestoßen in: Huld, Schuld, Mund, rund, Hut, Muth, Fufs, gut, Ruthe (aber gedehnt in ruhte).

6) Das æ ist gedehnt in: fæhrt, trægt, zæhlt, schwer, Fehl, Meer, dehnen, dem, den, deren.

Das æ ist gestoßen in: hælt, stærkt, æcht, Geld, Fett, schlecht, denn, setzt.

7) Das gedehnte å kommt in hochdeutschen Wörtern gar nicht vor, daher es in der Deutschen Schrift an einem Buchstaben dafür fehlt; desto häufiger findet es sich aber in niederdeutschen Wörtern, z. B.

Jå, då, bråv, Spåfs, Hår, Sål.

Ja, da, brav, Spaß, Haar, Saal.

8) Das å ist gestoßen (wird aber in Deutscher Schrift überall durch o bezeichnet) in: von, oft, fort, horch, Dorn, komm, Loch, Lob, Knopf.

9) Das gedehnte æ̈ kommt in hochdeutschen Wörtern nicht vor, es sei denn in einigen wenigen, wo diese Aussprache jedoch auch nur provinziell zu sein scheint, als Köhler, Höker (Kleinhändler mit Lebensmitteln),

stöhnt, dröhnt, Kröte. — Sehr häufig ist es dagegen in niederdeutschen Wörtern, wo es der Umlaut von å ist, z. B.

Sæhn, Bæhn, Nægel, Vægel, mæglich.

Sohn, Boden, Någel, Vögel, möglich.

Das gestoßene æ kommt sehr häufig in hochdeutschen Wörtern vor (wird aber überall durch ö bezeichnet), als in: könnt, schöpft, Mönch, völlig, dörrt, Körner, Knöpfe, löblich.

10) Das ö ist gedehnt in: hört, schön, tönt, frört, möglich, Töne, lös't, versöhnen.

Das ö ist gestoßen (wird aber stets durch ü bezeichnet) in: Stück, Fürst, zürnt, Bürste, Rücken, stürzt, müfst.

11) Das ü ist gedehnt in: für, Thür, grün, kühl, glüht, Mühe, führt, glüht.

Das ü ist gestoßen in: grüfst, büfst, Füfse, mündlich, sündlich, (zwei-) pfündig, müfsig, Blüthe (aber gedehnt in blühte).

Wir finden in älteren Büchern Forcht, förchte, dorfte, wörde und noch andere Wörter mit o und ö geschrieben, die wir jetzt mit u und ü schreiben. Sprachen unsere Vorfahren dabei jene Wörter nicht vielleicht eben so, wie wir jetzt Furcht, fürchte, dürfte, würde aussprachen, und sollte der wahre Grund jener Schreibart nicht vielleicht in dem richtigen Gefühle liegen, daß der in der ersten Sylbe dieser Wörter gehörte Laut das wahre o und ö sey, wie es gestoßen ausgesprochen wird?

14.

Unter den 23 Lauten, welche wir vorhin aufgefunden haben, waren nur drei, in welchen wir noch eine Verschiedenheit von Bestandtheilen erkannt haben; daher wir diese Laute auch zusammengesetzte Laute oder Doppellaute nannten. Es waren åu, æü, æi. Vergleicht man bei diesen Lauten zuvörderst die Aussprache, mit welcher sie ein Bewohner des südlichen Deutschlands ausspricht, mit der hier (in Pommern) allgemein üblichen Aussprache, so zeigt sich dabei ein bemerkenswerther Unterschied. Dort herrscht eine zwar voller tönende, aber dabei mehr in die Länge gezogene breitere Aussprache; bei uns eine weniger voll tönende, mehr abgekürzte und zusammengedrängte Aussprache dieser Doppellaute. Um den eigentlichen Grund dieser sehr beachtungswerthen Verschiedenheit zu erforschen, durch welche wir die wahre Natur dieser Sprachtöne genauer werden kennen lernen, müssen wir besonders den Anfang und das Ende derselben sorgfältiger betrachten, an deren verschiedenem Klange wir ja auch zuerst erkannten, daß diese Sprachtöne noch eine Verschiedenheit von Bestandtheilen enthielten und also zusammengesetzte Laute wären. Wir wollen sie zu dem Ende alle drei, jeden einzeln, näher untersuchen.

Wenn man den Doppellaut au (nach der Weise der Bewohner des südlicheren Deutschlands oder Oberdeutschlands) voll und breit ausspricht, so hört man zu Anfange a, welches aber, da man so schnell als möglich darüber forteilt, gestoßen ausgesprochen wird; am Ende hört man u auf eine willkührlich lange Zeit forttönen; die vernehmbaren Bestandtheile sind also ein gestoßenes a und ein gedehntes oder gezogenes u. Da u aus a durch das größtmögliche Vorschieben der Lippen entsteht und dieses Vorschieben doch nur allmählig geschehen kann, so müssen in der Zwischenzeit die Lippen auch nothwendig in diejenigen Stellungen kommen, in welchen å und o gehört werden, da diese Laute ja durch ein geringeres Vorschieben der Lippen erzeugt werden, und diese Laute müssen zwischen a und u als Uebergangslaute mitgesprochen werden. Bei der großen Schnelligkeit aber, mit welcher man hiebei verfährt, geht man zu rasch über sie hinweg, als daß man sie noch vernehmen könnte, und so bleiben nur Anfang und Ende, das gestoßene a und das gedehnte u, hörbar. Da bei der Aussprache dieses Doppellautes also alle die vier Einlaute gesprochen werden, welche zusammen die Lippenreihe (a, å, o, u) bilden, so kann er am besten der Lippen-Doppellaut genannt werden. — In unsern Gegenden spricht man ihn aber gewöhnlich nicht so vollständig aus, als es hier angegeben ist, sondern kürzt ihn dadurch ab, daß man ihn mit dem zweiten Laute der Reihe, mit dem gestoßenen å anstatt des gestoßenen a, anfängt und von da schnell zum u übergeht; und dies gibt die vorhin erwähnte abgekürzte gedrängte Aussprache dieses Lautes, welche bei uns in gewöhnlicher Rede fast allein gebräuchlich ist.

Wenn man den Doppellaut ai breit ausspricht, so hört man zu Anfange ein gestoßenes a und am Schlusse ein i, welches man willkührlich längere oder kürzere Zeit aushalten kann. Da i aus a durch die größtmögliche Erhebung des Zungenrückens entsteht, und dieses Erheben doch nur allmählig bewirkt werden kann, so muß die Zunge in der Zwischenzeit nothwendig auch in diejenigen Lagen kommen, welche sie hat, wenn æ und e ausgesprochen werden, und diese Laute müssen zwischen a und i als Uebergangslaute mitgesprochen werden; sie werden aber wegen der Schnelligkeit des Ueberganges nicht vernommen, und es bleiben blos Anfang und Ende, das gestoßene a und das gedehnte i, hörbar. Da bei der Aussprache dieses Lautes also alle die vier Einlaute gesprochen werden, welche die Zungenreihe bilden (a, æ, e, i), so wird er sehr angemessen der Zungen-Doppellaut genannt werden können. — Bei uns spricht man ihn gewöhnlich nicht so vollständig aus, als hier angegeben ist, sondern kürzt ihn dadurch ab, daß man ihn mit dem zweiten Laute der Zungenreihe, mit dem gestoßenen æ anstatt des gestoßenen a, anfängt und von da schnell zum i übergeht. Die ersterwähnte breite Aussprache ist bei uns in gewöhnlicher Rede gar nicht gebräuchlich.

Wenn man den Doppellaut aü breit ausspricht, so hört man am Anfange ein gestoßenes a und am Schlusse ein ü, welches man nach Willkühr verlängern oder verkürzen kann. Da ü aus a durch das größtmögliche Vorschieben der Lippen gleichzeitig verbunden mit der größtmöglichen Erhebung des Zungenrückens entsteht, und da sowohl jenes Vorschieben als dieses Erheben nur allmählig geschehen kann, so müssen Lippen und Zunge in der Zwischenzeit nothwendig in diejenigen Lagen kommen, welche sie haben, wenn æ und ö gesprochen werden, und diese Laute müssen zwischen a und ü als Uebergangslaute mitgesprochen werden; sie werden aber wegen der Schnelligkeit des Ueberganges nicht vernommen, und es bleiben blos Anfang und Ende, das gestoßene a und das gedehnte ü, hörbar. Da bei der Aussprache dieses Doppellautes also alle die vier Einlaute angegeben werden, welche die gemischte Reihe oder die Lippen-Zungenreihe (a, æ, ö, ü) bilden, so wird er am angemessensten der Lippen-Zungen-Doppellaut genannt werden können. — Auch diesen Doppellaut spricht man gewöhnlich nicht so vollständig aus, als er hier angegeben ist, sondern kürzt ihn dadurch ab, daß man ihn mit dem auf a folgenden Laute der Lippen-Zungenreihe, mit dem gestoßenen æ anstatt des gestoßenen a, anfängt und von da schnell zum ü übergeht. Nur die letztere Aussprache ist bei uns im Reden die gebräuchliche.

So gibt es also drei Doppellaute, von denen jeder Reihe der Einlaute Einer angehört. Wollte man noch mehr als diese drei Doppellaute bilden, so könnte dies nur geschehen, entweder durch noch größere Abkürzung beim Vorwärtsschreiten in einer dieser drei Reihen (ei, ou, öü), oder durch Rückschreiten in einer dieser Reihen (ua, ea, iæ), oder durch Ueberspringen von einer Reihe in eine andere (oi, eü, iu). Aber die hierüber gemachten Versuche werden zeigen, daß entweder die hierdurch erzeugten Sprachtöne nicht deutlich genug als Doppellaute, sondern nur als unvernehmlich und ungleich gesprochene Einlaute erscheinen (âo, öü), oder daß die gesprochenen Laute sich nicht in Eine Sylbe vereinigen wollen (ea, eü), oder daß einer der Laute bei schneller Aussprache in die nächstverwandte Lautbestimmung übergeht, indem man z. B. ua fast wie wa, iu fast wie ju, ui fast wie uj ausspricht. Nur die angegebenen drei werden also für wahre Doppellaute gelten können, weil nur bei ihnen die Bestandtheile so genau und so schnell verschmelzen, daß sie leicht in Eine Sylbe verbunden werden können. Die vorhergehende Untersuchung zeigt jedoch, daß jeder derselben auf zwei verschiedene Arten ausgesprochen werden kann. Wir wollen daher, wo es nöthig ist, sie von einander zu unterscheiden, die drei, welche die ganze Reihe in sich fassen, die **vollständigen Doppellaute**, diejenigen aber, welche nur die drei letzten Laute ihrer Reihe in sich fassen, die **drei abgekürzten Doppellaute** nennen. (Wo es einer besondern Bezeichnung derselben bedarf, werden erstere au, ai, aü, letztere åu, æi, æü bezeichnet werden.) — Bei uns werden in der gewöhnlichen Rede nur die abgekürzten Doppellaute gebraucht und erscheinen uns, vielleicht nur als Folge der Gewöhnung, für die Rede angemessener und wohlklingender. Da aber bei dem Hervorbringen des a der Mund am weitesten eröffnet ist, so eignet sich dieser Laut unter allen am besten zum Singen, weil der Ton bei ihm am wenigsten durch die Lippen und andere vorliegende Sprachwerkzeuge zurückgehalten wird, und also am reinsten und hellsten klingt; und daher gilt für den Gesang die Regel, daß, wenn ein Ton auf einem Doppellaut ausgehalten werden muß, man immer den vollständigen Doppellaut gebraucht, den Ton auf a aushält und nur beim Abbrechen desselben ganz kurz den Endlaut daran anschließt.

15.

Wollen wir bei Aufzählung sämmtlicher Sprachtöne auch den eben gefundenen Unterschied zwischen vollständigen und abgekürzten Doppellauten berücksichtigen, so vermehrt sich dadurch die Zahl der einfachen Sprachtöne noch um drei, und die Gesammtzahl derselben steigt dadurch auf 46, die

Zahl der Laute aber auf 26. — Diese 26 Laute sind in einer vollständigen Uebersicht folgende:

I. 20 Einlaute oder einfache Laute, nämlich:

1) 10 gedehnte (gezogene) Laute, und zwar

a) 5 reine Laute:

ā, ē, ī, ō, ū,

b) 5 unreine Laute oder Zwischenlaute:

ǣ, ǟ, æ̊̄, ȫ, ǖ.

2) 10 gestoßene (geschärfte) Laute, und zwar

a) 5 reine Laute:

ă, ĕ, ĭ, ŏ, ŭ,

b) 5 unreine Laute oder Zwischenlaute:

æ̆, å̆, æ̊̆, ö̆, ü̆.

II. 6 zusammengesetzte Laute oder Doppellaute, nämlich:

1) 3 vollständige Doppellaute: au, ai, aü.

2) 3 abgekürzte Doppellaute: åu, æi, æ̊ü.

Die Namen der einzelnen Laute sind folgende:

1) ā der gedehnte Oefnungslaut.
2) ă der gestoßene Oefnungslaut.
3) ē der gedehnte erste Zungenlaut.
4) ĕ der gestoßene erste Zungenlaut.
5) ī der gedehnte zweite Zungenlaut.
6) ĭ der gestoßene zweite Zungenlaut.
7) ō der gedehnte erste Lippenlaut.
8) ŏ der gestoßene erste Lippenlaut.
9) ū der gedehnte zweite Lippenlaut.
10) ŭ der gestoßene zweite Lippenlaut.
11) ǣ der gedehnte Oefnungs-Zungenlaut.
12) æ̆ der gestoßene Oefnungs-Zungenlaut.
13) å der gedehnte Oefnungs-Lippenlaut.
14) å̆ der gestoßene Oefnungs-Lippenlaut.
15) æ̊ der gedehnte Oefnungs-Lippen-Zungenlaut.
16) æ̊̆ der gestoßene Oefnungs-Lippen-Zungenlaut.
17) ȫ der gedehnte erste Lippen-Zungenlaut.

18) ŏ der gestoßene erste Lippen-Zungenlaut.
19) ǖ der gedehnte zweite Lippen-Zungenlaut.
20) ü̆ der gestoßene zweite Lippen-Zungenlaut.
21) au der vollständige Lippen-Doppellaut.
22) åu der abgekürzte Lippen-Doppellaut.
23) ai der vollständige Zungen-Doppellaut.
24) æi der abgekürzte Zungen-Doppellaut.
25) aü der vollständige Lippen-Zungen-Doppellaut.
26) æ̊ü der abgekürzte Lippen-Zungen-Doppellaut.

16.

Von den Lauten können wenigstens sämmtliche gedehnte Laute und die Doppellaute für sich allein eigene Sylben bilden (a-ber, Eh-re, O-fen, U-fer, Ei-sen, Au-ge). Die gestoßenen Laute würden es an und für sich zwar auch können; aber von solchen Sylben ist wegen ihrer zu großen Kürze in der Sprache nicht Gebrauch gemacht; und diese Laute kommen daher immer nur mit Lautbestimmungen verbunden in einer Sylbe vor. Da indessen gedehnte und gestoßene Laute nicht als ganz verschiedene Laute, sondern nur als verschiedene Sprechweisen derselben Laute betrachtet werden, so gibt man es gewöhnlich als ein Kennzeichen der Laute überhaupt an, daß sie für sich allein eine Sylbe bilden können.

17.

Die Lautbestimmungen (Consonanten) können dagegen zur Bildung besonderer Sylben in der Sprache gar nicht gebraucht werden, und keiner derselben kommt je als eigene Sylbe vor; vielmehr begleiten sie überall nur einen Laut zur Bildung einer Sylbe, was ihnen auch ihren Namen gegeben hat. Aus dem Vorhergehenden (§. 1.) geht hervor, daß bei ihnen entweder der laute (d. h. durch Thätigkeit der Stimmwerkzeuge hervorgebrachte) Ton, oder das freie Ausströmen der Luft, oder

bei-

beides zugleich fehlt. — Mit einem freien Ausströmen der Luft, jedoch ohne lauten Ton, wird nur eine Lautbestimmung hervorgebracht, und heißt daher (weil das Herausstoßen der Luft auch Hauchen genannt wird) der freie Hauch.

Bei allen übrigen Lautbestimmungen wird die ausströmende Luft bei ihrem Durchgange durch die Mundhöhle auf irgend eine Weise behindert oder auf einige Zeit ganz aufgehalten. Diese Behinderung der ausströmenden Luft und die daraus hervorgehende Bildung der Lautbestimmungen geschieht vorzüglich an drei Stellen der Mundhöhle, nämlich:

1) vorn bei den Lippen;
2) in der Mitte der Mundhöhle bei der Zungenspitze und dem Vordergaumen;
3) hinten, bei der Zungenwurzel (d. h. dem hinteren Theile der Zunge) und dem Hintergaumen.

An jeder dieser drei Stellen kann die Behinderung auf dreifache Art geschehen:

1) Man kann der ausströmenden Luft zwar einen Durchgang durch die Mundhöhle, aber nur einen so engen Durchgang verstatten, daß sie sich hindurchdrängen und mit einem Zischen hervorkommen muß. Dies soll künftig der Kürze wegen beengen heißen, und kann, je nachdem man die ausströmende Luft mit größerer oder geringerer Gewalt heraustreibt, entweder scharf oder sanft geschehen.

2) Man kann der ausströmenden Luft den Durchgang durch die Mundhöhle ganz verwehren, und sie nöthigen, durch die Nase zu gehen. Dies mag der Kürze wegen sperren heißen. Da ihr Ausströmen aber hiedurch allein noch gar nicht hörbar würde, so muß dasselbe dann nothwendig von einem lauten (durch Thätigkeit der Stimmwerkzeuge hervorgebrachten) Tone begleitet sein.

3) Man kann der ausströmenden Luft den Durchgang, sowohl durch den Mund als durch die Nase, auf eine kurze Zeit ganz verschließen, und sie dann nach geschehener schnel-

ler Aufhebung des Hindernisses plötzlich hinausstoßen. Dies mag künftig der Kürze wegen hemmen heißen; es kann nach der größeren oder geringeren beim Herausstoßen angewandten Kraft scharf oder sanft geschehen.

Durch dieses Beengen, Sperren und Hemmen werden nun an jeder der drei vorhingenannten Stellen der Mundhöhle fünf Lautbestimmungen gebildet, wie folgende Auseinandersetzung näher nachweiset.

I. Vorn bei den Lippen kann man

1) die ausströmende Luft so beengen, daß sie sich mit einem Zischen hindurchdrängen muß. Dies kann wieder geschehen:

a) scharf. Dadurch erhält man f — Schaa-f;

b) sanft. Dadurch erhält man w — Lö-w';

2) der ausströmenden Luft durch Schließung der Lippen den Ausgang sperren und sie nöthigen, durch die Nase zu gehen, wobei man dann zugleich einen lauten Ton angeben muß. Auf diese Weise entsteht m — ka-m;

3) die Luft durch Verschließung der Lippen und des Ausganges aus der Nase ganz hemmen und sie dann nach schneller Eröffnung der Lippen plötzlich herausstoßen. Letzteres kann wieder geschehen:

a) scharf — p — Geri-pp';

b) sanft — b — Bu-b'.

f, w, m, p, b können wegen ihrer Bildung bei der Lippen die fünf Lippenbestimmungen genannt werden.

II. In der Mitte der Mundhöhle, bei der Zungenwurzel und dem Vordergaumen, kann man

1) die Luft durch Annäherung der Zungenspitze an den Vordergaumen so beengen, daß sie sich mit einem Zischen hindurchdrängen muß. Dies kann geschehen:

a) scharf — ß — Spa-ß (Spaſs);

b) sanft — s — bla-s'.

2) der Luft durch Anhalten der Zungenspitze an den Vordergaumen und der Zungenränder an die Zahnreihen den Ausgang sperren und sie nöthigen, durch die Nase zu gehen, wobei man dann einen lauten Ton angeben muß. Dadurch entsteht — n — Loh-n;

3) die Luft auf einige Zeit ganz hemmen und dann nach geschehener schneller Zurückziehung der Zunge plötzlich herausstoßen. Letzteres kann wieder geschehen:
   a) scharf — t — Boo-t;
   b) sanft — d — la-d'.

ß, s, n, t, d können wegen ihrer Bildung, wobei vorzüglich die Zunge thätig ist, die fünf Zungenbestimmungen genannt werden.

III. Hinten in der Mundhöhle, bei der Zungenwurzel und dem Hintergaumen, kann man

1) die Luft durch Annäherung der Zungenwurzel an den Hintergaumen so beengen, daß sie sich mit einem Zischen hindurchdrängen muß. Dies kann geschehen:
   a) scharf — ch — ho-ch, Rau-ch;
   b) sanft — j — j-a, sa-g' *);

2) der ausströmenden Luft durch Erhebung der Zungenwurzel gegen den Hintergaumen den Ausgang durch die Mundhöhle sperren, und sie nöthigen, durch die Nase zu gehen, wobei man dann zugleich einen lauten Ton angeben muß. Dadurch entsteht — ŋ — la*n*-ge;

Anmerk. Dies ist derjenige Ton, mit welchem man das n gewöhnlich vor g und k ausspricht, z. B. in fa*n*gen, A*n*ker, oder das ng, z. B. in læ*ng*s, ba*ng*t und ri*ng*t. Da es im Deutschen an einem besondern Buchstaben für diesen Sprachton fehlt,

---

*) Warum zur Bezeichnung dieses Sprachtons hier j gewählt ist, da in deutschen Wörtern dafür doch so oft g gebraucht ist, wird im Nachfolgenden seine Aufklärung finden.

so mag er einstweilen durch ŋ oder ŋ bezeichnet werden. Vergl. §. 5. Anm.

3) die Luft erst auf eine kurze Zeit ganz hemmen und dann nach geschehener schneller Herabsenkung der Zungenwurzel plötzlich herausstoßen. Dies kann geschehen:

a) scharf — k — Schal-k;

b) sanft — g — g-ar, G-ott, g-ut.

Anmerk. Das g muß hiebei wie ein sanftes k ausgesprochen werden, so wie man es im Französischen vor a, o und ou ausspricht, z. B. in gâter, gorge, gouverner.

ch, j (sanfter Kehlhauch), ŋ, k und g (sanfter Kehlschluß) können wegen ihrer Bildung im hintern Theile des Mundes, nahe am Eintritte der Luftröhre in die Mundhöhle, welche Stelle man die Kehle zu nennen pflegt, die fünf Kehlbestimmungen genannt werden.

Die bisherige Untersuchung hat auf 16 der vorher (§. 1.) aufgefundenen 20 Lautbestimmungen geführt, und es bleiben von jenen 20 nur noch folgende 4 zu untersuchen übrig: l, r, sch, j.

Von diesen wird l dadurch gebildet, daß man die Zungenspitze an den Vordergaumen hält, den übrigen Theil der Zunge abwärts biegt und dadurch die ausströmende Luft nöthigt, an den Seitenrändern der Zunge vorbei durch die Mundöffnung hinauszugehen, wobei man dann einen lauten Ton angibt. Es ist am nächsten mit n verwandt und unterscheidet sich davon nur in Folgendem: Bei n werden die Seitenränder der Zunge an die beiden Zahnreihen gehalten, die Luft findet daher keinen Ausgang durch die Mundöffnung und muß durch die Nase gehen. Bei l wird dagegen der mittlere Theil der Zunge abwärts gebogen, und es entsteht zwischen den Seitenrändern der Zunge und den Zahnreihen eine Lücke, durch welche die Luft aus der Mundöffnung hinausgehen kann. — l — Jah-l.

r entsteht dadurch, daß man die Zungenspitze durch sehr schnell wiederholtes Aufwärts- und Abwärtsbewegen erzittern läßt und dadurch die ausströmende Luft an ihrem freien Durchgange hindert, wobei man dann zugleich einen lauten Ton angibt. — r — Moh-r.

l und r werden beide an der erwähnten zweiten Stelle der Mundhöhle, bei der Zungenspitze und dem Vordergaumen, gebildet, und verdanken ihren Ursprung hauptsächlich der großen Biegsamkeit und Beweglichkeit der Zunge. Sie können daher unbedenklich mit zu den Zungenbestimmungen gerechnet werden, deren Zahl dadurch auf sieben gebracht wird.

Eben diese große Biegsamkeit der Zunge ist die Ursache, daß man den Durchgang der ausströmenden Luft durch die Mundhöhle noch auf einer vierten Stelle beengen kann, indem man den Zungenrücken gegen den Mittelgaumen erhebt und den vorderen Theil der Zunge abwärts senkt. Wenn man an dieser Stelle den Zungenrücken so weit erhebt, daß die herausgestoßene Luft dort beengt wird und sich hindurchdrängen muß, und wenn man dabei die Lippen so weit vorschiebt, daß sie fast die Lage wie beim Aussprechen des o haben, so entsteht durch das Ausstoßen der Luft ein stark zischender Ton. Je nachdem man die Luft stark oder schwach aushaucht, wird er als scharf oder sanft gehört. Im erstern Falle entsteht die Lautbestimmung sch — fal-sch — im letzteren Falle entsteht die Lautbestimmung J (§. 5. n. 41.) — Page, Fóura-g', Jabot.

Da sch und J bei dem Zungenrücken und dem Mittelgaumen gebildet werden, so liegt der Ort ihrer Entstehung in der Mitte zwischen dem Orte, wo die Zungenbestimmungen, und dem, wo die Kehlbestimmungen entstehen, und sie könnten fast mit gleichem Rechte zu beiden Abtheilungen gerechnet werden; ja wegen des nothwendig damit verbundenen Vorschiebens der Lippen könnte man sie gewissermaßen auch mit zu den Lippenbestimmungen rechnen. Um wegen dieser beiden Sprachtöne die Zahl der Abtheilungen nicht vermehren zu dürfen und ihnen doch eine bestimmte Stelle anzuweisen, wollen wir sie mit zu den Kehlbestimmungen rechnen, deren Anzahl dadurch ebenfalls wie die der Zungenbestimmungen auf sieben gebracht wird.

Sieht man also auf die Stellen der Mundhöhle, womit sie gebildet werden, so zerfallen sie in vier Abtheilungen, eine Eintheilung, welche daher die Eintheilung nach den Sprachwerkzeugen heißen mag. Die vier Abtheilungen sind folgende:

1) der freie Hauch: h;
2) fünf Lippenbestimmungen: f, w, m, p, b;
3) sieben Zungenbestimmungen: ß, s, n, t, d, l, r;
4) sieben Kehlbestimmungen: ch, j, ŋ, k, g, sch, ȷ.

18.

Eine andere Eintheilung der Lautbestimmungen entsteht, wenn man auf die besondere Art sieht, wie sich die Sprachwerkzeuge durch Beengen, Sperren, Hemmen und Angabe eines lauten Tones thätig beweisen, und dies möge daher die Eintheilung nach der Thätigkeit der Sprachwerkzeuge heißen. Folgende Bemerkungen werden die Gründe dieser Eintheilung näher darthun.

1) Einige Lautbestimmungen werden dadurch hervorgebracht, daß man die Luft aus der Mundöfnung ausathmet oder aushaucht, und heißen daher Hauche. — Bei einem derselben geht die Luft ganz ungehindert aus der Mundöfnung, und dieser heißt daher der freie Hauch. — Bei acht andern wird die Luft auf ihrem Durchgange durch die Mundhöhle aufgehalten, indem an einer Stelle derselben ihr nur eine so kleine Oefnung gelassen wird, daß sie sich dort hindurchdrängen muß, welches dann ein Zischen verursacht; daher werden diese acht Hauche behinderte Hauche genannt. Die Beengung kann an vier Stellen der Mund-

höhle, und an jeder derselben scharf und sanft geschehen, daher die acht behinderten Hauche wieder in vier scharfe und vier sanfte Hauche zerfallen, welche von den Stellen der Mundhöhle, wo sie entstehen, ihren Namen erhalten, nämlich:

zwei (der scharfe und der sanfte) Lippenhauche — f und w.

zwei (der scharfe und der sanfte) Zungenhauche — ß und s.

zwei (der scharfe und der sanfte) Kehlhauche — ch und j.

zwei (der scharfe und der sanfte) Zungen-Kehlhauche — sch und j.

Bei den vier scharfen Hauchen ist das durch das Herausdringen der Luft verursachte Zischen so vernehmlich, daß sie sehr wohl für sich allein hörbar gemacht werden können. Daher können die vier sanften Hauche wegen des zu gelinden Ausströmens der Luft nicht hörbar (wenigstens beim Unterrichten einer ganzen Klasse von Kindern nicht hinreichend hörbar) gemacht werden, und werden sogleich zu den entsprechenden scharfen Hauchen, wenn man sie stärker hörbar machen will. Nun kann aber jeder derselben auch so ausgesprochen werden, daß die Stimmwerkzeuge dabei thätig sind, d. h. daß ein lauter, wenn auch nur dumpf klingender, Ton dabei angegeben wird, und mit diesem lauten Tone wollen wir sie (hier beim Unterrichte, wenn sie als für sich bestehend dargestellt werden sollen) jedesmal aussprechen. Uebrigens ist die Mitangabe dieses lauten Tones bei diesen Sprachtönen keinesweges etwas Nothwendiges; denn beim Aussprechen von Sylben in wirklicher Rede läßt man ihn zuweilen hören, zuweilen aber auch nicht.

2) Bei andern Lautbestimmungen sind die Stimmwerkzeuge **nothwendig** thätig, und sie werden **immer** (auch beim Aussprechen von Sylben) mit einem lauten Tone angegeben. Sie unterscheiden sich also von den Lauten nur dadurch, daß die Luft bei ihnen nicht unbehindert aus der

Mundöfnung strömt, wie bei den letzteren, und daß der laute Ton auch nicht einen so hellen Klang hat. Wegen dieser ihrer Verwandtschaft mit den Lauten sollen sie Halblaute heißen. Von den drei ofterwähnten Stellen des Mundes, an denen die Lautbestimmungen entstehen, können an der vorderen und hinteren, an jeder, Ein Halblaut, an der mittleren aber wegen der Biegsamkeit und Beweglichkeit der Zunge, Drei Halblaute hervorgebracht werden. Für die beiden ersteren ergeben sich von selbst die Namen Lippen-Halblaut (m) und Kehl-Halblaut (ŋ); von den drei letzteren mag der erste (n) der Zungen-Nasen-Halblaut heißen, weil die ausströmende und durch die Zunge aufgehaltene Luft dabei mit einem lauten Tone durch die Nase geht, — der zweite (l) der Zungen-Halblaut, weil zu seiner Bildung blos die Zunge thätig ist, — der dritte (r) der Gaumen-Halblaut, da nicht füglich mehre Benennungen von der Zunge hergenommen werden können, durch deren Thätigkeit derselbe übrigens ganz gebildet wird. — Hienach gibt es also fünf Halblaute: m, n, ŋ, l, r.

3) Eine dritte Art von Lautbestimmungen wird dadurch hervorgebracht, daß man die ausströmende Luft erst völlig hemmt, sie an den vorliegenden hemmenden Gegenstand erst andrängt, und dann nach geschehener schneller Aufhebung des Hindernisses mit einem Stoße herausdringen läßt. Solche Lautbestimmungen sollen Schlüsse heißen. Bei der Aussprache eines jeden derselben kann man den Zuschluß, den Aufschluß und die zwischen beiden liegende Hemmungszeit unterscheiden. — Nach den ofterwähnten drei Hauptstellen der Mundhöhle, an denen sich Lautbestimmungen erzeugen, gibt es drei verschiedene Schlüsse: den Lippenschluß, den Zungenschluß und den Kehlschluß. Je nachdem aber der Andrang der Luft an die hemmenden Sprachwerkzeuge, und nach Hebung des Hindernisses das Herausdringen derselben stärker oder schwächer

ist, kann jeder dieser Schlüsse wieder scharf oder sanft ausgesprochen werden. Die drei scharfen Schlüsse sind p, t, k, die entsprechenden drei sanften b, d, g. — Bei der Aussprache der drei scharfen bleiben die Stimmwerkzeuge völlig unthätig, aber jeder derselben kann doch für sich deutlich hörbar gemacht werden, indem bei Aufhebung der Hemmung die zusammengedrängt gewesene Luft mit einem Geräusche herausfährt, welches dem Puffen zu vergleichen ist, mit welchem die in einem Gefäße (etwa einer Bouteille) verschlossen und zusammengedrängt gewesene Luft herausdringt, wenn man das Gefäß (durch Ausziehung des Pfropfens) schnell öffnet — p', t', k'. — — Dagegen kann jeder der drei sanften Schlüsse wegen des zu gelinden Herausdringens der eingeschlossen gewesenen Luft für sich allein gar nicht hörbar gemacht werden, wenn man nicht einen lauten, durch Thätigkeit der Stimmwerkzeuge hervorgebrachten, Ton hinzufügt. Nun kann man mit jedem sanften Schlusse in der Hemmungszeit zwischen dem Zuschlusse und dem Aufschlusse einen lauten Ton verbinden, den man leicht wird auffinden können, wenn man etwa auf folgende Art verfährt. Man spreche etwa die Wörter Abba, Edda, Egge (das g wie ein sanftes k) so, daß man die Hemmungszeit zwischen dem Zuschluß und Aufschluß des bb, dd und gg möglichst lang macht; und man wird finden, daß man während dieser ganzen Zeit einen dumpfen lauten Ton hört, der nicht mehr der vorhergehende Laut a oder e ist, deren gestoßene Aussprache nur einen Augenblick dauert, sondern der von einem Andringen derjenigen Stimmluft, die den sanften Schluß bilden soll, gegen die hemmenden Stimmwerkzeuge herrührt. Man spreche darauf eben jene Wörter so aus, daß hinten kein wirkliches a oder e, sondern nur jener stimmlose Ton gehört wird, welcher von dem Hervordringen der erst zusammengepreßten und dann plötzlich frei gewordenen Luft herrührt, wovon eben bei den scharfen Schlüssen die Rede gewesen ist; also Abb', Edd', Egg'. Endlich sondere man auch den vorhergehenden Laut a und e von dem letzten Sprachtone ab, A-bb', E-dd', E'-gg'. Was nach dieser Absonderung noch übrig bleibt, hier durch bb', dd', gg' bezeichnet, sind die drei sanften Schlüsse mit einem vernehmlichen lauten Tone in der Hemmungszeit verbunden. Um die sanften Laute hörbar zu machen, ohne doch zu einer falschen Aussprache zu verleiten, würde es unstreitig das richtigste sein, sie mit diesem lauten Tone in der Hemmungszeit zwischen dem Zuschlusse und Aufschlusse anzugeben; denn dabei erschiene dann jener laute Ton als zum Schlusse selbst gehörig, und nicht als ein besonderer Vokal. Die Erfahrung in Schulen lehrt jedoch, daß es Kindern sehr schwer fällt, diesen lauten Ton auf die beschriebene Art richtig anzugeben. Es füllt sich ihnen dabei die Mundhöhle während der Hemmungszeit zu sehr mit Luft, und da sie dieselbe im Munde nicht zu beherbergen wissen, so gerathen sie dabei gar leicht und sich selbst unbewußt auf den Ausweg, daß sie die andringende Stimmluft durch die Nase entweichen lassen und mb statt b, nd statt d, ng statt g sprechen. Um dieser fehlerhaften Aussprache, die sich bei Kindern kaum verhüten läßt, aus dem Wege zu gehen, wird beim Unterrichte in einer Schule, wo vor vielen versammelten Kindern nothwendig alle Sprachtöne recht vernehmlich angegeben werden müssen, nichts anderes übrig bleiben, als bei jedem sanften Schlusse einen kurz abgebrochenen dumpfer Laut (Vokal), der dem gestoßenen e am ähnlichsten ist, nachher mit aussprechen zu lassen; also b^e, d^e, g^e.

Bei der in dem Bisherigen näher auseinandergesetzten Eintheilung der Lautbestimmungen nach der Thätigkeit der Sprachwerkzeuge zerfallen also dieselben in folgende drei Hauptabtheilungen mit ihren Unter-Abtheilungen:

I. Hauche:

1) freier Hauch: h;

2) behinderte Hauche, und zwar

a) scharfe Hauche: f, ß, ch, sch;
b) sanfte Hauche: w, ſ, j, J.

II. Halblaute: m, n, ŋ, l, r;

III. Schlüsse:
1) scharfe Schlüsse: p, t, k;
2) sanfte Schlüsse: b, d, g.

19.

Folgende Tabelle vereinigt beide Eintheilungen. Faßt man die senkrechten Reihen derselben ins Auge, so hat man die Eintheilung nach den Sprachwerkzeugen. Dagegen stellen die wagrechten Reihen derselben die Eintheilung nach der Thätigkeit der Sprachwerkzeuge dar:

		Freier Hauch.	Lippenbestimmungen.	Zungenbestimmungen.	Kehlbestimmungen.		
Hauche	freier Hauch . .	h	. .	. .	. .		
	scharfe Hauche . . .		f,	ß,	ch,	sch	behinderte Hauche.
	sanfte Hauche . . .		w,	ſ,	j,	J	
Halblaute			m,	n,	ŋ,	l, r.	
Schlüsse	scharfe Schlüsse . .		p,	t,	k,		
	sanfte Schlüsse . .		b,	d,	g.		
				l	sch		
				r	J		

Die Buchstaben l, r, sch, J mußten, um die Tabelle nach beiden Richtungen vollständig zu machen, nothwendig doppelt gesetzt werden.

Wenn man beide Eintheilungen und die Stellung eines jeden Zeichens in seiner wagrechten und senkrechten Reihe mit einander vergleicht, so ergeben sich daraus fast von selbst nachfolgende

Namen aller einzelnen Lautbestimmungen:

1) h — freier Hauch.
2) f — scharfer Lippenhauch.
3) w — sanfter Lippenhauch.
4) ß — scharfer Zungenhauch.
5) s — sanfter Zungenhauch.
6) ch — scharfer Kehlhauch.
7) j — sanfter Kehlhauch.
8) sch — scharfer Zungen-Kehlhauch.
9) J — sanfter Zungen-Kehlhauch.
10) m — Lippen-Halblaut.
11) n — Zungen-Nasen-Halblaut.
12) ŋ — Kehl-Halblaut.
13) l — Zungen-Halblaut.
14) r — Gaumen-Halblaut.
15) p — scharfer Lippenschluß.
16) b — sanfter Lippenschluß.
17) t — scharfer Zungenschluß.
18) d — sanfter Zungenschluß.
19) k — scharfer Kehlschluß.
20) g — sanfter Kehlschluß.

20.

Wenn man den scharfen Kehlhauch ch erst in den Wörtern Ble-ch, i-ch, Bæ-ch-e, Lö-ch-er, Bü-ch-er, rei-ch, Seu-ch-e; und dann wieder in den Wörtern Ba-ch, Lo-ch, Bu-ch, Rau-ch ausspricht, so wird man bald einen Unterschied in der Bildung und im Klange desselben für beide Fälle bemerken. Im erstern Falle, und überhaupt hinter den Lauten e, i, æ, ö, ü, ei, æu oder eu, wird die Beengung der ausströmenden Luft zwischen dem Zungenrücken und dem Mittelgaumen; im letztern Falle, und überhaupt hinter den Lauten a, o, u, au, zwischen der Zungenwurzel und dem Hintergaumen bewirkt. Im erstern Falle hat der Laut einen etwas sanftern und mildern, im letztern einen etwas rauhern Klang, mit dem sich leicht ein sogenanntes Kratzen oder Schnarren verbindet, welches dadurch entsteht, daß die Zungenwurzel und der fleischige Theil des Hintergaumens in Folge des Hindurchdrängens der stark eingeengten Luft in eine zitternde Bewegung gesetzt werden. Der Grund dieser verschiedenen Bildung des scharfen Kehlhauches ergibt sich aus Folgendem. Bei Aussprache der Laute e, i, æ, ö, ü, ei, eu ist der Zungenrücken schon gegen den Mittelgaumen erhoben, und wenn nun der scharfe Kehlhauch ausgesprochen werden soll, so erhebt man ihn nur noch etwas mehr, um dadurch den Durchgang der Luft noch etwas mehr zu beengen und so dasjenige Zischen zu bewirken, welches jedem Hauche eigenthümlich ist. Wollte man hiebei die Verengung hinten an der Zungenwurzel bewirken, so müßte man den mittleren Theil der Zunge erst herabsenken und die Zungenwurzel erheben, welches nicht so schnell und nicht ohne einigen Zwang geschehen kann. Bei a, o, u und au hingegen ist die Zunge noch nicht erhoben, die Zungenwurzel ist daher dem Hintergaumen näher, als der Zungenrücken dem Mittelgaumen, und daher wird es jedem leichter, die Beengung der Luft hinten zu bewirken. — Will man beides als zwei verschiedene Hauche unterscheiden, so kann man sie den vordern und den hintern scharfen Kehlhauch benennen; und dies soll künftig allemal geschehen, wenn unsere Betrachtung es nöthig macht, sie beide von einander zu unterscheiden.

Auf gleiche Art wird auch der sanfte Kehlhauch unter denselben Bedingungen, entweder bei dem Zungenrücken oder dem Mittelgaumen, oder bei der Zungenwurzel und dem Hintergaumen, gebildet. Um dies deutlich zu erkennen, vergleiche man die Aussprache dieses Hauches in den Wörtern leg', lieg', mög', lüg', mit der in den Wörtern sag', jag', Wog', saug'. Auch hier kann man also einen vordern und einen hintern sanften Kehlhauch von einander unterscheiden.

So gewiß es ist, daß ein solcher Unterschied in Hinsicht auf beide Kehlhauche stattfinde, so unnöthig scheint es doch, zwei scharfe und zwei sanfte Kehlhauche als vier besondere Lautbestimmungen zu unterscheiden, da jeder derselben nur unter gewissen besonderen Bedingungen gesprochen wird, wo man dann den andern nicht spricht, und da beide ihrem Klange nach so wenig verschieden sind, daß man schon sehr genau darauf aufmerksam gemacht sein muß, um den Unterschied zwischen beiden wahrzunehmen. Die Zahl der bisher angegebenen Lautbestimmungen wird also um ihretwillen nicht vermehrt werden dürfen.

Eben so ist es bekannt, daß viele Menschen nicht im Stande sind, den Gaumen-Halblaut r auf die früher angegebene Art auszusprechen, sondern daß sie bei der Aussprache desselben (wie man es gewöhnlich nennt) schnarren. Sie setzen nämlich nicht die Zungenspitze in eine zitternde Bewegung, sondern dafür die Zungenwurzel und den darüber liegenden weichen und fleischigen Theil des Hintergaumens, wie dies nach dem eben Vorhergegangenen auch bei der Aussprache des hintern scharfen Kehlhauches leicht geschieht. Der so gesprochene Gaumen-Halblaut gehört dann eigentlich gar nicht zu den Zungenbestimmungen, sondern zu den Kehlbestimmungen. Wollte man es mit den Unterschieden recht genau nehmen, so könnte man auch hier also den vorderen und den hinteren Gaumen-Halblaut unterscheiden, Benennungen, deren wir uns auch wirklich dann bedienen wollen, wenn unsere Untersuchung diese genaue Unterscheidung nothwendig macht. Da jedoch jeder Mensch beim Reden nur Einen dieser Halblaute spricht, und wer sich an einen derselben gewöhnt hat, den anderen nicht gebraucht, die Aussprache des hinteren Gaumen-Halblautes (des schnarrenden r) auch überall als eine fehlerhafte Aussprache anerkannt ist, so dürfen wir beide nicht als zwei verschiedene Lautbestimmungen, sondern nur als zwei Sprechweisen einer eben und derselben Lautbestimmung aufführen.

Ungeachtet die eben durchgeführte Betrachtung uns also gelehrt hat, von dreien der früher angeführten Lautbestimmungen jede auf zweifache Weise auszusprechen, so dürfen wir doch um dieses Unterschiedes willen die Zahl der aufgefundenen Lautbestimmungen nicht um drei neue vermehren und also auf 23 feststellen, sondern wir können bei der früher angenommenen Zahl von 20 Lautbestimmungen stehen bleiben.

Drittes Kapitel.

Feststellung der Zeichen für sämmtliche Sprach-Grundtheile.

21.

Wir sprechen, um anderen mitzutheilen, was in unserer Seele ist, d. h. unsere Gedanken, Vorstellungen und Empfindungen, welche sonst als etwas blos Inneres und Geistiges von keinem andern würden wahrgenommen werden können. Die Wörter der Sprache sind hörbare Zeichen für die Vorstellungen der Seele, über deren Bedeutung sich unter allen zu einem Volke gehörigen Menschen nach und nach auf eine uns unbekannte Art ein festes Uebereinkommen gebildet hat. Wer daher die Mittheilungen eines andern verstehen will, der muß nicht blos im Stande sein, die Rede desselben durch das Gehör zu vernehmen, sondern er muß auch mit der Bildung aller dieser hörbaren Zeichen, oder der Wörter, hinreichend bekannt sein. Für einen Tauben ist alles unser Sprechen vergeblich, weil er die Töne unserer Rede nicht vernimmt; auch für einen Mann, der sich in weiter Entfernung von uns befindet, reden wir vergeblich, weil der Schall unserer Rede nicht bis zu ihm hindringt. Wenn Leute aus Spanien, Italien oder noch ferneren Ländern hierher kommen, so verstehen sie nicht, was wir ihnen sagen, auch wenn sie den Gehörsinn besitzen und uns nahe genug sind, um unsere Rede vernehmen zu können, es sei denn, daß sie zuvor die Deutsche Sprache erlernt haben und dadurch mit der Bedeutung unserer Wörter bekannt geworden sind. Soll unter den angegebenen Umständen eine Mittheilung dennoch stattfinden, so muß es durch Zeichen geschehen, welche nicht durch das Gehör, sondern durch das Gesicht wahrgenommen werden, also durch sichtbare Zeichen. — Wenn wir dem Tauben zu verstehen geben wollen, daß er weggehen solle, so zeigen wir auf ihn hin und machen dann mit der Hand eine Bewegung, die sich von uns entfernt. Wenn wir einem Entfernten, der unsere Stimme nicht mehr hören, aber uns doch noch sehen kann, zu erkennen geben wollen, daß er zu uns kommen solle, so machen wir mit der Hand oder mit dem Hute in der Hand eine Bewegung, die sich unserm Körper annähert. Wenn ein Mann aus einem fernen Lande, der unsere Sprache nicht verstände, zu uns käme und uns den Wunsch zu erkennen geben wollte, daß wir ihm zu essen reichen möchten, so würde er etwa zuerst auf uns hinzeigen, dann seine Hand zum Munde führen und nun mit dem Munde eine Bewegung machen, als wenn er Speisen zerkauete. — In allen diesen Fällen theilt man, was im Innern der Seele ist, durch äußere Zeichen sichtbar mit, und nennt es daher auch eine Sprache, und zwar, weil es durch Mienen, Geberden und Bewegungen des Körpers geschieht, eine Geberdensprache. Sie findet besonders da Anwendung, wo das Gesprochene entweder durchs Gehör nicht vernommen, oder

wegen

wegen Unbekanntschaft mit der Bedeutung der Wörter nicht verstanden werden kann; sie ist aber nur ein höchst unvollständiges Ersatzmittel für die eigentliche Sprache, weil man aus Mangel an passenden Zeichen dabei vieles unbezeichnet lassen muß, was man oft wohl gern mittheilen möchte.

Man will aber auch seine Gedanken nicht blos gegenwärtigen und nahen Personen, oft will man sie auch abwesenden und weit entfernten Personen mittheilen, oft auch was man durch Nachdenken ersonnen, erfunden und zu Stande gebracht hat, oder was in unseren Zeiten geschehen ist, aufbewahren und der Vergessenheit entziehen, damit es von Menschen, die noch in ferner Zeit nach uns leben, erkannt und zu ihrem Nutzen und ihrer Belehrung gebraucht werden könne. Das mit dem Munde gesprochene Wort ist aber nach wenigen Augenblicken schon wieder entschwunden, und es ist dann außer dem Eindrucke, den es in den Gemüthern der Hörenden zurück gelassen hat, keine äußerlich vernehmbare Spur davon zurückgeblieben. Wenn die leichten unsichtbaren Wellen der Luft, welche dem Schalle den Ursprung geben, vorübergegangen sind, und mein Ohr berührt haben, so ist das gesprochene Wort für alle äußere Wahrnehmung verschwunden. Wie läßt sich nun Gedachtes so äußerlich sichtbar darstellen, daß das Dargestellte bleibt und auch von Personen, die dem Raume und der Zeit nach ferne von uns leben, vernommen und nachgedacht werden kann?

Wenn wir bisher in der Raumlehre Linien, Winkel, Dreiecke und andere Flächen sichtbar darstellen, oder wenn wir uns Zahlen versinnlichen wollten, so bewegten wir Gegenstände über eine ebene Fläche so fort, daß sie darauf eine bleibende sichtbare Spur zurückließen, z. B. die Kreide über die Wandtafel, den Bleistift über das Papier, den Griffel über die Schiefertafel, die Feder, mit einer färbenden Flüssigkeit gefüllt, über das Papier u. s. w. Von diesem Mittel werden wir auch hier Gebrauch machen können, um Zeichen für unsere Vorstellungen bleibend hinzustellen und dadurch ähnliche Vorstellungen auch in anderen hervorzurufen.

Diese Zeichen können nun entweder mit dem gedachten Gegenstande dadurch in einem natürlichen Zusammenhange stehen, daß sie ihn durch ähnliche Eigenschaften vorzüglich in Hinsicht auf Gestalt, Größe und Farbe wirklich nachbilden (abbildende und daher natürliche Zeichen); oder sie können den vorgestellten Gegenständen unähnlich sein, und es kann ihre Bedeutung nur aus einer darüber getroffenen Verabredung der Theilnehmer erkannt werden (willkührliche Zeichen). — Vergl. Anleitung zu Denk- und Sprechübungen. S. 356 und folg.

Das Hervorbringen von Zeichen oder Bildern der ersteren Art nennt man Zeichnen, wenn nur Gestalt und verhältnißmäßige Größe nachgebildet wird, Mahlen, wenn damit zugleich das Auftragen ähnlicher Farben verbunden wird. — Das genaue und richtige Nachbilden der unzähligen Menge von Gegenständen, welche uns umgeben, setzt aber eine Geschicklichkeit und Fertigkeit voraus, welche nur von wenigen, vollständig vielleicht von keinem, Menschen erworben werden kann, und dabei ist doch lange nicht alles, was wir vermittelst der Sprache ausdrücken, durch solche Bilder zu bezeichnen. Wie sollte z. B. Freundschaft, Aufmerksamkeit, Vorstellung, denken; wie sollte ich kann, du sollst, er will u. s. w. mit abbildenden Zeichen dargestellt werden? — Zeichnen und Mahlen eignen sich daher nicht zu einer allgemein anwendbaren sichtbaren Darstellung des Gedachten und Gesprochenen.

Das Hervorbringen solcher Zeichen für unsere Vorstellungen, welche mehr oder weniger willkührlich gewählt sind und deren Verständniß auf einem getroffenen gegenseitigen Uebereinkommen beruht, nennt man allgemein Schreiben. Nur durch eine willkührliche und verabredete Auswahl werden wir so einfache Zeichen gewinnen, daß sie von einem jeden mit leichter Mühe nachgebildet werden können, und nur das Schreiben (die Schrift) wird sich daher zu einem allgemein anwendbaren Ausdrucke der Vorstellungen eignen. Wie werden wir uns nun zu verhalten haben, um damit so leicht als möglich zu Stande zu kommen?

Wir könnten hiebei nun wieder einen zweifachen Weg einschlagen. Wir könnten uns entweder vorsetzen, die Vorstellungen unserer Seele unmittelbar zu bezeichnen, ohne zwischen Vorstellung und Zeichen ein Drittes zu denken, oder, da Vorstellungen und Empfindungen bereits in der Sprache oder Rede auf eine hörbare Art bezeichnet sind, so könnten wir darauf ausgehen, diesen hörbaren Zeichen eben so viele sichtbare Zeichen zuzugesellen und so zunächst die Sprache oder Rede, nnd erst vermittelst derselben die Vorstellungen der Seele, mittelbar zu bezeichnen. Die erste Art von Schrift hätte mit der Zeichnung und Mahlerei die unmittelbare Verbindung der Vorstellungen und ihrer Zeichen gemein und würde sich nur durch die Willkührlichkeit dieser Zeichen davon unterscheiden; jedes Zeichen ließe sich bei aller Unähnlichkeit als ein Bild einer Vorstellung betrachten, und bei einer guten Wahl der Zeichen könnten auch vielleicht viele derselben wirklich abbildend sein; daher eine solche Schrift auch eine Bilderschrift genannt werden könnte. Die letztere Art von Schrift würde das Innere der Seele nur mittelbar, nämlich vermittelst der dazwischen gesprochenen oder gedachten Rede bezeichnen, und könnte daher Redeschrift genannt werden.

Bei der Bilderschrift (auch Hieroglyphenschrift genannt) erfordert jede besondere Vorstellung der Seele und jeder Gegenstand, auf den sich eine solche bezieht, ein besonderes Zeichen. Gegenstände von einfacher Gestalt, z. B. ein Kahn, ein Haus, ein Auge 2c. können abbildende, wenn auch nur unvollkommen abbildende, Zeichen erhalten. Gegenstände von mehr zusammengesetzter und verwickelter Gestalt können bezeichnet werden, indem man z. B. einen wesentlichen, aber doch einfach gestalteten Theil statt des

Ganzen hinzeichnet. Gegenstände von zu unregelmäßiger Gestalt, so wie unsichtbare und unsinnliche Gegenstände, erfordern willkührliche Zeichen, über deren Bedeutung eine Verabredung stattfinden muß; wobei dann doch oft noch ein gewisser natürlicher Zusammenhang zwischen dem Zeichen und Bezeichneten gedacht werden könnte, wenn z. B. ein Kreis das Zeichen für eine unendliche Größe wäre, weil an ihm kein Anfang und kein Ende zu unterscheiden ist, oder ein Auge das Zeichen für Weisheit, weil das Auge das vorzüglichste sichtbare Werkzeug des Erkennens und Wissens ist, das zur Weisheit führt. Eine solche Schrift würde den großen Vortheil gewähren, daß sich durch sie Personen verständigen könnten, welche auch ganz verschiedene Sprachen redeten, weil hier die Zeichen gar keine unmittelbare Beziehung auf die Rede haben. Aber die unendliche Zahl von Gegenständen, welche uns umgibt, und die unendliche Zahl von Vorstellungen, wodurch sich dieselben in unserer Seele abprägen, erforderte auch eine unendliche Zahl von Zeichen, deren Erlernung große Schwierigkeiten haben und viel Zeit erfordern würde. Dabei würde es immer noch etwas sehr Schwieriges bleiben, alle die verschiedenen Beziehungen, welche die Dinge gegen einander haben, die Verhältnisse, in welchen sie zu einander stehen, und den Einfluß, welchen sie auf einander üben, und noch mehr die verschiedenen Zustände und Thätigkeiten der Seele, von denen das Auge nichts sehen kann, durch sichtbare Zeichen darzustellen; und wahrscheinlich würde eine solche Darstellung immer nur unvollkommen bleiben. Es gibt Völker auf Erden (Chinesen), bei denen eine Art von Bilderschrift eingeführt ist, aber deren Erlernung fordert die Dauer eines ganzen Menschenlebens, und daher können nur wenige Menschen dazu gelangen und für sich daraus Vortheil ziehen. Die Bilderschrift kann uns also nicht gewähren, was wir suchen, ein leicht und allgemein anwendbares Mittel zur sichtbaren Darstellung und Mittheilung dessen, was in unserer Seele ist.

Die Sprache oder die Rede hat die große und vielumfassende Aufgabe im Gebiete des Hörbaren bereits gelöset, und wir werden also vielleicht am sichersten gehen, wenn wir derselben auf dem Fuße nachschreiten und für das, was die Rede bereits hörbar bezeichnet hat, nur sichtbare Zeichen zu ermitteln suchen, — wenn wir also von der Redeschrift Gebrauch machen. Die verschiedenen Bestandtheile der Rede, welche wir in unsern vorhergehenden Untersuchungen kennen gelernt haben, sind Sätze, Wörter, Sylben und einfache Sprachtöne. Um die Rede sichtbar darzustellen, könnte man jedem Satze, jedem Worte, jeder Sylbe und jedem einfachen Sprachtone ein besonderes Zeichen geben, und je nachdem das eine oder das andere geschähe, könnte es eine Satzschrift, eine Wortschrift, eine Sylbenschrift und eine Buchstabenschrift geben, letztere so genannt, weil die sichtbaren Zeichen für die einfachen Sprachtöne Buchstaben heißen.

Der Sätze enthält die Sprache unzählig viele; denn Alles, was irgendwo von Menschen gesprochen wird, wird in Sätzen gesprochen; jeder dieser Sätze kann durch leichte Abänderungen und durch Vorsetzung von Wörtern auf mannigfache Weise umgestaltet und auf verschiedene Arten mit anderen Sätzen in Verbindung gebracht werden. Zu einer Satzschrift würde daher eine unendliche Zahl von Zeichen erfordert, die noch dazu eben so mannigfacher Umgestaltungen und Verbindungen fähig sein müßten, wenn sie die Rede treu darstellen sollten. Man könnte zwar für gewisse Sätze, von denen häufig Gebrauch gemacht wird und die daher auch oft in derselben Form wiederkehren, einfache Zeichen gebrauchen (wie es z. B. bei den sogenannten Telegraphen einfache Zeichen geben mag für Aussagen folgender Art: der Feind nähert sich — die Unsrigen ziehen sich zurück — die Festung ist erobert u. dgl., welches dann gleichsam einzelne Bruchstücke einer Satzschrift sind); aber eine vollständig durchgeführte Satzschrift ist etwas Undenkbares, und wir dürfen nicht hoffen, auf diesem Wege unser Ziel zu erreichen.

Nicht viel leichter würden wir dahin gelangen, wenn wir durch eine Wortschrift das Gesprochene darstellen wollten; denn die überaus große Menge von Wörtern würde, wenn nicht unübersteigliche, doch wenigstens sehr schwer zu überwindende Hindernisse in den Weg legen. Sprachkenner reden von wenigstens 80000 Wörtern unserer Sprache und meinen, daß auch damit der Vorrath alles in Deutscher Rede Gesprochenen noch lange nicht erschöpft sei, da in jeder Landschaft noch eigenthümliche Wörter im Gebrauche sind, jedes Handwerk und Gewerbe seine eigenthümlichen Kunstausdrücke hat und täglich neue, vorher noch nicht gebrauchte Wörter, aus den schon vorhandenen entstehen. Welch' eine unsägliche Mühe und welch' einen außerordentlichen Zeitaufwand würde es erfordern, so viele verschiedene Zeichen, die auch leicht unterscheidbar sein müßten, auf einer Seite zu erfinden, auf der andern Seite dieselben zu erlernen und mit Fertigkeit und Sicherheit, ihrer verschiedenen Bedeutung gemäß und ohne sie mit einander zu verwechseln, zu gebrauchen!

Auf dieselben Schwierigkeiten würden wir stoßen, wenn wir zur Darstellung des Gesprochenen eine Sylbenschrift anwenden wollten. Die Zerlegung irgend einer beliebigen Rede wird sogleich zeigen, daß die Zahl der verschiedenen Sylben in unserer Sprache sehr groß ist, und der nachfolgende Unterricht wird uns bald davon überzeugen, daß es der verschiedenen Sylben noch mehr als der verschiedenen Wörter gibt, so daß der Versuch zur Erfindung einer Sylbenschrift an der übergroßen Zahl der erforderlichen Zeichen bald fehlschlagen würde.

So bleibt uns also keine andere Hofnung, unsern Zweck auf eine genügende Art zu erreichen, als auf dem Wege der Buchstabenschrift, und hier dürfen wir hoffen, daß unser Bemühen nicht vergeblich sein werde. Schon die erste Rede, welche wir zerlegten, zeigte uns, daß dieselben einfachen Sprachtöne so bald und so häufig wiederkehrten, daß wir am Schlusse derselben kaum noch neue Sprachtöne auffinden konnten, welche nicht schon vorher da gewesen waren. Die genaueste Zerlegung aller denkbaren Reden, in hochdeutscher und niederdeutscher Mundart, führte uns, wenn wir dabei auch die schärfste Scheidung des unähnlich Klingenden vornahmen, nur auf 26 Laute und 23 Lautbestimmungen, so daß wir also in unserer ganzen Sprache nur 49 verschiedene einfache Sprachtöne oder Sprachgrundtheile gefunden haben. Wenn wir für jeden dieser einfachen Sprachtöne uns nun ein sichtbares Zeichen auswählen, was diesen Sprachton zu jeder Zeit uns unter allen Umständen bezeichnen soll, so wird uns dies ein sicheres Mittel an die Hand geben, um alles Gesprochene sichtbar darzustellen. Es wird dazu dann nichts weiter erforderlich sein, als jede gesprochene Rede bis auf ihre einfachen Bestandtheile zu zerlegen, jedem dieser Grundbestandtheile das ihm entsprechende Zeichen zu geben und diese Zeichen dann in eben der Folge aneinanderzureihen, wie in der hörbaren Rede die einfachen Sprachtöne auf einander folgen. Da die Zahl dieser Zeichen nicht groß sein darf, und da sie dabei von so einfacher Gestalt sein können, daß das Zeichnen derselben nicht schwer fällt, so kann ein solches Verfahren nicht zu große Schwierigkeiten darbieten. — Was wir bisher bei der näheren Untersuchung des Gesprochenen gethan haben, kann uns dabei zu einer guten Vorbereitung dienen, um die nachfolgenden Betrachtungen und Uebungen daran anzuknüpfen. Wir haben in dem bisherigen Gange unserer Untersuchungen gelernt, gesprochene Reden in Sätze, Wörter, Sylben und einfache Sprachtöne zu zerlegen. Da es uns dabei darum zu thun war, dieselben mit einander zu vergleichen und nach ihren Aehnlichkeiten anzuordnen, so gab ich euch, für jetzt noch lediglich um dem Gedächtnisse zu Hülfe zu kommen und durch Veranschaulichung die Vergleichung zu erleichtern, Zeichen für diese einfachen Sprachtöne, wozu ich, um euch keine vergebliche Arbeit thun zu lassen, von der ihr nicht auch für die Folge Gewinn hättet, größtentheils die bei uns allgemein eingeführten Zeichen zur Darstellung der Deutschen Sprache wählte und eben darum euch auch zugleich Gelegenheit gab, euch im Nachbilden derselben zu üben. Ihr kennt also die für die einfachen Sprachtöne eingeführten Zeichen. Laßt sie uns jetzt näher betrachten und, gleichsam als wenn wir sie von neuem zu unserm Gebrauche erfinden wollten, uns, so weit es möglich ist, die Gründe deutlich machen, warum man ihnen gerade diese jetzt gebräuchliche Form gegeben hat.

22.

Die Zahl sämmtlicher Grundbestandtheile der Deutschen Sprache beträgt bei der genauesten Unterscheidung derselben nach der voraufgegangenen Untersuchung 49, nämlich 26 Laute und 23 Lautbestimmungen. Dabei ist aber zugleich auch schon bemerkt worden, daß man einen gedehnten mit dem ihm entsprechenden gestoßenen Laute zusammen nur als Einen Laut betrachtet, der auf zweierlei Weise gesprochen werden kann, und daß man eben so zwei und zwei Doppellaute als zusammengehörig und als Einen nur unter zwei Sprechweisen sich darstellenden Laut betrachtet. Dadurch sinkt die Zahl der Laute auf die Hälfte, nämlich auf 10 Einlaute und 3 Doppellaute, herab. Wenn nun in der Schrift an gewissen einfachen Merkmalen leicht erkannt werden könnte, ob ein Laut unter den vorhandenen Umständen gedehnt oder gestoßen ausgesprochen werden müßte, so bedürfte es zur Bezeichnung sämmtlicher Laute nur 13 Buchstaben. Solche Merkmale gibt es wirklich für die Schrift und ihr sollt bald näher damit bekannt werden; daher können wir die Zahl der zur Bezeichnung der Laute erforderlichen Buchstaben, welche uns künftig Lautzeichen heißen sollen, zum Voraus auf 13 feststellen. — Eben so haben wir aus der Zahl der 23 Lautbestimmungen im Vorhergehenden drei ausgeschieden, für welche es keiner Zeichen bedarf, und es bleiben also

20 Zeichen für Lautbestimmungen, welche künftig Bestimmungszeichen heißen sollen, erforderlich, um alles, was in unserer Sprache vorkommt, damit zu bezeichnen. Ueberhaupt bedürfen wir also zur Bezeichnung alles in Deutscher Rede Gesprochenen 33 Buchstaben, nämlich 13 Lautzeichen und 20 Bestimmungszeichen. Wir wollen uns nun 33 Zeichen erwählen, um davon künftig zur Bezeichnung der einfachen Sprachtöne Gebrauch zu machen.

23.

Für die fünf gedehnten reinen Laute gibt es fünf allgemein eingeführte und gebrauchte Buchstaben, deren wir uns auch bedienen wollen: a, e, i, o, u. Eben dieselben wollen wir auch gebrauchen, um die fünf entsprechenden gestoßenen reinen Laute dadurch zu bezeichnen. — Sollte es zuweilen nothwendig sein, ausdrücklich anzuzeigen, ob die gedehnte oder gestoßene Aussprache angewandt werden soll, so wollen wir bei der gedehnten Aussprache einen kleinen wagrechten Strich (–), bei der gestoßenen Aussprache einen kleinen mit der Oefnung nach oben gerichteten Kreisbogen mit einem Punkte in der Mitte (◡̇) über den Buchstaben setzen, dessen Aussprache angedeutet werden soll, also:

Zeichen für die fünf gedehnten reinen Laute:

ā, ē, ī, ō, ū.

Zeichen für die die fünf gestoßenen reinen Laute:

ă, ĕ, ĭ, ŏ, ŭ.

In der Regel wird es jedoch dieses Zusatzes nicht bedürfen, da nach gewissen einfachen Regeln, die wir bald näher kennen lernen werden, die gedehnte oder gestoßene Aussprache außerdem sehr leicht errathen werden kann.

Von den fünf gedehnten unreinen Lauten oder Zwischenlauten liegt jeder zwischen gewissen reinen Lauten, d. h. man hört bei seiner Aussprache etwas von diesen reinen Lauten; und daher wollen wir die Zeichen dieser Laute aus den Zeichen der reinen Laute, zwischen welchen sie liegen, zusammensetzen. — In dem Oefnungs-Zungenlaute æ hört man etwas von a und etwas von e; daher wollen wir ihn durch ein a, über welchem ein kleines e steht, bezeichnen, auf folgende Art: aͤ, wofür man jedoch auch æ setzt. — In dem Oefnungs-Lippenlaute å hört man etwas von a und etwas von o; sein Zeichen sei daher å. — Der Oefnungs-Lippen-Zungenlaut aͤͦ liegt zwischen a, e und o, oder, was dasselbe ist, zwischen æ und å, und sein Zeichen soll daher auch aus dem Buchstaben a, e und o zusammengesetzt sein, also aͤͦ. — Der erste Lippen-Zungenlaut oͤ liegt zwischen o und e, und sein Zeichen sei daher oͤ, wofür auch allenfalls œ gesetzt wird. — Der zweite Lippen-Zungenlaut ü liegt zwischen u und i, und sein angemessenstes Zeichen wäre daher uͥ, wofür aber, wegen der Uebereinstimmung mit aͤ und oͤ allgemein uͤ eingeführt ist, welches auch wir wählen wollen, weil ein u, über welchem noch ein i stände, das selbst einen Punkt über sich hat, diesem Buchstaben eine so große Höhe geben würde, daß die gewöhnliche Zeilenweite dafür nicht ausreichen würde *). — Beim Schreiben setzt man über dem a, o und u gewöhnlich zwei kleine Strichlein, welche die Stelle des kleinen e vertreten und aus demselben entstanden sein mögen, indem man die feinen auswärtsgehenden Haarstriche desselben weggelassen und nur die beiden stärksten abwärtsgehenden Striche desselben beibehalten hat. Man schreibt also:

aͤ statt ä, oͤ st. ö, uͤ st. ü, aͤͦ st. ä̊.

Das Zeichen jedes Zwischenlautes besteht also aus einem größeren Buchstaben, über welchem noch ein kleinerer steht. Dadurch, daß diese

*) Die alte Bezeichnung ui in einigen Wörtern, z. B. in Uibel, Uiber ꝛc. zeigt, daß man die Natur dieses Sprachtons auch in früherer Zeit richtig erkannt habe.

beiden Buchstaben über einander gesetzt werden, soll angezeigt werden, daß beide dadurch angedeuteten Laute gleichzeitig mit einander gesprochen werden und daß also beide Buchstaben zusammen nur einen einfachen Sprachton bezeichnen, der mit unveränderter Mundöfnung gesprochen wird und während der ganzen Dauer seines Aussprechens gleich klingt. Mit den aufgefundenen fünf Zeichen können auch hier sowohl die gedehnten, als die gestoßenen Zwischenlaute bezeichnet werden. Sollte aber zuweilen zur recht genauen Unterscheidung eine besondere Bezeichnung der Dehnung oder Stoßung nothwendig sein, so wollen wir auch hier wie bei den reinen Lauten verfahren und uns folgender Bezeichnung bedienen:

Zeichen für die fünf gedehnten Zwischenlaute:
å̄, ā̊, ǣ, ō̊, ū̊,

Zeichen für die fünf gestoßenen Zwischenlaute:
å̆, ă̊, ǣ̆, ŏ̊, ŭ̊.

Von den drei Doppellauten wird jeder durch einen Uebergang aus der Mundstellung eines Lautes in die Mundstellung eines andern Lautes ausgesprochen. Solcher Uebergänge gibt es nach den drei Reihen, in welchen die Einlaute liegen (Lippenreihe, Zungenreihe, Lippen-Zungenreihe), drei, und daher gibt es auch nur drei wesentlich verschiedene Doppellaute, wovon aber jeder auf zweifache Art, entweder vollständig oder abgekürzt, ausgesprochen werden kann, je nachdem man entweder bei dem gemeinsamen Anfangspunkte a oder bei dem nächstfolgenden Laute einer jeden Reihe anhebt. — Um den Lippen-Doppellaut auszusprechen, spricht man die Laute der Lippenreihe (a, å, o, u) aus. Bei dem vollständigen Lippen-Doppellaute hebt man mit a an und endigt mit u. Ein zweckmäßiges Zeichen werden wir dadurch für ihn erhalten, wenn wir Anfang und Ende, die beim Aussprechen auch nur gehört werden, bezeichnen und beide Buchstaben neben einander stellen, zum Zeichen, daß nicht ein einfacher, sondern ein zusammengesetzter Sprachton dadurch angedeutet werden soll; — sein Zeichen sei also au. Beim abgekürzten Lippen-Doppellaute hebt man mit å an und endigt mit u, und er wird also bei demselben Verfahren durch åu zu bezeichnen sein. — Um den Zungen-Doppellaut auszusprechen, spricht man sämmtliche Laute der Zungenreihe (a, æ, e, i) aus, indem man bei der vollständigen Aussprache mit a, bei der abgekürzten mit ä anhebt. Der vollständige Zungen-Doppellaut wird also, wenn wir auch hier nur Anfang und Ende bezeichnen, durch ai, der abgekürzte durch æi zu bezeichnen sein. — Um den Lippen-Zungen-Doppellaut anzugeben, spricht man sämmtliche Laute der Lippen-Zungenreihe (a, æ̊, ö, ü) aus, indem man bei der vollständigen Aussprache mit a, bei der abgekürzten mit æ̊ anhebt. Der vollständige Lippen-Zungen-Doppellaut wird also, indem man auch hier Anfang und Ende bezeichnet, durch aü, der abgekürzte durch æ̊ü bezeichnet werden können. — Hienach besteht also das Zeichen jedes Doppellautes aus zwei neben einander gestellten größeren Buchstaben, deren Nebeneinanderstehen anzeigt, daß die durch die beiden Buchstaben bezeichneten Laute nicht mit einander, sondern nach einander gesprochen werden, und daß beide Buchstaben zusammen also nicht einen einfachen, sondern einen zusammengesetzten Sprachton bezeichnen. — Wenn man die vollständigen und die abgekürzten Doppellaute an ihren Zeichen genau von einander unterscheiden will, wird es am passendsten auf folgende Art geschehen:

Zeichen für die drei vollständigen Doppellaute:

æu, ai, aů.

Zeichen für die drei abgekürzten Doppellaute:

åu, ăi, æ̊ů.

Da man jedoch beim wirklichen Sprechen zwischen beiden Arten von Doppellauten keinen Unterschied macht, nie eine Verschiedenheit in der Bedeutung von Wörtern darauf

darauf gründet, und in jeder Gegend entweder blos die vollständigen, oder blos die abgekürzten Doppellaute ausspricht (bei uns nur die abgekürzten), so sind drei dieser Zeichen für den Zweck der Sprache eigentlich schon hinreichend. Obgleich wir bei uns fast immer die abgekürzten Doppellaute sprechen, so wollen wir doch in der Regel die Zeichen für die vollständigen gebrauchen, weil sie mit den durch das Herkommen allgemein eingeführten am meisten übereinstimmen.

Bei den Zeichen der Laute gibt die Aussprache der Laute zugleich auch den Namen ihrer Zeichen. Nur die undeutliche Aussprache mancher Personen, wodurch z. B. æ leicht mit ö und e, ü mit i verwechselt werden kann, macht es zuweilen nöthig, besondere Namen zu gebrauchen. Wo dies der Fall ist, der jedoch gewöhnlich nur bei den zusammengesetzten Buchstaben eintritt, da kann man die letzteren dadurch bezeichnen, daß man die Namen ihrer Bestandtheile, kurz hinter einander gesprochen, einzeln angibt, als: a-e, u-e, a-u, a-e, u-e u. s. w.

24.

Für die 20 Lautbestimmungen, deren Bezeichnung nach dem Vorhergehenden nothwendig ist, bedürfen wir auch 20 verschiedene Buchstaben oder Bestimmungszeichen. Wir wählen dazu folgende und benennen sie auf folgende Art:

1) für den freien Hauch — den Buchstaben h, dessen Name ist ha.
2) — — scharfen Lippenhauch — den Buchstaben f, dessen Name ist ef.
3) — — scharfen Zungenhauch — den Buchstaben ß, dessen Name ist eszet.
4) — — scharfen Kehlhauch — den Buchstaben ch, dessen Name ist ceha oder che.
5) — — scharfen Zungen-Kehlhauch — den Buchstaben sch, dessen Name ist esceha oder sche.

6) für den sanften Lippenhauch — den Buchstaben w, dessen Name ist we.

7) — — sanften Zungenhauch — den Buchstaben ſ, dessen Name ist es.

8) — — sanften Kehlhauch — den Buchstaben j, dessen Name ist jot.

9) — — sanften Zungen-Kehlhauch — den Buchstaben J. Da für diesen Sprachton, der in Wörtern Deutschen Ursprunges fast gar nicht vorkommt, im Deutschen auch kein Buchstabe vorhanden ist, so mag dieser hier selbstgebildete den Namen Je führen.

10) — — Lippen-Halblaut — den Buchstaben m, dessen Name ist em.

11) — — Zungen-Nasen-Halblaut — den Buchstaben n, dessen Name ist en.

12) — — Kehl-Halblaut — den Buchstaben ŋ. — Auch für diesen Halblaut gibt es in der Deutschen Sprache keinen besonderen Buchstaben. Den hier selbstgebildeten wollen wir eŋ nennen (sprich wie das Französische in in en*fin*).

13) — — Zungen-Halblaut — den Buchstaben l, dessen Name ist el.

14) — — Gaumen-Halblaut — den Buchstaben r, dessen Name ist er.

15) — — scharfen Lippenschluß — den Buchstaben p, dessen Name ist pe.

16) — — scharfen Zungenschluß — den Buchstaben t, dessen Name ist te.

17) — — scharfen Kehlschluß — den Buchstaben k, dessen Name ist ka.

18) — — sanften Lippenschluß — den Buchstaben b, dessen Name ist be.

19) — — sanften Zungenschluß — den Buchstaben d, dessen Name ist de.

20) für den sanften Kehlschluß — den Buchstaben g, dessen Name ist ge.

25.

Aus dem Bisherigen ergibt sich nun nachfolgende

Vollständige Uebersicht aller 33 Buchstaben,

welche zur genauen Bezeichnung alles in Deutscher Rede Gesprochenen nothwendig erforderlich sind.

I. Zeichen der Laute oder Lautzeichen,

und zwar Zeichen

der reinen Laute:	a, e, i, o, u	der Einlaute.
der Zwischenlaute:	aͤ, å, æ̊, oͤ, uͤ	
der Doppellaute:	au, ai, auͤ,	
oder:	aͤu, aͤi, æ̊uͤ.	

II. Zeichen der Lautbestimmungen oder Bestimmungszeichen,

und zwar Zeichen

des freien Hauches:	h,
der scharfen Hauche:	f, ß, ch, sch,
der sanften Hauche:	w, ſ, j, J,
der Halblaute:	m, n, ŋ, l, r,
der scharfen Schlüsse:	p, t, k,
der sanften Schlüsse:	b, d, g.

Zweiter Abschnitt.

Von den Sylben und deren reiner Bezeichnung. Sylbenlehre.

Erstes Kapitel.

Von den Sylben an sich.

26.

Wir haben bis hieher das Gesprochene in seine Bestandtheile, diese wieder in kleinere Bestandtheile zerlegt, und haben diese Uebung so lange fortgesetzt, bis wir alle einfachen untheilbaren Bestandtheile der Rede gefunden hatten. Diese haben wir darauf einzeln näher betrachtet, mit einander verglichen, nach den aufgefundenen Merkmalen geordnet und eingetheilt, und darauf für einen jeden ein angemessenes sichtbares Zeichen eingeführt, das denselben unter allen Umständen darstellen soll. So wie jemand, der ein Kunstwerk, z. B. eine Uhr, kennen, gebrauchen und selbst anfertigen lernen will, dasselbe erst in seine Bestandtheile zerlegen, diese genau betrachten und sich dann in der Zusammenfügung und Verbindung derselben üben muß; so wollen auch wir nun aus diesen durch Zerlegung aufgefundenen einfachen Bestandtheilen erst die kleineren und dann die größeren Theile der Rede zusammensetzen lernen, bis wir daraus das Ganze wiederherstellen können, d. h. bis wir dahin gelangen, die

Rede

Rede als Ausdruck unserer Gedanken, Vorstellungen und Empfindungen nicht blos richtig (den Gesetzen unserer Sprache gemäß), sondern auch mit Bewußtsein der Gründe unseres Thuns zu gebrauchen. — Die einfachen Sprachtöne lassen sich erst zu Sylben, die Sylben zu Wörtern, die Wörter zu Sätzen, die Sätze zu größeren oder kleineren Reden verbinden. Wenn wir die beiden letzteren Verbindungen (der Wörter zu Sätzen und der Sätze zu Reden), die nothwendig gemeinschaftlich behandelt werden müssen, zusammenfassen, so zerfällt uns von jetzt an das Gebiet der Sprachlehre in drei Haupttheile: in die Sylbenbildung, die Wortbildung und die Redebildung. — Wir werden nun zuförderst den ersten dieser drei Haupttheile, die Sylbenbildung, durchgehen.

Die Sylbenbildung lehrt die Verbindung der einfachen Sprachtöne zu Sylben. Da eine Sylbe als solche noch nichts bedeutet, so können wir die Sylben hier nur als etwas Hörbares, d. h. nach ihrem Schalle und Klange, betrachten, ohne schon auf dasjenige zu merken, was durch sie ausgedrückt oder bezeichnet wird. Da die gefundenen einfachen Sprachtöne nicht blos in der Deutschen, sondern eben so gut auch in anderen Sprachen enthalten sind, so werden auch die Sylben, welche wir hier bilden lernen, nicht blos in unserer Muttersprache vorkommen, sondern auch anderen Sprachen angehören. Da es jedoch, wir wir uns bald davon überzeugen werden, zu weitläuftig ausfallen würde, wenn wir uns vorsetzen wollten, alle möglichen Sylben zu bilden, die es überhaupt irgend geben kann, so werden wir freilich auf Sylben, die in der Deutschen Sprache vorkommen, oder die nach der Aehnlichkeit mit Deutschen Sylben gebildet sind, vorzüglich unser Augenmerk richten, ohne darum gerade alle übrigen auszuschließen, wenn der Gang unseres Unterrichtes, bei denen wir überall möglichst vollständige Uebersicht des Ganzen suchen wollen, uns etwa darauf hinführen sollte.

27.

Im Vorhergehenden haben wir uns bereits davon überzeugt, daß jede Sylbe nothwendig einen Laut enthalten müsse, daß aber nicht jede Sylbe auch eben so nothwendig Lautbestimmungen enthalten dürfe. Vielmehr sind uns Sylben vorgekommen, welche blos aus einem Laute bestehen (*a*-ber, *o*-der, *ü*-bel, *Oh*-ren ꝛc.), aber keine, die blos aus einer oder mehren Lautbestimmungen besteht. **Für jede Sylbe ist also ein Laut erforderlich.** — In keiner Sylbe kann aber auch, mit Ausnahme der drei Doppellaute, deren besondere Bildung im Vorhergehenden ausführlich erläutert ist, mehr als Ein Laut vorkommen; denn sobald man zwei Laute ausspricht, deren Ton nicht ,wie bei den Doppellauten verschmilzt, so macht man zwei Ansätze mit den Stimmwerkzeugen und es entstehen zwei Sylben. **Keine Sylbe kann also mehr als Einen Laut enthalten.**

Dagegen hat die zu Anfange vorgenommene Zerlegung von Reden in ihre Bestandtheile uns hinreichend gezeigt, daß eine Sylbe sehr füglich mehr als Eine Lautbestimmung enthalten kann, und der Umfang der Sylben hängt also hienach vorzüglich von der Anzahl der Lautbestimmungen ab, welche mit dem Laute einer jeden Sylbe verbunden sind. Wie groß nun dieser Umfang sein könne und welche verschiedenen Verhältnisse dabei eintreten können, wollen wir jetzt näher untersuchen!

L. Sucht mir aus derjenigen Rede, an welcher wir zu Anfange die Zerlegung bis zu den einfachen Bestandtheilen hin vorgenommen haben, die verschiedenen Verhältnisse auf, welche in Hinsicht auf den Umfang der Sylben nach der Zahl der Lautbestimmungen eintreten können!

K. 1) Es gibt **Sylben**, welche nur aus einem Laut **ohne Lautbestimmungen** bestehen. Solche Sylben sind in der hier aufgeführten Rede gar nicht enthalten. Von dieser Art sind aber die uns sonst bekannten Sylben o, ü, u, ei, au ꝛc. in den Wörtern O-sen, ü-ber, Uh-ren, Ei-sen, Au-ge ꝛc.

2) Es gibt Sylben, welche außer dem Laute nur eine einzige Lautbestimmung enthalten. Solche Sylben sind in unserer Rede al, ich, an, se, er — —

L. Ehe ihr weiter geht, merkt noch auf die Stellung, welche die Lautbestimmung gegen den Laut haben kann und gebt mir an, ob hiebei nicht verschiedene Verhältnisse eintreten können, und welche?

K. Die Lautbestimmung kann entweder vor oder nach dem Laute ausgesprochen werden.

L. Eine Lautbestimmung, welche vor einem Laute ausgesprochen wird, soll eine Vorbestimmung, — eine Lautbestimmung, welche nach einem Laute ausgesprochen wird, soll eine Nachbestimmung heißen. — Die Sylben dieser zweiten Art sind also entweder Sylben mit Vorbestimmungen oder Sylben mit Nachbestimmungen. — Sucht nun in der vorliegenden Rede alle Sylben der zweiten Art auf und ordnet sie nach diesen beiden Abtheilungen!

K. Sylben mit Vorbestimmungen: se, soh, da, schei, die, füh, thei, le, ma.

Sylben mit Nachbestimmungen: al, ich, an, er.

L. Fahrt nun fort, andere Arten von Sylben aufzusuchen!

K. 3) Es gibt Sylben, welche vor und nach dem Laute Eine Lautbestimmung enthalten. Solche Sylben sind hier: mein, leib, les, was, mir, hen, kann, geht, von, den, fuss, len, bis, tel, fin, ger, des, sel, ben, der, ssen.

L. Die Sylben der vorigen und dieser Art sollen, weil an jeder Stelle der Sylbe nur eine Lautbestimmung vorkommt, Sylben mit einfachen Lautbestimmungen heißen. — Fahrt fort!

R. 4) Es gibt Sylben, welche mehr als Eine Lautbestimmung vor oder nach dem Laute enthalten.

L. Solche Sylben sollen Sylben mit mehrfachen Lautbestimmungen heißen. Es bedarf wohl kaum einer Erinnerung, daß hier, in Rücksicht auf die Zahl der Vor- oder Nachbestimmungen und auf die Stellung derselben gegen einander wieder mancherlei verschiedene Verhältnisse eintreten können. Sucht diese verschiedenen Verhältnisse auf und belegt sie mit Beispielen aus unserer Rede, wo ihr dergleichen finden könnt! Wenn aber für diesen Zweck keine passenden Sylben darin enthalten sind, so sucht andere Sylben als Beispiele aufzuführen!

R. a) Sylben mit mehrfachen Vorbestimmungen und keiner Nachbestimmung: zu (t, ß, u) — blau, drei.

b) Sylben mit mehrfachen Vorbestimmungen und einfacher Nachbestimmung: zum (t, ß, ŭ, m), zen (t, ß, æ̆, n), spit, glied.

c) Sylben mit mehrfachen Nachbestimmungen und keiner Vorbestimmung: ist, und.

d) Sylben mit mehrfachen Nachbestimmungen und einfacher Vorbestimmung: haupt, sind, kopf, hals, rumpf.

e) Sylben mit mehrfachen Vorbestimmungen und mehrfachen Nachbestimmungen fehlen in dieser Rede. Sylben dieser Art sind: frucht, schwankt, bleicht, fremd.

L. Bis zu wie vielen Vorbestimmungen und wie vielen Nachbestimmungen in Einer Sylbe hat Euch diese Untersuchung geführt?

R. Bis zu zwei Vorbestimmungen (glied) und drei Nachbestimmungen (rumpf).

L. Sucht an andern Sylben auf, welches wohl die höchste Anzahl von Vorbestimmungen und Nachbestimmungen sein mag, die in Einer Sylbe vorkommen!

R. spricht, strauch — enthalten drei Vorbestimmungen. Sylben mit mehr als drei Vorbestimmungen können wir nicht auffinden.

malmst, ernst — haben vier Nachbestimmungen.

rümpfst, stampfst — haben fünf Nachbestimmungen. Aber Sylben mit mehr als fünf Nachbestimmungen können wir nicht auffinden!

L. Es gibt auch keine Deutschen Sylben, welche mehr Bestimmungen jeder Art enthielten. Eine Sylbe mit drei Vorbestimmungen und fünf Nachbestimmungen, z. B. strampfst, wenn es eine solche Sylbe gäbe, wäre also eine Sylbe von der größten Ausdehnung, welche eine Deutsche Sylbe haben kann. — Nach ihrem Umfange theilen wir also die Sylben in drei Klassen, nämlich in

1) Sylben ohne Lautbestimmungen,
2) Sylben mit einfachen Lautbestimmungen,
3) Sylben mit mehrfachen Lautbestimmungen.

Die Sylben der beiden letzten Klassen zerfallen wieder nach mehren vorhin angegebenen Unterabtheilungen.

Im Folgenden soll nun in aller Kürze ein Weg gezeigt werden, wie alle Sylben gebildet werden können, die sich aus den ermittelten Grundbestandtheilen zusammensetzen lassen. Es ist nicht die Absicht, daß der Lehrer alle die Sylben, worauf dieses Verfahren hinweiset, wirklich bilden und aussprechen lasse, weil dies zu einer endlosen Weitläuftigkeit führen würde; wohl aber, daß er den Kindern zu einer deutlichen Einsicht darüber verhelfe, wie man, indem man diesen Weg verfolgt, zur Bildung aller möglichen Sylben gelangen kann, die aus den aufgeführten Sprachgrundtheilen entstehen können. — Wenn sich voraussetzen läßt, daß die Kinder bis hieher das mechanische Zeichnen aller Buchstaben bis zu einer ziemlichen Fertigkeit erlernt haben, so kann der Unterricht so eingerichtet werden, daß der Lehrer in gewissen Stunden oder in gewissen Theilen der Lehrstunden Sylben im bloßen Sprechen bilden, und in andern

Stunden oder Theilen von Stunden die gesprochenen Sylbenreihen aufschreiben läßt, indem er dabei für den Anfang blos die jetzt angenommenen und am Schlusse des Ersten Abschnittes vollständig aufgestellten 33 Buchstaben gebrauchen läßt. Doch darf diese ganze Uebung, so getrieben, nicht auf eine lange Zeit ausgedehnt werden, damit sich die Kinder an eine Buchstabensetzung, die sie nachher großentheils wieder verlernen sollen, nicht zu sehr gewöhnen und es ihnen daher nicht zu schwer werde, sich davon wieder zu entwöhnen. Es darf jedoch diese Uebung nicht ganz übergangen werden, damit die Kinder zuerst eine feste Regel als Grundlage der Sprachzeichenlehre erhalten und einsehen lernen, wie die Sprachbezeichnung etwa ausfallen würde, wenn dabei nach strenger Gesetzmäßigkeit verfahren und alle Rücksicht auf das Herkommen nebst aller Willkühr ausgeschlossen wird.

28.

Die einfachsten Sylben sind natürlich diejenigen, welche gar keine Lautbestimmungen enthalten, sondern aus bloßen Lauten bestehen. Solcher Sylben ohne Lautbestimmungen kann es nur so viele geben, als Laute vorhanden sind. Dabei können die gestoßenen Laute zur Bildung solcher Sylben nicht gebraucht werden, weil die Aussprache der gestoßenen Laute augenblicklich ist und sie daher wegen ihrer zu großen Kürze überall etwas bedürfen, woran sie sich stützen. Da nun auch von dem Unterschiede zwischen vollständigen und abgekürzten Doppellauten, weil in jeder Gegend unsers Vaterlandes entweder nur die eine oder die andere Art dieser Laute gesprochen wird, für den Zweck der Sprache zur Vermehrung der Sylben kein Gebrauch gemacht werden kann, so bleiben nur 10 gedehnte Laute und 3 Doppellaute zur Bildung solcher Sylben übrig, nämlich: a, e, i, o, u, æ, å, æ̊, ö, ü; au, ai, aü. — Von diesen dreizehn Sylben fallen aber noch zwei weg, wenn man sich auf die hochdeutsche Mundart beschränken will, da die

Laute å und æ in dieser Mundart gar nicht gebraucht werden, und es bleiben daher für das Hochdeutsche nur eilf Sylben ohne Lautbestimmungen übrig. Beispiele von Wörtern, worin solche Sylben vorkommen, sind: A-del, Eh-re, ih-nen, o-der, Uh-ren, Aeh-re, Oe-fen, ü-ber, Au-ge, ei-gen, æu-geln.

29.

Die Sylben der zweiten Art, Sylben mit einfachen Lautbestimmungen, zerfallen nach der vorhergegangenen Uebersicht wieder in drei Abtheilungen: Sylben mit bloßen einfachen Vorbestimmungen, Sylben mit bloßen einfachen Nachbestimmungen, und Sylben mit einfachen Vorbestimmungen und einfachen Nachbestimmungen.

a) Um Sylben mit bloßen einfachen Vorbestimmungen ohne Nachbestimmung zu bilden, kann man wieder nur die gedehnten Laute und die Doppellaute gebrauchen, denn die gestoßenen Laute bedürfen fast überall in der Sprache wegen ihrer Erzeugung durch ein augenblickliches und ganz kurz abgebrochenes Herausstoßen der Luft und des Schalles noch hinter sich einer Stütze, d. h. hier, einer Nachbestimmung, woran sie sich gleichsam anlehnen. Von den 20 Lautbestimmungen kann nun jede mit allen 10 gedehnten Lauten und mit 3 Doppellauten verbunden werden. Nur der Kehlhalblaut (ŋ) wird wegen des dadurch verursachten Mißklanges fast in keiner Sprache als Vorbestimmung gebraucht, und soll daher auch hier als Vorbestimmung übergangen werden. Durch die Verbindung jeder Lautbestimmung mit diesen Lauten entstehen nun folgende Sylbenreihen:

{ha, he, hi, ho, hu — hæ, hå, hæ̊, hö, hü — hau, hai, haü.
{ſa, fe, ſi, fo, ſu — ſæ, ſå, ſæ̊, ſö, ſü — ſau, ſai, ſaü.

{ßa, ße ꝛc. — cha ꝛc. — scha ꝛc. — wa ꝛc. — sa ꝛc. — ja ꝛc. — ȷa ꝛc. — ma ꝛc. — na ꝛc. — (ŋa ꝛc. fällt weg) — la ꝛc. — ra ꝛc. — pa ꝛc. — ta ꝛc. — ka ꝛc. — ba ꝛc. — da ꝛc. — ga ꝛc. —

(Hienach entstehen 19 Sylbenreihen, deren jede 13 Sylben enthält; also überhaupt 19 × 13 = 247 Sylben.)

b) Zur Bildung von Sylben mit bloßen einfachen Nachbestimmungen ohne Vorbestimmung können sowohl die gedehnten, als die gestoßenen Laute gebraucht werden. Unter den 20 Lautbestimmungen, welche wir aufgefunden haben, ist nur Eine, welche nicht als Nachbestimmung gebraucht werden kann, der freie Hauch (h); denn da mit jedem Laute ein freies Ausströmen der Luft oder ein Hauchen verbunden ist, so läßt sich der freie Hauch als eine besondere Lautbestimmung nach einem Laute in einer und derselben Sylbe ohne eine besondere Anstrengung, die immer als sehr gezwungen erscheint, nicht hörbar machen. Man vergleiche, um dies zu bemerken, die Aussprache der Sylben ha, ho, hü, — mit der Aussprache der Sylben ah, oh, üh, wenn in den letzteren bei dem Buchstaben h wirklich der freie Hauch als Lautbestimmung gesprochen werden und derselbe nicht blos als Dehnungszeichen gelten soll. Jede der übrigen 19 Lautbestimmungen kann mit allen 10 gedehnten, 10 gestoßenen und 3 Doppellauten verbunden werden, und wenn man alle diese Verbindungen durchgeht, so erhält man folgende Sylbenreihen:

āſ, ēſ, īſ, ōſ, ūſ — āſ, ǟſ, ǣſ, ȫſ, ǖſ — auſ, aiſ, aüſ.
(sprich: ahſ, ehſ, ihſ, ohſ, uhſ, — æhſ, ähſ, æ̈hſ, öhſ, ühſ.)
ăſ, ĕſ, ĭſ, ŏſ, ŭſ, — ăſ, ă̈ſ, æ̆ſ, ŏ̈ſ, ŭ̈ſ.

āß, ēß, īß, ōß, ūß — āß, ǟß, ǣß, ȫß, ǖß — auß, aiß, aüß.
ăß, ĕß, ĭß, ŏß, ŭß — ăß, ă̈ß, æ̆ß, ŏ̈ß, ŭ̈ß.

āch, ēch, īch, ōch, ūch — āch, ǟch, ǣch, ȫch, ǖch — auch, aich, aüch.
ăch, ĕch, ĭch, ŏch, ŭch — ăch, ă̈ch, æ̆ch, ŏ̈ch, ŭ̈ch. —

āsch ꝛc. — āw ꝛc. — ās ꝛc. — āj ꝛc. — āȷ ꝛc. — ām ꝛc. —
ăsch ꝛc. — ăw ꝛc. — ăs ꝛc. — ăj ꝛc. — ăȷ ꝛc. — ăm ꝛc. —

ān ꝛc. — āl ꝛc. — āŋ ꝛc. — āl ꝛc. — ār ꝛc. — āp ꝛc. —
ăn ꝛc. — ăl ꝛc. — ăŋ ꝛc. — ăl ꝛc. — ăr ꝛc. — ăp ꝛc. —

āt ꝛc. — āk ꝛc. — āb ꝛc. — ād ꝛc. — āg ꝛc. —
ăt ꝛc. — ăk ꝛc. — ăb ꝛc. — ăd ꝛc. — ăg ꝛc. —

(Wenn alle diese Verbindungen durchgemacht werden, so entstehen 19 Sylbenreihen, deren jede 23 Sylben enthält; also überhaupt 19 × 23 = 437 Sylben.)

c) Um Sylben mit einfachen Vorbestimmungen und einfachen Nachbestimmungen zu bilden, können alle gedehnten, alle gestoßenen und alle Doppellaute gebraucht werden. Von den Lautbestimmungen kann der freie Hauch h nicht als Nachbestimmung, und der Kehlhalblaut ŋ nicht als Vorbestimmung gebraucht werden. Hienach kann man jede der 19 Vorbestimmungen vor alle Sylben mit einfachen Nachbestimmungen setzen. Die Zahl der letzteren Sylben ist eben auf 437 berechnet worden, und es leuchtet ein, daß wenn der freie Hauch h vor alle diese Sylben gesetzt wird, dies 437 neue Sylben gibt, und daß eben so der scharfe Lippenhauch f, so wie jede andere der 19 Vorbestimmungen, 437 neue Sylben gibt. Von den vielen Sylbenreihen, welche auf diesem Wege entstehen, mögen zur Vermeidung zu großer Weitläuftigkeit nur einige zur Probe hieher gesetzt werden:

hāf, hēf, hīf, hōf, hūf — hǟf, hå̄f, hǣf, hȫf, hǖf —
hauf, haif, haüf,
hăf, hĕf, hĭf, hŏf, hŭf — hä̆f, hå̆f, hæ̆f, hö̆f, hü̆f.

hāß, hēß, hīß, hōß, hūß — hǟß, hå̄ß, hǣß, hȫß, hǖß —
hauß, haiß, haüß.
hăß, hĕß, hĭß, hŏß, hŭß — hä̆ß, hå̆ß, hæ̆ß, hö̆ß, hü̆ß —
u. s. w.

Um alle möglichen Sylben zu bilden, welche auf dieser Stuffe unter den gegebenen Bedingungen gebildet werden können, behält man anfänglich immer dieselbe Vorbestimmung, verbindet sie mit der ersten Nachbestimmung und setzt alle 23 Laute dazwischen; dann verbindet man dieselbe Vorbestimmung mit der zweiten Nachbestimmung und setzt wieder alle 23 Laute dazwischen; und so fährt man fort, alle 19 Nachbestimmungen an die Reihe zu bringen, indem man jedesmal alle 23 Laute zwischensetzt. Erst wenn sämmtliche Nachbestimmungen durchgegangen und dadurch 437 Sylben mit einer und derselben Vorbestimmung gebildet sind, wird eine andere Vorbestimmung genommen und mit dieser dann eben so verfahren, bis so nach und nach alle 19 Vorbestimmungen an die Reihe gekommen sind. Der Kürze wegen mag dieses ganze Verfahren durch folgendes Schema angedeutet werden:

h		f
f		ß
ß		ch
ch		sch
sch		w
w		s
s		j
j		J
J	-ā-, -ē-, -ī-, -ō-, -ū-, -ǟ-, -å̄-, -ǣ-, -ȫ-, -ǖ-	m
m	-au-, -ai-, -aü-	n
n	-ă-, -ĕ-, -ĭ-, -ŏ-, -ŭ-, -ä̆-, -å̆-, -æ̆-, -ö̆-, -ü̆-	η
l		l
r		r
p		p
t		t
k		k
b		b
d		d
g		g

Man denke sich bei jeder dieser Sylben statt des kleinen Striches vor dem Lautzeichen der Reihe nach eine der vorn aufgeführten Vorbestimmungen, statt des kleinen Striches hinter dem Lautzeichen eine der hinten aufgeführten Nachbestimmungen: so erhält man, wenn man auf die vorhin angedeutete Weise alle Vorbestimmungen mit allen Nachbestimmungen und mit sämmtlichen Lauten verbindet, alle möglichen Sylben, welche einfache Vorbestimmungen und zugleich einfache Nachbestimmungen enthalten. Folgendes sind die Anfangssylben jeder Reihenfolge, welche 437 Sylben mit einer und eben derselben Vorbestimmung enthält:

hāf ꝛc. — ſāf ꝛc. — ßāf ꝛc. — chāf ꝛc. — schāf ꝛc. — wāf ꝛc. — sāf ꝛc. —
hăf ꝛc. — ſăf ꝛc. — ßăf ꝛc. — chăf ꝛc. — schăf ꝛc. — wăf ꝛc. — săf ꝛc. —

jāf ꝛc. — Jāf ꝛc. — māf ꝛc. — nāf ꝛc. — lāf ꝛc. — rāf ꝛc. —
jăf ꝛc. — Jăf ꝛc. — măf ꝛc. — năf ꝛc. — lăf ꝛc. — răf ꝛc. —

pāf ꝛc. — tāf ꝛc. — kāf ꝛc. — bāf ꝛc. — dāf ꝛc. — gāf ꝛc. —
păf ꝛc. — tăf ꝛc. — kăf ꝛc. — băf ꝛc. — dăf ꝛc. — găf ꝛc. —

(Jede Nachbestimmung kann mit 23 Lauten verbunden werden und gibt für sich allein 23 Sylben; sämmtliche Nachbestimmungen mit sämmtlichen Lauten geben also $19 \times 23 = 437$ Sylben, wie unter b näher gezeigt ist. Vor jede dieser 437 Sylben läßt sich jede Vorbestimmung setzen, und wenn man alle Verbindungen durchmacht, so erhält man 19 Reihenfolgen, jede von 437 Sylben. Die Zahl sämmtlicher Sylben mit einfachen Vorbestimmungen und einfachen Nachbestimmungen beträgt also hienach $19 \times 19 \times 23 = 19 \times 437 = 8303$.)

30.

Die Sylben mit mehrfachen Lautbestimmungen sind entweder Sylben mit mehrfachen Vorbestimmungen, oder mit mehrfachen Nachbestimmungen, oder mit beiden zugleich. Eine Untersuchung hierüber müßte lehren, erst alle mehrfachen Vorbestimmungen, dann alle mehrfachen

Nachbestimmungen zu bilden, und diese dann mit allen Lauten, mit allen einfachen Lautbestimmungen und unter sich auf alle möglichen Arten zu verbinden.

a) Um erst alle mehrfachen Vorbestimmungen zu finden, muß vor jede der 19 Vorbestimmungen jede andere vorgesetzt und versucht werden, ob beide sich so genau mit einander verbinden oder gleichsam so mit einander verschmelzen, daß sie mit Leichtigkeit in Eine Sylbe vereinigt werden können. — Der freie Hauch kann mit keiner anderen Lautbestimmung verbunden werden; Verbindungen wie kha oder hsa lassen sich nicht ohne bedeutenden Zwang aussprechen und sind daher für die Sprache nicht brauchbar. Der Kehlhalblaut η wurde schon als einfache Vorbestimmung verworfen, er wird also noch weniger zur Bildung zusammengesetzter Vorbestimmungen anwendbar sein. Eben so wenig läßt sich eine Lautbestimmung mit sich selbst zusammensetzen, weil dadurch nur eine Verlängerung derselben Lautbestimmung entstehen würde, z. B. ss, mm. Es bleiben also nur 17 Lautbestimmungen übrig, welche vor jede einzelne Vorbestimmung noch vorgesetzt werden können, um alle möglichen zweifachen Vorbestimmungen zu erhalten. Der scharfe Lippenhauch f z. B. würde zu folgenden 17 Verbindungen hinführen: ßf, chf, schf, wf, sf, jf, Jf, mf, nf, lf, rf, pf, tf, kf, bf, df, gf. Jede andere Vorbestimmung, mit Ausnahme von h und η, gibt dieselben Verbindungen, und so würden, wenn man unter den vorhin angegebenen Beschränkungen alle mit allen verbindet, überhaupt 17 × 18 = 306 zweifache Vorbestimmungen entstehen. Es zeigt sich indessen sehr bald, daß viele dieser Verbindungen theils übelklingend sind (chf), theils schwer ausgesprochen werden können (bf), theils zweisylbig klingen, wenn man noch einen Laut hinzufügt (z. B. wenn man msa sprechen wollte). Es bleibt daher bei näherer Untersuchung nur bei weitem die geringere Zahl als solche übrig, die für den Zweck der Sprache ausgesondert und als zum Sprechen brauchbar aufgestellt werden können. — Jede dieser brauchbar befundenen zweifachen Vorbestimmungen kann nun erst mit allen 10 gedehnten Lauten und dann mit den 3 Doppellauten verbunden, und dann können damit alle jene 437 Sylben zusammengesprochen werden, welche nach §. 4. b. auf eine einfache Nachbestimmung enden. Wenn z. B. schr als eine brauchbare zweifache Vorbestimmung anerkannt ist, so lassen sich damit erst folgende 13 Sylben bilden: schra, schre, schri, schro, schru; schrä, schrâ, schræ, schrö, schrü; schrau, schrai, schraü — und dann alle jene 437 Sylben, welche nach §. 4. b. aus einem Laute und aus einer einfachen Nachbestimmung zusammengesetzt werden können, indem vor jede dieser Sylben (āf, ăf ꝛc.) noch die zweifache Vorbestimmung schr gesetzt wird, auf folgende Art:

schrāf, schrēf ꝛc. — schrāß ꝛc. — — schrām ꝛc. —
schrăf, schrĕf ꝛc. — schrăß ꝛc. — — schrăm ꝛc. —

u. s. w. bis

schraug, schraig, schraüg.

Jede brauchbar befundene zweifache Vorbestimmung gibt also 13 + 437 = 450 Sylben, wenn entweder gar keine oder nur eine einfache Nachbestimmung hinzugenommen wird.

Um alle dreifachen Vorbestimmungen zu finden, muß man vor jede der brauchbar befundenen zweifachen Vorbestimmungen jede der vorhin bezeichneten 17 Lautbestimmungen setzen. Aus diesen könnten durch ein wiederholtes Vorsetzen derselben die vierfachen, und daraus dann wieder die fünffachen Vorbestimmungen gebildet werden, wenn Zusammensetzungen dieser Art überhaupt noch statthaft wären. Ein wirkliches Versuchen wird indessen bald zeigen, daß nur wenige dreifache Vorbestimmungen noch wohlklingend genug bleiben, um in der Sprache davon Gebrauch zu machen, z. B. slr, pfl u. a., und daß also auf vierfache und fünffache Vorbestimmungen gar nicht mehr gerechnet werden kann.

(Um die Zahl der Sylben, welche mehrfache Vorbestimmungen unter den bisher aufgestellten Bedingungen geben können, zu finden, muß eine Untersuchung darüber voraufgehen, welche mehrfachen Vorbestimmungen man als brauchbar für den Zweck der Sprache anerkennt, eine Untersuchung, die freilich von den unter verschiedenen Personen gewiß verschiedenen Vorstellungen und Ansichten über Wohlklang und Mißklang der verbundenen Sprachtöne, so wie über Leichtigkeit und Schwierigkeit ihrer Aussprache, abhängig ist und deren Ergebniß danach verschieden ausfallen kann. Mir ist nicht bekannt, daß über diesen Gegenstand im Allgemeinen irgend anderswo eine genaue Untersuchung angestellt wäre, als in G. W. Bartoldy Versuch einer Sprachbildungslehre für Deutsche (Berlin, in der Realschul-Buchhandlung, 1816), wo sich dieselbe S. 164 bis 210 findet; und da, um die Zahl der Sylben zu berechnen, doch irgend eine feste Angabe zum Grunde gelegt werden muß, so soll hier von jener Untersuchung Gebrauch gemacht werden. — Das letzte Ergebniß derselben ist, daß es 95 zweifache und 40 dreifache hinreichend brauchbare Vorbestimmungen gibt, zusammen also 135 gültige mehrfache Vorbestimmungen. Hienach gibt es

Sylben mit mehrfachen Vorbestimmungen ohne Nachbestimmung:

$$135 \times 13 = 1755.$$

Sylben mit mehrfachen Vorbestimmungen und einfacher Nachbestimmung:

$$135 \times 19 \times 23 = 135 \times 437 = 58995.)$$

b) Auf ähnliche Art erhält man alle mehrfachen Nachbestimmungen. Aus den einfachen werden sämmtliche zweifache Nachbestimmungen dadurch gefunden, daß man hinter jede derselben der Reihe nach alle übrigen setzt, beide zusammen ausspricht und versucht, ob die dadurch entstehenden zusammengesetzten Nachbestimmungen so gut verschmelzen, daß sie mit Leichtigkeit und ohne Mißklang in

Eine Sylbe vereinigt werden können. — Der freie Hauch, welcher schon für sich allein nicht als Nachbestimmung anzuwenden ist, kann natürlich noch viel weniger hinter eine andere Nachbestimmung gestellt werden. Ferner kann auch hier eine Nachbestimmung nicht mit sich selbst verbunden werden, wodurch nur eine Verlängerung einer und eben derselben Lautbestimmung entstehen würde. Jede der 19 Nachbestimmungen kann also nur mit 18 anderen verbunden werden. — Der scharfe Lippenhauch f z. B. führt dann zu folgenden 18 Verbindungen: fß, fch, fsch, fw, fs, fj, fʒ, fm, fn, fŋ, fl, fr, fp, ft, fk, fb, fd, fg. — Der scharfe Zungenschluß t gewährt folgende: tf, tß, tch, tsch, tw, ts, tj, tʒ, tm, tn, tŋ, tl, tr, tp, tk, tb, td, tg. — Wenn man auf diese Weise alle Verbindungen durchginge, so erhielte man 19 × 18 = 342 zweifache Nachbestimmungen. Auch hier zeigt sich aber sehr bald eben so wie bei den Vorbestimmungen, daß lange nicht alle so wohlklingend oder so leicht auszusprechen sind, daß sie für den Zweck der Sprache gebraucht werden können. Diejenigen, welche wegen hinreichenden Wohlklanges und hinreichender Leichtigkeit der Aussprache für brauchbar anerkannt werden, um dem Zwecke der Sprache dienen zu können, werden ausgesondert und angemerkt, um bei der Sylbenbildung angewandt zu werden. Jede dieser brauchbar befundenen zweifachen Nachbestimmungen kann nun zuerst mit allen 10 gedehnten, allen 10 gestoßenen und 4 Doppellauten verbunden werden, wodurch 23 Sylben entstehen; und dann kann vor jede dieser 23 Sylben jede der 19 einfachen Vorbestimmungen gesetzt werden, wodurch dann wieder 19 × 23 = 437 Sylben entstehen. Wenn z. B. mt als eine brauchbare zweifache Nachbestimmung aufgeführt worden ist, so lassen sich vermittelst derselben durch Vorsetzung bloßer Laute erst folgende 23 Sylben bilden:

āmt, ēmt, īmt, ōmt, ūmt — ǟmt, ǟmt, ǣmt, ȫmt, ǖmt — aumt, aimt, aümt.
ămt, ĕmt, ĭmt, ŏmt, ŭmt — ä̆mt, ä̆mt, æ̆mt, ö̆mt, ü̆mt.

Dann läßt sich wieder jede der 19 einfachen Vorbestimmungen vor diese ganze Sylbenreihe setzen, wodurch 19 × 23 = 437 Sylben, die alle auf mt endigen, gewonnen werden; es können nämlich 19 Sylbenreihen gebildet werden, wovon folgende die Anfangssylben sind:

hāmt ꝛc. — ſāmt ꝛc. — ßāmt ꝛc. — chāmt ꝛc. — schāmt ꝛc. —
hămt ꝛc. — ſămt ꝛc. — ßămt ꝛc. — chămt ꝛc. — schămt ꝛc. —

wāmt ꝛc. — sāmt ꝛc. — jāmt ꝛc. — Jāmt ꝛc. — māmt ꝛc. —
wămt ꝛc. — sămt ꝛc. — jămt ꝛc. — Jămt ꝛc. — mămt ꝛc. —

nāmt ꝛc. — lāmt ꝛc. — rāmt ꝛc. — pāmt ꝛc. — tāmt ꝛc. —
nămt ꝛc. — lămt ꝛc. — rămt ꝛc. — pămt ꝛc. — tămt ꝛc. —

kāmt ꝛc. — bāmt ꝛc. — dāmt ꝛc. — gāmt ꝛc. —
kămt ꝛc. — bămt ꝛc. — dămt ꝛc. — gămt ꝛc. —

Jede brauchbar befundene zweifache Nachbestimmung gibt also unter den bisher aufgestellten Bedingungen 23 + 437 = 465 Sylben.

Aus den zweifachen Nachbestimmungen werden die dreifachen dadurch gebildet, daß man hinter jede brauchbare zweifache wieder jede der 18 einfachen Nachbestimmungen setzt, welche mit ihr möglicherweise eine Verbindung eingehen können, und daß man dann prüft, ob dadurch eine dreifache Nachbestimmung entsteht, die mit Rücksicht auf Leichtigkeit der Aussprache und Wohlklang für den Zweck der Sprache angewandt werden kann. Aus den dreifachen können durch ein ähnliches Verfahren die vierfachen, und aus den vierfachen die fünffachen Nachbestimmungen gefunden werden.

Wer den Versuch zur Bildung aller mehrfachen Nachbestimmungen wirklich durchführen will, der wird finden, daß die Zahl der brauchbaren zweifachen Nachbestimmungen

der

der Zahl der brauchbaren zweifachen Vorbestimmungen ziemlich gleich kommt, daß aber die Zahl der brauchbaren dreifachen Nachbestimmungen bedeutend größer ist, als die Zahl der dreifachen Vorbestimmungen; — daß außerdem noch eine beträchtliche Anzahl vierfacher Nachbestimmungen; z. B. rnst, lmst rc., leicht und wohlklingend genug bleibt, um für die Sprache gebraucht zu werden, da die Reihe der Vorbestimmungen schon mit den dreifachen geschlossen werden mußte; — und daß endlich auch noch einige fünffache Nachbestimmungen brauchbar sind, von denen wenigstens die beiden mpfst und mpfts in Wörtern der Deutschen Sprache (rümpfst, stampft's) wirklich vorkommen.

(In Bartoldy Sprachbildungslehre für Deutsche, S. 211 bis S. 253, sind 94 zweifache, 123 dreifache, 124 vierfache und 70 fünffache Nachbestimmungen als solche ermittelt, von denen allenfalls in der Sprache Gebrauch gemacht werden kann; zusammen also 411 mehrfache Nachbestimmungen. Wenn diese Zahl zur Ermittelung der Sylbenzahl, welche auf dieser Stuffe gebildet werden kann, zum Grunde gelegt wird, so beträgt die Anzahl der

Sylben mit mehrfacher Nachbestimmung ohne Vorbestimmung:

$$411 \times 23 = 9453.$$

Sylben mit mehrfacher Nachbestimmung und einfacher Vorbestimmung:

$$411 \times 19 \times 23 = 411 \times 437 = 179607.)$$

c) Endlich bleibt noch die Bildung der Sylben mit mehrfachen Vorbestimmungen und mehrfachen Nachbestimmungen übrig, unter denen dann auch diejenigen vorkommen, welche nach unserem Sprachgefühl den größtmöglichen Umfang haben. Um auch diese sämmtlich zu erhalten, müßte man jede Sylbe, die aus einem Laute und einer mehrfachen Nachbestimmung besteht, mit jeder mehrfachen Vorbestimmung verbinden. Wenn z. B. rt als eine brauchbare zweifache Nachbestimmung befunden ist, so gibt sie mit sämmtlichen gedehnten, gestoßenen und Doppellauten zusammen 23 Sylben, nämlich:

ārt, ērt, īrt, ōrt, ūrt — ǟrt, å̄rt, ǣrt, ȫrt, ǖrt — aurt, airt, aürt.
ărt, ĕrt, ĭrt, ŏrt, ŭrt — ä̆rt, å̆rt, æ̆rt, ö̆rt, ü̆rt.

Vor jede einzelne dieser Sylben kann jede mehrfache Vorbestimmung vorgesetzt werden, und es entstehen dann so viel Sylbenreihen, als mehrfache Vorbestimmungen sind, deren einige mit folgenden Anfangssylben beginnen:

ßlārt ꝛc. — schwārt ꝛc. — kwārt ꝛc. — klārt ꝛc. — pflārt ꝛc. —
ßlărt ꝛc. — schwărt ꝛc. — kwărt ꝛc. — klărt ꝛc. — pflărt ꝛc. —

Um sämmtliche Sylben dieser Art zu erhalten, müßte man sämmtliche mehrfache Vorbestimmungen mit sämmtlichen mehrfachen Nachbestimmungen verbinden und zu jeder dieser Verbindungen sämmtliche 23 Laute hinzunehmen.

(Wenn nach Bartoldy's Sprachbildungslehre die Zahl sämmtlicher mehrfachen Vorbestimmungen auf 135, die Zahl sämmtlicher mehrfachen Nachbestimmungen auf 411 angenommen wird, so geben die 411 Nachbestimmungen mit den 23 Lauten verbunden zuerst 411 × 23 = 9453 Sylben. Vor jede dieser Sylben kann jede der 135 mehrfachen Vorbestimmungen gesetzt werden, und so entstehen überhaupt 135 × 23 × 411 = 135 × 9453 = 1276155 Sylben mit mehrfachen Vorbestimmungen und mehrfachen Nachbestimmungen.

31.

Zum Schlusse stehe hier noch eine

Uebersicht der Gesammtzahl aller Sylben,

welche sich aus den ermittelten Sprachgrundtheilen zusammensetzen lassen.

I. Sylben ohne Lautbestimmung		13
II. Sylben mit einfachen Lautbestimmungen, und zwar		
1) mit einfachen Vorbestimmungen ohne Nachbestimmung	19 × 13 =	247
2) mit einfachen Nachbestimmungen ohne Vorbestimmung	19 × 23 =	437
3) mit einfachen Vorbestimmungen und einfachen Nachbest. . .	19 × 19 × 23 =	8303
III. Sylben mit mehrfachen Lautbest.:		
1) mit mehrfachen Vorbestimmungen ohne Nachbestimmung	135 × 13 =	1755
2) mit mehrfachen Vorbestimmungen und einfacher Nachbest. . . .	15 × 437 =	58995
3) mit mehrfachen Nachbestimmungen ohne Vorbestimmung	411 × 23 =	9453
4) mit mehrfachen Nachbestimmungen und einfachen Vorbest. . . .	411 × 437 =	170607
5) mit mehrfachen Vorbestimmungen und mehrf. Nachbest. .	135 × 23 × 411 =	1276155
Gesammtzahl aller Sylben		1534965

Ueber das Bestreben, in der Sylbenbildung alle möglichen Sylben, die in jeder Sprache vorkommen können, zu ermitteln und durchzugehen, mögen hier noch folgende Bemerkungen ihre Stelle finden. — Die Zahl der aussprechbaren Sylben läßt sich nur insofern ausmitteln, als man vorher eine bestimmte Anzahl von Lauten oder Lautbestimmungen festgestellt hat. An und für sich ist aber die Zahl sowohl der Laute, als der Lautbestimmungen, unendlich groß. Bei den Lauten z. B. haben wir im Vorhergehenden (§ 15.) drei Reihen unterschieden. In jeder dieser Reihen ist der Uebergang vom Anfange bis zum Ende ein stetiger, und die vier zu jeder Reihe gehörigen Laute (als a, å, o, u in der Lippenreihe) sind gleichsam nur in abgemessenen Entfernungen hingestellte Punkte. So wie in einer Linie, welche eine stetige Größe im Raume ist, überall wo man will, und also unendlich viele Punkte gedacht werden können, so können in jeder solchen Lautreihe an sich auch unendlich viele Laute, und also zwischen jeden zwei Lauten einer Reihe wieder noch unendlich viele Uebergangstöne gedacht und gesprochen werden. So wie aber in einem gezeichneten Striche nur eine gewisse Anzahl von Punkten so gesetzt werden kann, daß sie für das menschliche Gesicht unterscheidbar bleiben, und so wie, wenn die Zahl der gesetzten Punkte dann noch vermehrt wird, endlich alle in einander fließen; so kann auch das menschliche Gehör nur eine gewisse Anzahl von Lauten in einer Lautlehre deutlich unterscheiden und bei einer weiteren Vermehrung der Anzahl von Tönen fließen endlich alle in einander und können nicht mehr deutlich unterschieden werden. In unserm bisherigen Vortrage haben wir nun so viele Laute, und diese in so angemessenen Entfernungen aufzustellen gesucht, daß jeder scharf und deutlich von jedem andern unterschieden werden kann, und man auch bei weniger feinem und angestrengtem Hören nicht in Gefahr kommt, einen mit dem andern zu verwechseln; und mit diesen Angaben stimmt auch der bisher angenommene Schreibegebrauch fast ganz überein. Wenn man aber die Art und Weise, wie Bewohner verschiedener Landschaften Deutschlands und wie einzelne Personen die Laute aussprechen, mit einander vergleicht, so wird man eine sehr große Menge von Mitteltönen vernehmen und daran die unendliche Zahl der möglichen Laute gleichsam versinnlicht sehen. — Die Bildung der Lautbestimmungen ist noch zusammengesetzter als die der Laute, der Reihen und der Uebergänge in jeder Reihe, so wie der Uebergänge aus einer Reihe in die andere, sind noch mehre, und daher lassen sich, streng genommen, auch die Lautbestimmungen noch weniger auf eine bestimmte unüberschreitbare Zahl bringen; und wenn wir im Vorhergehenden ihre Zahl auf 20 (allenfalls 23) angegeben haben, so ist dies nur in demselben Sinne zu nehmen, wie eben von den Lauten dargethan ist. — Wenn aber auch die Zahl sowohl der Laute als der Lautbestimmungen als fest bestimmt und geschlossen angenommen wird, so entsteht eine andere Schwierigkeit bei Beantwortung der Fragen: Wie viele der Lautbestimmungen in Einer Sylbe als Vorbestimmungen oder Nachbestimmungen zugelassen werden können, und welche derselben für leicht genug aussprechbar und wohlklingend genug gelten sollen, um für den Zweck der Sprache als brauchbar erkannt zu werden. Die Antwort auf diese Frage läßt sich aus der Betrachtung der Sache selbst nicht allein entnehmen, sondern beruht auf Eigenthümlichkeiten in dem Sprachbildungszustande einzelner Menschen und ganzer Völker, welche in ganz anderen Verhältnissen ihren Grund haben und nicht nach einer für alle geltenden Regel beurtheilt werden können. Wenn wir drei Vorbestimmungen und fünf Nachbestimmungen als die äußerste Gränze festgestellt haben, bis zu welcher der Umfang Deutscher Sylben hinanreichen kann; so gibt es andere Sprachen und andere Völker, welche kaum zweifache Vor- und Nachbestimmungen ertragen können, und wiederum andere, welche sechs-, sieben- und mehrfache Lautbestimmungen, mit Leichtigkeit und ohne einen Mißklang wahrzunehmen, in Eine Sylbe vereinigen können. Eine Sylbe wie Msta würde einem Deutschen Ohre unerträglich sein und kommt doch in einer anderen Europäischen Sprache vor. — Es ergibt sich hieraus die Unmöglichkeit, die Bildung a l l e r Sylben vollständig durchzuführen, und es kann in jedem Falle nur davon die Rede sein, wie man zur Bildung aller derjenigen Sylben gelangen kann, welche aus einer bestimmt gegebenen Anzahl von Sprachgrundtheilen zusammengesetzt werden können.)

32.

Im Vorhergehenden ist ein Weg gezeigt, wie man aus einer bestimmt festgestellten Anzahl von Lauten und Lautbestimmungen alle diejenigen Sylben bilden kann, welche dem Sprachgefühle des Deutschen Volkes entsprechen. Die aufmerksame Betrachtung dieses Weges zeigt aber, daß die Zahl der aussprechbaren Sylben bald so groß wird, daß der Versuch, sie alle einzeln bilden und aussprechen zu lassen, bald aufgegeben werden muß. Es kommt auch weit mehr darauf an, dem Schüler zu einer deutlichen Einsicht in die Art und Weise zu verhelfen, wie man zur Bildung jeder Sylbe gelangen kann, als sie alle selbst bilden zu lassen, welches einen Aufwand von Zeit und Mühe erfordern würde, der die Ausbeute gewiß nicht belohnte, wenn man auch überhaupt damit zu Stande kommen könnte. Um jedoch die Kinder innerhalb eines gewissen Gebietes etwas Vollständiges durchführen zu lassen, was auf jeden Fall von großem Nutzen ist, mag der Lehrer die Sylben, welche aus bloßen Lauten bestehen und die Sylben mit einfachen Lautbestimmungen, vollständig durchbilden lassen, was nicht einen zu großen Zeitaufwand erfordern wird, besonders da es in den Lehrstunden für die Sprachbildungslehre nur in mündlicher Rede ohne den Gebrauch der Buchstaben geschieht. Bei den Sylben mit mehrfachen Lautbestimmungen, wo alles sich zu sehr erweitert, mag er sich begnügen, die Schüler zu einem deutlichen Ueberblicke des Ganzen zu führen, und sie dabei sowohl einzelne Sylbenreihen, als auch einzelne Sylben, zu denen er die Sprachelemente gegeben hat, durchsprechen zu lassen. Gänzlich zu übergehen ist aber eine solche Uebung um so weniger, da sie außer dem Nutzen, den sie zur Bildung und Stärkung der Geisteskräfte überhaupt, und namentlich zur Förderung einer klaren Verstandesansicht in zusammengesetzte Verhältnisse, gewährt, auch die so nützliche und nothwendige Ausbildung der Sprachwerkzeuge vorzugsweise befördert; und für diesen letzteren Zweck mögen auch schwer auszusprechende und sonst übelklingende Sylben, wie etwa wrankts, blormst, knaustsch u. dgl., nicht ganz übergangen werden, obgleich ihnen auch auf der anderen Seite nicht zu viel Aufmerksamkeit gewidmet werden darf, um nicht Ohr und Geschmack zu verwöhnen und von dem Schönen und Wohllautenden abzuwenden. — Wenn der Lehrer auf diesem Wege dahin gelangt ist, daß die Kinder die deutliche Einsicht erworben haben, wie die mehrfachen Lautbestimmungen gebildet werden, daß die Zahl derselben sehr groß und die Bildung sämmtlicher daraus hervorgehenden Sylben sehr weitläuftig sei, macht er seine Schüler auf die Nothwendigkeit aufmerksam, sich bei dieser Untersuchung auf eine gewisse Gränze zu beschränken, und vereinigt sich mit ihnen darüber, daß sie nur diejenigen zusammengesetzten Vor- und Nachbestimmungen künftig näher durchgehen wollen, die sich als in der Deutschen Sprache wirklich vorhanden aus Deutschen Wörtern nachweisen lassen. Er mag es ihnen dabei zu einer Aufgabe der Selbstbeschäftigung machen, daß sie aus Deutschen Wörtern sich die mehrfachen Lautbestimmungen aufsuchen und sammeln, die gefundenen erst als Vorbestimmungen zusammenstellen, in jeder dieser beiden Hauptabtheilungen aber nach dem Umfange derselben wieder Unterabtheilungen machen, nämlich zweifache, dreifache u. s. w. Die Schüler suchen nun, jeder für sich, solche Wörter auf, in denen sich mehrfache Lautbestimmungen vorfinden, merken sich die gefundenen an und ordnen sie dann auf die angegebene Art. Das Wort Blatt gibt z. B. die zweifache Vorbestimmung bl, das Wort spricht die dreifache Vorbestimmung spr, oder schpr nach hiesiger Aussprache, und die zweifache Nachbestimmung cht, das Wort längst die dreifache Nachbestimmung ŋßt. — Die gefundenen mehrfachen Lautbestimmungen werden von ihnen nach folgendem Plane geordnet:

1) mehrfache Vorbestimmungen:
   a) zweifache: bl, fr, pr, kl u. s. w.,
   b) dreifache: ßpr oder schpr, ßpl oder schpl, pst, ptr u. s. w.

2) mehrfache Nachbestimmungen:
   a) zweifache: cht, mt, lß, rm u. s. w.,
   b) dreifache: chßt, nßt, mpf u. s. w.,
   c) vierfache: rnßt, lmßt, rlßt u. s. w.,
   d) fünffache: mpfßt, mpfiß u. s. w.

Von dem Ergebniß dieser Selbstbeschäftigung soll jetzt noch nicht sogleich Gebrauch gemacht werden, sondern es soll erst den Uebungen des zweiten Haupttheils zur Vorarbeit dienen. Der Lehrer läßt alles, was die einzelnen Schüler gesammelt haben, mit einander vergleichen, und sucht dadurch zu einer möglichst vollständigen Sammlung der in der Deutschen Sprache vorkommenden Vorbestimmungen und Nachbestimmungen zu gelangen, welche die Kinder auf sein Geheiß für jetzt noch zurücklegen und zu künftigem Gebrauche aufbewahren müssen.

Zweites Kapitel.

Von der reinen Bezeichnung der Sylben.

33.

Es wird angenommen, daß die Kinder bis dahin, wo die eigentliche Sylbenbildung beginnt, in den für das Schreiben und Zeichnen bestimmten Lehrstunden das mechanische Zeichnen der eingeführten Buchstaben bis zu einem ziemlichen Grade von Richtigkeit und Fertigkeit erlernt haben. Während nun der Lehrer auf die im vorigen Abschnitte näher beschriebene Art in einigen Stunden hörbare Sylben in mündlicher Rede bilden lehrt, läßt er in anderen Stunden oder wenigstens in Theilen von Stunden die gehörten Sylben und Sylbenreihen aufschreiben, wobei sich die Kinder genau der bisher beschriebenen

33 Buchstaben bedienen müssen; späterhin, wo der Lehrer wegen der zunehmenden Weitläuftigkeit des Unterrichtes nicht mehr alles Einzelne durchführen kann, sondern sich darauf beschränken muß, den Weg der Entwickelung nur gehörig zu beleuchten und die Kinder darüber zur deutlichen Einsicht zu führen, mag er diese Stunden auch benutzen, um die Kinder ganze Reihenfolgen von Sylben, welche in den Stunden für eigentliche Sprachbildung nur angedeutet werden konnten, für sich niederschreiben zu lassen. Das von ihnen Aufgeschriebene wird vom Lehrer am Ende der Stunden durchgesehen, nöthigenfalls auch erläutert und berichtigt. Da übrigens die Kinder bei dieser Beschäftigung der unmittelbaren Leitung des Lehrers nicht bedürfen, wenn sie nur über den ganzen Gang der Sache erst ins Klare gebracht sind, so kann der Lehrer während der Zeit, da einige Kinder sich auf diese Art selbst beschäftigen, eine andere Abtheilung von Schülern unmittelbar unterrichten. — In Hinsicht auf die Zeichensetzung muß er sich noch über Nachfolgendes mit den Schülern verständigen.

34.

Da die gestoßenen Laute wegen ihrer überaus großen Kürze allemal noch einer Nachbestimmung hinter sich als Stütze bedürfen, so werden in Sylben, die sich auf Laute endigen, diese Laute allemal gedehnt ausgesprochen, und man kann also in solchen Sylben das Setzen des Längenzeichens ganz entbehren. Man darf also nicht schreiben: sā, hā, sō, schlī, knā, brǖ, pfrȫ ꝛc., sondern nur: sa, ha, so, schli, kna, brü, pfrö ꝛc. — Bei Sylben, die sich auf einen Laut endigen, wäre ein besonderes Geltungszeichen für den Laut nur da nöthig, wo etwa in Sylben dieser Art zuweilen ein gestoßener Laut gesprochen werden sollte z. B. bă̈, schŏ̈, drŏ̈ u. s. w. Sylben dieser Art kommen aber in Wörtern der Deutschen Sprache fast gar nicht vor, und man könnte etwa nur folgende Fälle hieher zählen:

a) den kurzen Laut, welcher in manchen Wörtern vor ch und sch gesprochen wird, als: Wă-che, Lŏ-cher, ră-chen — wă-schen, mĭ-schen, gedrŏ-schen;
b) das e in den Vorsylben be und ge, als: bĕ-drohen, gĕ-funden;
c) das e am Ende vieler Wörter: als: Laubĕ, Stubĕ, Steinĕ, Hüttĕ, Puppĕ, trübĕ, weisĕ u. s. w.

Die Sylben unter a sind aber nur scheinbar solche, die sich auf einen Laut endigen, denn eine genauere Aufmerksamkeit auf dieselben zeigt, daß in den Wörtern Wache, waschen u. a. die durch ch angedeutete Lautbestimmung eben so wohl doppelt gesprochen wird, als in den Wörtern hoffen, Lämmer, Ritter ꝛc. die durch ff, mm und ll angedeutete. Man spricht also die vorhin aufgeführten Wörter eigentlich Wach-che, Löch-cher, räch-chen — wasch-schen, misch-schen, gedrosch-schen, und die Sylben, so wie sie gesprochen werden, endigen sich wirklich auf einen Laut. — Bei den Sylben unter b und c könnte man es in Frage stellen, ob dem e in ihnen wirklich der gestoßene Ton gebühre, oder ob derselbe nicht vielmehr blos durch eine Nachläßigkeit oder durch Schnelligkeit im Aussprechen hineingebracht werde. Ich möchte mich für das Letztere entscheiden und annehmen, daß auch dieses e eigentlich ein gedehntes oder vielmehr ein gezogenes (d. h. hier, ein nicht augenblicklich herausgestoßenes, sondern ein solches, dessen Aussprache eine gewisse Zeit erfordert) sein solle, wobei es dann aber immer noch für ein kurzes e gelten kann. Wenn daher ein solches Wort recht deutlich nach seinen einzelnen Sylben ausgesprochen werden soll, so pflegt man auch diese Sylben immer mit einem gezogenen e auszusprechen. — Dies vorausgesetzt, können wir also folgende Regel als allgemein aufzustellen: In Sylben, welche sich auf einen Laut endigen, wird der Laut allemal gedehnt ausgesprochen, und beim Schreiben bedarf man in solchen Sylben keines Längenzeichens über dem Laute.

In Sylben, welche sich auf eine Lautbestimmung endigen, können gedehnte und gestoßene Laute gesprochen werden. Die Zahl derjenigen Sylben dieser Art, in welchen ein gestoßener Laut gesprochen wird, ist aber in Wörtern der Deutschen Sprache und auch wohl in denen anderer Sprachen sehr viel größer, als die Zahl derjenigen, welche einen gedehnten Laut enthalten, da man von selbst geneigt ist, in Sylben, die sich auf eine Lautbestimmung endigen, den Laut abzukürzen. — Wenn man also in Sylben, die sich auf eine Lautbestimmung endigen, die gestoßene Aussprache als Regel annimmt, so bedarf es in ihnen eines Zeichens der Kürze nicht, und es bleiben also überhaupt nur diejenigen Fälle besonders zu bezeichnen übrig, wo in einer Sylbe, die sich auf eine Lautbestimmung endigt, ein gedehnter Laut ausgesprochen werden soll, z. B. schāf, wär, käm.

35.

Nachdem sich der Lehrer mit den Kindern über diese Grundsätze in Hinsicht auf das Setzen der Zeichen für Länge und Kürze vereinigt hat, läßt er sie denselben gemäß in den Stunden für die Sprachzeichenlehre hieher gehörigen Reihenfolgen von Sylben aufschreiben, wie z. B. folgende:

I. Sylben ohne Lautbestimmungen:

a, e, i, o, u — ä, å, a̋, o̊, ü — au, ai, aü *).

---

*) Für die sechs Doppellaute bedarf es nach §. 23. nur dreier Buchstabenzeichen. Der Lehrer kann sich mit den Kindern daruber vereinigen, daß sie entweder die drei Zeichen für die vollständigen, oder die drei für die abgekürzten wählen wollen. Da die drei vollstandigen mit der allgemein eingeführten Schriftbezeichnung der Doppellaute mehr übereinstimmen, so sind diese hier zur Bezeichnung gewahlt worden, obgleich die für die abgekürzten Doppellaute gewählten Zeichen mehr mit unserer Aussprache übereinstimmen würden.

II. Sylben mit einfachen Lautbestimmungen, und zwar

1) mit einfachen Vorbestimmungen ohne Nachbestimmung:

scha, sche, schi, scho, schu — schă, schå, schä, schö, schü — schau, schai, schaŭ;

2) mit einfachen Nachbestimmungen ohne Vorbestimmung:

ām, ēm, īm, ōm, ūm — ā̆m, ā̊m, ǟm, ȫm, ǖm — aum, aim, aŭm;

am, em, im, om, um — ăm, åm, äm, öm, üm;

3) mit einfachen Vorbestimmungen und einfachen Nachbestimmungen:

wāl, wēl, wīl, wōl, wūl — wā̆l, wā̊l, wǟl, wȫl, wǖl — waul, wail, waŭl;

wal, wel, wil, wol, wul — wăl, wål, wäl, wöl, wül.

III. Sylben mit mehrfachen Lautbestimmungen, und zwar

1) mit mehrfachen Vorbestimmungen ohne Nachbestimmung;

bla, ble, bli, blo, blu — blă, blå, blä, blö, blü — blau, blai, blaŭ;

2) mit mehrfachen Vorbestimmungen und einfachen Nachbestimmungen:

blāf, blēf, blīf, blōf, blūf — blā̆f, blā̊f, blǟf, blȫf, blǖf — blauf, blaif, blaŭf;

blaf, blef, blif, blof, bluf — blăf, blåf, bläf, blöf, blüf;

3) mit mehrfachen Nachbestimmungen ohne Vorbestimmung:

ārm, ērm, īrm, ōrm, ūrm — ā̆rm, ā̊rm, ǟrm, ȫrm, ǖrm — aurm, airm, aŭrm:

arm, erm, irm, orm, urm — ărm, årm, ärm, örm, ürm;

4) mit mehrfachen Nachbestimmungen und einfachen Vorbestimmungen:

wālk, wēlk, wīlk, wōlk, wūlk — wǟlk, wå̄lk, wã̄lk, wȫlk,
wǖlk — waulk, wailk, wäulk;

walk, welk, wilk, wolk, wulk — wälk, wålk, wãlk, wöl k,
wülk;

5) mit mehrfachen Vorbestimmungen und mehrfachen Nachbestimmungen:

flānt, flēnt, flīnt, flōnt, flūnt — flǟnt, flå̄nt, flã̄nt, flȫnt,
flǖnt — flaunt, flaint, fläunt;

flant, flent, flint, flont, flunt — flänt, flånt, flãnt, flönt,
flünt.

So wie der Lehrer beim Sprechen hörbarer Sylben sich oft die Bestandtheile derselben oder die Sprachgrundtheile angeben lassen (die Kinder im Lautiren üben) muß, so muß er während dieser Uebung im Niederschreiben der Sylben sich oft die Namen der Buchstaben angeben lassen (die Kinder im Buchstabiren üben), z. B. we, e, el, ka — welk u. s. w.

36.

Da die bisher so angewandte Schriftbezeichnung nun bald ganz verlassen werden soll, um mit dem allgemein eingeführten Deutschen Schreibgebrauche vertauscht zu werden, so mag der Lehrer, so lange er auf dieser Stuffe steht, es absichtlich vermeiden, eigentliche Wörter mit Beziehung auf die Bedeutung, welche sie in der Rede haben, niederschreiben zu lassen, und sich auf solche Reihenfolgen von Sylben beschränken, wie sie im Obigen angegeben sind, unter denen zwar auch einsylbige Wörter vorkommen werden, die hier aber als solche noch gar nicht in Betrachtung kommen, sondern noch für bedeutungslose Sylben gelten; damit nicht der erste Eindruck des geschriebenen Wortes in der Seele des Kindes hafte und dasselbe zu Gewöhnungen in der Schriftbezeichnung führe, die nach dem allgemein eingeführten Schreibegebrauche späterhin für fehlerhaft erklärt werden müssen.

Um jedoch die Kinder auch zum deutlichen Bewußtsein darüber zu führen, wie sehr der allgemein eingeführte Deutsche Schreibegebrauch von der streng regelrechten Schrift abweiche, mag der Lehrer, ehe er die Stuffe verläßt, irgend einen Abschnitt aus der wirklichen Rede ganz streng nach der bisher angewandten Zeichensetzung von den Kindern aufschreiben lassen. Nachdem er ihnen das Nothwendigste über das Absetzen der Wörter und die dabei zu lassenden Zwischenräume, so wie über das Setzen der Unterscheidungszeichen gesagt hat, spricht er ihnen recht deutlich Sylbe für Sylbe vor, bestimmt nöthigenfalls die Gränze jedes Wortes, und läßt das so Vorgesprochene von den Kindern niederschreiben. Nachdem dies geschehen und alles gehörig berichtigt ist, sagt er ihnen, daß sie das Niedergeschriebene aufbewahren möchten, weil es künftig zu einer wichtigen Vergleichung gebraucht werden solle. — Des Beispiels wegen ist hier eine kleine Erzählung aus dem als Lesebuch in Volksschulen sehr allgemein eingeführten Deutschen Kinderfreunde von Wilmsen (S. 45) ausgewählt. Es ist dabei angenommen, daß die großen Buchstaben noch unbekannt sind, und bei der Zeichensetzung ist die in hiesiger Provinz (in Pommern) herrschende Aussprache zum Grunde gelegt, namentlich sind überall nur die abgekürzten Doppellaute, welche in der Umgangssprache bei uns allein gehört werden, durch die Zeichen ausgedrückt. Wenn dann alle Zeichen nur so gebraucht werden, wie der bisherige Unterricht dazu Anleitung gegeben hat, so müssen die Kinder das Vorgesprochene auf folgende Art niederschreiben:

d å r   b a r m h å r t ß i j e.

kuntß ont klåuß jiŋjån*) an åinåm sēr kaltån wintårtaje mit åinandår übår fält. an dår schtraße fandån

*) Bei dem Buchstaben g wird bei uns immer der scharfe Kehlhauch gesprochen, zuweilen der hintere, zuweilen der vordere. (Vergl. §. 20.)

si åinån onbekantån månschån em schne lijån, wålchår fåßt tßu schlafån schīn. kuntß hatte metlåidån met īm, ont åuß besårchneß, daß år årfrirån mæchte, nåhårte år sech īm, om īn åuß dām schlafe tßu wåkkån. abår so fīl år īn åuch røttålte, so årwachte år dåch necht. dān kanßt du laŋje røttåln, rīf klåuß lachchånt; år wert necht aufwachchån; år eßt betruŋkån; laß dān kårl lijån, ont kåm; åß eßt kalt. nåin, antwårtete kuntß, so onbarmhärtßech kan ech necht såin; wi låicht kænnte dår arme mänsch årfrirån! ont mach år emmår betruŋkån såin, år eßt åin mänsch, ont tßwār åin hølfßbedørftijår mänsch; ech wel tūn, waß ech kan, om īm daß låbån tßu råttån. nūn, so machche, waß du welßt, rīf klåuß onwellech; ech mach necht låŋjår hīr schtehån ont frirån; ont damet jiŋk år wåitår. kuntß bedåkte nūn åilechßt dān schlafåndån met schne, wåil år gehōrt hatte, daß dår schne wårme, ont līf dan so schnål wi møchlech nāch dåm nāchßtån dårfe, om åinån wajån tßu holån. glöklichår wåise fant år åuch glåich åinån mänschånfræüntlichån båuår, dår åbån åuß dår schtat jefarån kām, ont met dåßßån hølfe år dān halptotån fråmdån sēr balt enß låbån brachte. frølech wandårte år nūn nāch håuse.

Da dieser nach dem Vorhergehenden durch j bezeichnet werden soll, so ist hier das g fast überall mit j vertauscht. Der sanfte Kehlschluß, für welchen das g nach dem Vorhergehenden eigentlich bestimmt ist, wird bei uns noch am ehesten vor andern Lautbestimmungen, als l, r, n, und vor den Lauten a, o, u gesprochen, obgleich man auch da gewöhnlich den hinteren sanften Kehlhauch hört. Um den Buchstaben g nicht ganz zu übergehen, ist er daher in der Folge in den Wörtern glåich und glöklech gesetzt, und würde in gār, gåt, gut gesetzt worden sein, wenn diese Wörter vorgekommen wären.

Zweiter Hauptheil.

Angewandte Sprachzeichenlehre
oder
Zeichenlehre der Deutschen Sprache.

Erster Abschnitt.
Die Buchstabenlehre.

Erstes Kapitel.
Eingeführte Zeichen für die Laute.

37.

L. Die Art, wie ihr bis hieher das Gehörte aufzuschreiben gelernt habt, ist die einfachste und leichteste, weil sie am meisten mit der Natur der Sprachtöne und am besten in sich zusammenhängt, und es wäre daher zu wünschen, daß sie allgemein eingeführt und gebräuchlich wäre; es würde euch dadurch für euer künftiges Lernen in der Schule viel Zeit und Mühe erspart werden. Da aber Sprache und Schrift für uns etwas Gegebenes sind, was wir nicht nach unserem Gutdünken abändern können, sondern annehmen und gebrauchen müssen, wie es allgemein eingeführt ist; so können wir bei dieser Schreibart nicht bleiben, da der allgemein eingeführte Schreibegebrauch sehr große Abweichungen davon enthält. Mit diesen Abweichungen will ich euch jetzt bekannt

bekannt machen, und wir werden demnächst manches, was wir bisher über die Zeichensetzung verabredet haben, ganz aufgeben und uns an das Eingeführte gewöhnen müssen. Da ihr die Schrift, wie sie im Gebrauch ist, mit einer recht großen Fertigkeit gebrauchen lernen sollt, so müßt ihr euch auch recht frühzeitig an das Gebräuchliche gewöhnen, damit nicht etwa eine zu lange und zu feste Gewöhnung an den Anblick anderer Zeichen euch verwirre und zur Erwerbung jener Fertigkeit hinderlich werde. — Zuerst wollen wir über die abweichende Bezeichnung der gestoßenen und gedehnten Laute reden! —

Wie viel Laute gibt es, welche gedehnt und gestoßen ausgesprochen werden können?

K. Zehn, nämlich die sämmtlichen Einlaute.

L. Gebt sie alle nach beiderlei Aussprache an!

K. Gedehnt: ā, ē, ī, ō, ū — ǟ, å̄, ǣ, ȫ, ǖ.
Gestoßen: ă. ĕ, ĭ, ŏ, ŭ — ä̆, å̆, æ̆, ö̆, ü̆.

L. Sucht zu jedem dieser Laute ein Wort oder einige Wörter unserer Sprache auf, in welchen dieser Laut vorkommt, und schreibt diese Wörter auf!

Die Kinder suchen dergleichen Wörter auf und legen sich davon etwa eine solche Sammlung an, wie sie §. 13. aufgestellt ist.

L. Habt ihr zu allen 10 gedehnten und 10 gestoßenen Lauten Wörter gefunden, in welchen sie vorkommen?

K. Zu allen übrigen; nur zu dem gedehnten å und æ haben wir keine Beispiele finden können.

L. Richtig, diese Laute kommen als gedehnte in Wörtern der hochdeutschen Sprache auch gar nicht vor, wohl aber als gestoßene. Habt ihr diese Laute denn aber nie beim wirklichen Sprechen gehört?

K. Ja, wir haben sie im Niederdeutschen (Plattdeutschen) gehört, z. B. in: jå, då, Sål — Sæhn, Nægel, mæjlich.

L. Das gedehnte æ hören wir bei uns allenfalls noch sprechen in den hochdeutschen Wörtern: Höker, Köhler, Kröte und in einigen anderen; aber in anderen Gegenden Deutschlands spricht man dafür ein gedehntes ö und verwirft überhaupt den Laut æ als einen unächten, gar nicht zur hochdeutschen Sprache gehörigen Laut. — Das gedehnte å findet sich aber in Wörtern der hochdeutschen Sprache gar nicht, und ihr werdet euch erinnern, daß wir diesen Laut auch bei der ersten Aufsuchung sämmtlicher einfachen Sprachtöne nur aus niederdeutschen Wörtern entnommen haben.

Von jeher hat man auf die gedehnten Laute, deren Aussprache eine größere Zeitdauer erfordert und auch mehr ins Ohr fällt, größere Aufmerksamkeit, als auf die gestoßenen Laute verwandt, und daher auch bei der Zeichensetzung auf erstere mehr Rücksicht genommen, als auf letztere. Dies ist der Grund, warum wir für das gedehnte å und das gedehnte æ in der gebräuchlichen Schrift gar keine besonderen Buchstaben haben. Diejenigen, welche wir bisher dazu gewählt haben (å und æ), sind von unserer eigenen Erfindung, da wir sie zur vollständigen Uebersicht aller Sprachgrundtheile nothwendig gebrauchten. Da aber das gestoßene å und æ auch in Wörtern der hochdeutschen Mundart recht häufig vorkommen, so gebrauchte man zur Bezeichnung des gestoßenen å den Buchstaben o, und zur Bezeichnung des gestoßenen æ den Buchstaben ö. Nun fehlte es aber wieder an passenden Zeichen für das gestoßene o und das gestoßene ö, da deren Zeichen bei gestoßener Aussprache schon anderweitig verwandt waren; und um diesem Mangel wieder abzuhelfen, brauchte man für das gestoßene o den Buchstaben u, und für das gestoßene ö den Buchstaben ü. Wenn ihr nun daran zurückdenkt, wie wir früher alle Laute auf folgende Art in drei Reihen, die Lippenreihe, die Zungenreihe und die Lippen-Zungenreihe, geordnet haben:

so ergibt sich daraus, daß in der Lippenreihe und in der Lippen-Zungenreihe bei der gestoßenen Aussprache jedes Lautzeichen in seiner Reihe um eine Stuffe höher gerückt ist, als es eigentlich seiner ursprünglichen Bestimmung nach stehen sollte. In der dritten Reihe, der Zungenreihe, in welcher ein solcher veränderter Gebrauch der Buchstaben eigentlich unnöthig gewesen wäre, weil man für sie eine genügende Anzahl von Buchstaben hatte, verfuhr man bald auf ähnliche Weise, um ein übereinstimmendes Verfahren für alle drei Reihen zu beobachten. Auch hier gebrauchte man zur Bezeichnung des gestoßenen æ häufig den Buchstaben e, obgleich der Gebrauch desselben hier nicht ganz allgemein wurde, indem man zur Bezeichnung desselben Sprachtones noch häufig den Buchstaben â beibehielt; dagegen wurde es auch hier ganz allgemein Gebrauch, zur Bezeichnung des gestoßenen e den Buchstaben i zu nehmen, und so wurde in allen drei Reihen jedes Lautzeichen bei gestoßener Aussprache um eine Stelle höher gerückt, als eigentlich die wahre Bestimmung der Lautzeichen es erforderte. Da nun zur Bezeichnung der gestoßenen Laute bereits alle Zeichen verwandt waren und es doch noch an besonderen Zeichen für den gestoßenen Endlaut jeder Reihe fehlte (für das gestoßene u, ü und i), so blieb nichts weiter übrig, als auch diese drei gestoßenen Laute mit den Buchstaben u, ü und i zu bezeichnen, und also diesen drei letzteren Buchstaben eine doppelte Bestimmung zu geben. Da nun diese drei gestoßenen Laute in der Deutschen Sprache überhaupt seltener gebraucht werden als andere, und da überdies der Klang des gestoßenen u, ü und i von dem Klange des gedehnten u, ü und i sich weniger entfernt, als der Klang der übrigen gestoßenen Laute von dem Klange der ihnen entsprechenden gedehnten Laute

(z. B. o, ö und e), so trug man um so weniger Bedenken, sich auf diesem Wege gegen den bestehenden Mangel die gewünschte Abhülfe zu verschaffen. (Der Lehrer lasse u, ü und i gedehnt und gestoßen hinter einander sprechen, um die Kinder davon zu überzeugen). — Der bis hieher beschriebene Gebrauch der Lautzeichen ist nun im Deutschen Schreibgebrauche ganz allgemein geworden und hat seit undenklichen Zeiten darin geherrscht. Es konnte aber dabei nicht fehlen, daß ein solcher Gebrauch der Zeichen, der, streng genommen, unrichtig ist, nicht mit der Zeit auch unrichtige Vorstellungen über die Laute selbst herbeigeführt haben sollte; besonders wurde dadurch ein fast gänzliches Verkennen der gestoßenen Laute herbeigeführt.

Die nächste Folge der Verwechselung dieser Zeichen war, daß man die gestoßenen Laute u, ü und i mit den gleichnamigen gedehnten Lauten verwechselte und sie selbst für gedehnte hielt. Die Laute, welche man in den Wörtern Schuld, gut — gültig, Sünde — Kind, Bild hörte, betrachtete man nicht als das gestoßene u, ü und i, welches sie eigentlich sind, sondern als ein gedehntes u, ü und i, und behandelte sie in der ganzen Sprache als gedehnte Laute, wovon ihr euch deutlich überzeugen werdet, wenn ihr erst die gebräuchliche Bezeichnung der gedehnten Laute werdet kennen gelernt haben. Den Laut ŏ (den Laut in dem Worte Schutt) nannte man nun das gestoßene u, den Laut ö̆ (den Laut in Hütte) das gestoßene ü, und den Laut ĕ (den Laut in mit) das gestoßene i; — eben so den Laut ä̆ (den Laut in Gott) das gestoßene o, und den Laut æ̆ (den Laut in schöpft) das gestoßene ö, weil man diese Zeichen für jene Laute überall zu setzen gewohnt war. Für das gestoßene ä (ä̆) hatte man nun zwei Zeichen, ä und e, von denen bald das eine, bald das andere gesetzt wurde; und daraus erzeugte sich nun der Irrthum, daß bei gestoßener Aussprache e und ä einerlei Klang hätten, indem das gestoßene e dem gestoßenen ä gleich klinge. Die Sprache und ihr Abbild, die Schrift, sind Gegenstände, welche uns von unsern Vor fahren überliefert sind und welche dieser Ueberlieferung gemäß gebraucht werden müssen. Da sie die Mittel zu allgemeiner Verständigung für alle Glieder eines Volkes sind, so muß sich jeder Einzelne hiebei nach dem eingeführten Gebrauche richten, und wer dieses unterläßt, wer Sprache und Schrift nach Willkühr gebrauchen will, selbst da, wo er Fehlerhaftes und unrichtig Gebildetes zu erkennen glaubt, der stört die leichte Verständigung aller und richtet Verwirrung an. Nur sehr allmählig kann sich ein bestehender Sprach- und Schreibegebrauch abändern, und ehe dies geschieht, muß die Ueberzeugung schon allgemein vorbereitet sein, daß das Bestehende unrichtig und fehlerhaft sei und mit Leichtigkeit durch etwas Richtigeres ersetzt werden könne.

Aus diesem Grunde können auch wir nicht bei dem, was wir als das Richtige und Beste in der Schriftbezeichnung erkannt haben, stehen bleiben, sondern wir müssen uns nach dem bestehenden Sprach- und Schreibegebrauch richten, da wir nicht für uns reden und schreiben lernen, sondern durch Rede und Schrift uns mit allen Gliedern unsers Deutschen Volkes verständigen lernen wollen. Wir wollen daher von jetzt an unsere ganze Aufstellung der gestoßenen Laute abändern und uns in unserm Sprechen darüber ganz nach der allgemein herrschenden Ansicht richten. Absichtlich habe ich euch bisher noch nicht Vieles mit der von uns als richtig anerkannten Zeichensetzung aufschreiben lassen und noch weniger euch davon zu lesen gegeben, damit euer Auge nicht durch den ersten Eindruck des Gesehenen verwöhnt werde, und dieser erste Eindruck euren Gemüthern sich nicht vielleicht tiefer einpräge, als die allgemein eingeführte Zeichensetzung, mit welcher ihr nun bekannt werden und welche ihr von jetzt an ausschließlich gebrauchen sollt.

Hier schreibe ich die in der hochdeutschen Mundart bei gedehnter Aussprache vorkommenden reinen Laute und Zwischenlaute an die Wandtafel:

a, e, i, o, u,

å, ů, ů.

Es fehlen å und æ, weil sie in gedehnter Aussprache nicht vorkommen und gar keine Zeichen dafür vorhanden sind. — Sprecht sie erst alle acht gedehnt!

K. thun es.

L. Das gestoßene a klingt ă. — Dieser Laut wird gestoßen stets so gesprochen, wie wir ihn bisher immer gesprochen haben, und es tritt in Hinsicht auf ihn also keine Veränderung ein.

Folgender Ton wird künftig das gestoßene e heißen: ä̆. — (Er spricht hiebei den Laut, welcher bisher ausschließlich durch ä̆ bezeichnet gewesen ist, und in denn, sprecht, schätzt gehört wird.)

Folgender Ton, welcher bisher von uns immer das gestoßene e genannt worden ist, wird künftig das gestoßene i heißen. (Er spricht den Ton, welcher bisher durch ĕ bezeichnet gewesen ist und in mit, bin, dich gehört wird).

Folgenden Ton werden wir künftig das gestoßene o nennen. (Er spricht den Ton, welcher bisher durch å̆ bezeichnet gewesen ist und der in voll, doch, Spott gehört wird.)

Als das gestoßene u betrachten wir künftig folgenden Ton. (Er spricht den Laut, welcher bisher durch ŏ bezeichnet gewesen ist, und der in den Wörtern durch, Schutt, dumm ꝛc. gehört wird.)

Das gestoßene ä klingt ă. (Er spricht den Laut, welcher auch bisher immer durch ă bezeichnet gewesen ist, und der in näſst, hält, wenn und recht gehört wird.) Dieser Ton klingt ganz gleich mit demjenigen, welcher uns nun für das gestoßene e gelten soll, und wir nehmen künftig auch den Satz an: das gestoßene e klingt eben so wie das gestoßene ä.

Für das gestoßene ö gilt uns künftig folgender Ton. (Er spricht den Laut, welcher bisher durch æ̆ bezeichnet gewesen ist, und der in schöpst, so wie in der ersten Sylbe von völlig, Töchter, Spötter ꝛc. gehört wird.)

Als das gestoßene ü betrachten wir künftig folgenden Ton. (Er spricht den Laut, welcher bisher durch ŏ̈ bezeichnet gewesen ist und in schützt, so wie in der ersten Sylbe von Mütter, drücken, tüchtig ꝛc. gehört wird.)

L. Sprecht nun auf die jetzt angegebene Art alle Einlaute durch, und zwar jeden erst gedehnt und dann gestoßen!

K. ā, ă — ē ĕ u. s. w.

Es folgt nun eine ausführliche und vollständige Einübung der gedehnten und gestoßenen Laute nach diesem neuen Sprachgebrauche, indem der Lehrer theils aufgibt: Sprecht das gestoßene e, u, ö ꝛc.! — theils selbst einen gestoßenen Laut vorspricht und sich von den Kindern angeben läßt, welcher Laut es sei. — Da die Kinder mit der größten Fertigkeit nach der eingeführten Schriftbezeichnung lesen und selbst schreiben lernen sollen, so muß ihnen diese Art die gestoßenen Laute zu bezeichnen und zu benennen nothwendig ganz geläufig werden.

L. Nun haben wir für folgende Töne (er spricht das gestoßene u, ü und i, wie sie bisher durch ŭ, ŭ̈ und ĭ bezeichnet sind, und wie sie in den Wörtern Hund, gültig und Kind vorkommen) noch gar keine bestimmten Namen. Wie schon vorher erwähnt ist, hat man sie in der gewöhnlichen Ansicht der Sprache mit den gedehnten Lauten verwechselt und betrachtet sie als gedehnte Laute. Da jedoch das i in Schild offenbar anders klingt als das i in schielt, das u in Huld anders als das u in Stuhl, das ü in sündlich anders als das ü in sühnt; so könnten wir doch zuweilen genöthigt sein, je zwei und zwei dieser Laute von einander zu unterscheiden. Wo dieser Fall eintritt, wollen wir ein solches u, ü und i, wie es in Huld, sündlich und Schild gehört wird, ein wenig gedehntes u, ü und i nennen, da die allgemein eingeführte Zeichensetzung uns durchaus nöthigt, sie mit den gedehnten Lauten in eine Abtheilung zusammenzustellen.

38.

Die angemessensten Zeichen für die Doppellaute sind nach dem Vorhergehenden (§. 23.) folgende:

für die vollständigen Doppellaute: au, ai, aü,

für die abgekürzten Doppellaute: ău, ăi, ăü.

Drei dieser Zeichen sind aber hinreichend, weil man überall keinen Unterschied in der Bedeutung der Wörter auf diese verschiedene Aussprache gründet, und in jeder Gegend entweder nur die eine oder die andere Art dieser Doppellaute spricht. Bei uns werden in der Umgangssprache stets nur die abgekürzten und nur beim Singen die vollständigen Doppellaute gebraucht; daher würden ău, ăi, ăü die angemessensten Zeichen für die bei uns gesprochenen Doppellaute sein und sind aus diesem Grunde in der vorhin aufgeführten Schriftprobe auch durchgängig angewandt. — Nach dem herrschenden Schreibegebrauch wird aber der Lippen-Doppellaut stets durch au bezeichnet. — Den Zungen-Doppellaut bezeichnet man in einigen Wörtern mit ai; und da nach dem Vorhergehenden das gestoßene ä (welches zu Anfange dieses abgekürzten Doppellautes gesprochen wird) häufiger durch e als durch ä bezeichnet wird, so bezeichnet man diesen Doppellaut statt durch ăi am gewöhnlichsten durch ei. Beide Zeichen dieses Doppellautes, ai und ei, werden aber ganz gleich ausgesprochen. — Für den Lippen-Zungen-Doppellaut sind statt der beiden Zeichen aü und ăü ganz allgemein folgende beide eingeführt: äu und eu, die aber unter sich ganz gleich ausgesprochen werden. Ein näherer Grund, warum man das ü am Ende mit u vertauscht habe, läßt sich wohl kaum angeben. — So haben wir also für die drei Doppellaute der Deutschen Sprache fünf Zeichen, nämlich:

au — ai, ei — äu, eu.

Endlich ist in Hinsicht auf die Lautzeichen noch zu bemerken, daß wir für den zweiten Zungenlaut i noch ein zweites Zeichen haben, welches den Namen ypsilon führt und diese Form hat: ŋ. Es wird dieses Zeichen aber jetzt von den meisten Sprachlehrern und Schriftstellern nur noch in Wörtern angewandt, welche aus einer fremden Sprache, vorzüglich aus der griechischen, herkommen, und diese Bestimmung wollen auch wir ihm künftig ausschließlich geben. Wo es künftig vorkommen wird, sei es uns also stets ein Kennzeichen von dem fremden Ursprunge eines Wortes. Im Griechischen wurde dieses Zeichen eigentlich wie ü ausgesprochen, z. B. Sylbe wie Sülbe; diese Aussprache hat man aber im Deutschen nicht beibehalten, sondern spricht das y, wo es vorkommt, nach fast übereinstimmendem Gebrauche, wie i. Da nun das i auch zur Bezeichnung des Zungen-Doppellautes, ai und ei, gebraucht wird, so findet man dafür auch noch, obgleich in sehr seltenen Fällen und nur noch in wenigen Büchern, die Zeichen ay und ey, z. B. Mayn, May; Ey, Türkey, wodurch dann die Zahl der Zeichen für den Zungen-Doppellaut auf vier gebracht wird. Wenn jedoch schon das y überflüssig ist und nur noch fremden Wörtern vorbehalten bleiben soll, so sind diese beiden Zeichen, ay und ey, für einen Laut, für den es schon außerdem zwei Zeichen gibt, um so mehr entbehrlich, und sollen daher von uns gar nicht unter den Lautzeichen mit aufgezählt werden, besonders da diejenigen wenigen Wörter, wo sie noch allenfalls vorkommen, gar nicht zu den fremden, sondern zu den ursprünglich Deutschen gehören. Wir werden also künftig von folgenden Lautzeichen Gebrauch machen:

a,	e,	i (y),	o,	u,
ä,			ö,	ü,
au,	ai,	ei,	äu,	eu.

(Um den großen Unterschied in der Zeichensetzung, welcher durch das Bisherige schon begründet ist, den Kindern recht bemerklich zu machen, mag der Lehrer hier allenfalls wieder ein kleines Stück aus der wirklichen Rede aufschreiben lassen. Das am Schlusse des Ersten Haupttheils aufgeführte Stück würde mit Benutzung der bisherigen Bemerkungen hier nun etwa folgendes Ansehn gewinnen:

der barmhertßije.

kuntß unt klauß jiŋgen an einem sɛr kalten wintertaje mit einander über felt. an der schtraße fanden si einen unbekanten menschen im schne lijen,

u. s. w.

39.

Die Zeichen für die fünf reinen und die drei Zwischenlaute werden eben sowohl zur Bezeichnung ihrer gedehnten, als ihrer gestoßenen Aussprache gebraucht. Die gedehnte Aussprache ist bisher durch das Zeichen (–), die gestoßene durch das Zeichen (◡) über dem Lautzeichen angedeutet worden. Der Deutsche Schreibegebrauch hat hierin aber eine ganz andere Bezeichnungsart eingeführt. — Da nämlich der freie Hauch als Nachbestimmung nicht hörbar gemacht werden kann, mit der Aussprache jedes Lautes aber ein Aushauchen betonter Luft verbunden ist, welches um so länger dauert, je länger man den Laut aushält, so hat man dem Buchstaben ha, der hauptsächlich zur Bezeichnung des freien Hauches bestimmt ist, noch eine zweite Bestimmung dadurch gegeben, daß man ihn als Zeichen der Dehnung nach einem Lautzeichen setzt, welches gedehnt ausgesprochen werden soll. Wenn das ha in dieser Absichr gesetzt ist, so heißt es ein Dehnungszeichen. —

L. Schreibt jetzt alle gedehnten Laute auf, indem ihr den Buchstaben ha als Zeichen der Dehnung anwendet!

K. schreiben: ah, eh, ih, oh, uh — äh, öh, üh.

L. Schreibt mit Anwendung dieses Dehnungszeichens folgende Sylben: bahn, sehr, ihm, ohr, ruhm — mäht, höhnt, kühlt.

K. thun es.

L. Wenn ihr also künftig in einer Sylbe nach einem Laute noch den Buchstaben ha stehen seht, so sprecht dabei nicht den freien Hauch, sondern sprecht den vorhergehenden Laut nur gedehnt!

Das ha als Dehnungszeichen wird bei allen Lauten angewandt. Außerdem wird aber bei einigen Lauten noch ein anderes Dehnungszeichen gebraucht. Man zeigt nämlich bei a, e und o die Dehnung des Lautes auch noch dadurch an, daß man sein Zeichen verdoppelt auf folgende Art: aa, ee, oo. Das zweimalige Setzen eines und eben desselben Lautzeichens soll hiebei anzeigen, daß man den Ton dieses Lautes länger als gewöhnlich aushalten soll. — Bei i wird die Dehnung durch ein hinzugefügtes e angezeigt — ie. Denn wenn man ein gedehntes i in einer Sylbe spricht, die sich auf eine Lautbestimmung endigt, z. B. rief, so schließt sich dasselbe an die letztere nicht unmittelbar an, sondern man hört noch einen kurzen Zwischenton, der einem recht kurz gesprochenen e am ähnlichsten klingt; daher man den Buchstaben e zur Bezeichnung der Dehnung an diesem Laute erwählt hat. — Schreibt nun mit Anwendung dieser Dehnungszeichen die Sylben: saat, sees, boot, schien!

K. thun es.

L. Gebt jetzt an, wie jeder gedehnte Einlaut bezeichnet werden kann, und schreibt dabei zugleich die Buchstaben auf, wodurch es geschieht!

K. sprechen: Ein gedehntes a kann durch a, ha und aa bezeichnet werden. — Sie schreiben dabei: ah, aa.

Ein gedehntes e kann durch e, ha und e, e bezeichnet werden. — Sie schreiben: eh, ee.

Ein gedehntes o kann durch o, ha und o, o bezeichnet werden. — Sie schreiben: oh, oo.

Ein gedehntes i kann durch i, ha und i, e bezeichnet werden. — Sie schreiben: ih, ie.

Ein gedehntes u kann nur durch u, ha bezeichnet werden. — Sie schreiben: uh.

Ein gedehntes ä kann nur durch ä, ha bezeichnet werden. — Sie schreiben: äh.

Ein gedehntes ö kann nur durch ö, ha bezeichnet werden. — Sie schreiben: öh.

Ein gedehntes ü kann nur durch ü, ha bezeichnet werden. — Sie schreiben: üh.

L. Kehrt es jetzt um und gebt die Bedeutung eines jeden der aufgeschriebenen Zeichen an!

K.	a, ha (ah)	bezeichnet	ein	gedehntes	a.
	a, a (aa)	—	auch ein	—	a.
	e, ha (eh)	—	ein	—	e.
	e, e (ee)	—	auch ein	—	e.
	o, ha (oh)	—	ein	—	o.
	o, o (oo)	—	auch ein	—	o.
	i, ha (ih)	—	ein	—	i.
	i, e (ie)	—	auch ein	—	i.
	u, ha (uh)	—	ein	—	u.
	ä, ha (äh)	—	—	—	ä.
	ö, ha (öh)	—	—	—	ö.
	ü, ha (üh)	—	—	—	ü.

Bei denjenigen Lauten, welche ein doppeltes Dehnungszeichen haben, darf man nun nicht willkührlich von beiden nehmen, welches man wolle, sondern in manche Wörter unserer Sprache ist eines, in andere derselben das andere eingeführt, und es wird für einen Fehler erachtet, wenn man nicht das rechte erwählt. Noch schwieriger wird die Sache dadurch, daß man die Dehnung eines Lautes überhaupt nicht überall bezeichnet, auch da nicht, wo es der Deutlichkeit wegen durchaus nothwendig wäre, d. h. in Sylben, welche sich auf eine Lautbestimmung endigen (war, schon, mir), und daß man auf der andern Seite wieder Dehnungszeichen setzt, wo sie eigentlich nicht erforderlich wären, d. h. in Sylben, welche sich auf einen Laut endigen (die, oh-ne, fah-ren, Wie-se). Man muß also beim Schreiben der Wörter, welche eine Bedeutung haben, wissen, ob ein Dehnungszeichen zu setzen sei oder nicht, und wenn ein solches zu setzen ist, welches der gebräuchlichen man zu setzen habe. Das Meiste hierüber kann nicht durch Regeln, sondern nur durch Uebung erlernt werden. Wir kommen indessen auf diesen Gegenstand späterhin noch einmal zurück, und wollen uns dann mit den, freilich nur ungenügenden, Kennzeichen näher bekannt machen, welche das richtige Setzen der Dehnungszeichen nach dem herkömmlichen Gebrauche uns allenfalls erleichtern können.

40.

Wenn in allen den Sylben, die sich auf eine Lautbestimmung endigen, die Dehnung auf die bisher angegebene Art angezeigt würde, so bedürfte es gar keines besonderen Zeichens, um die Stoßung eines Lautes anzuzeigen, da überall, wo in Sylben dieser Art ein Dehnungszeichen nicht vorhanden wäre, die gestoßene Aussprache eintreten müßte. Da nun jenes aber nicht der Fall ist, sondern es gar viele Ausnahmen gibt, wo die Dehnung nicht bezeichnet wird, so hat man für manche Wörter noch ein besonderes Zeichen eingeführt, wodurch man andeutet, daß der Laut in einer Sylbe gestoßen ausgesprochen werden soll, und nennt dieses ein Stoßungszeichen. Es geschieht dies dadurch, daß man das Zeichen der folgenden Lautbestimmung doppelt setzt, z. B. denn, wenn. In diesen Wörtern soll man bei dem doppelten Buchstaben en den Zungen-Nasen-Halblaut nicht zweimal aussprechen, sondern er soll nur ein Zeichen sein, daß man den Laut e in dieser Sylbe gestoßen auszusprechen hat. Statt des doppelten ka setzt man in solchen Fällen ein besonderes Zeichen ck (ck), welches man ceka nennt. Nur wenn solche doppelte Bestimmungszeichen am Ende der Wörter stehen, können sie als bloße Stoßungszeichen betrachtet werden, da die ihnen entsprechenden Lautbestimmungen dann nur einmal ausgesprochen werden, z. B. gott, komm, schiff, fall, sinn, glück. Wenn sie aber in der Mitte der Wörter zwischen zwei Lautzeichen stehen, so werden bei ihnen auch zwei Lautbestimmungen ausgesprochen, die erste zur vorangehenden, die zweite zur nachfolgenden Sylbe; da aber der vorhergehende Laut doch immer gestoßen ausgesprochen wird, und der Lesende sich nach ihnen richten kann, um die Laute richtig auszusprechen, so können sie doch auch in diesem Falle mit Recht Stoßungszeichen genannt werden, z. B. hof-fen, bit-ten, fallen, kommen, nennen, essen, harren, backen, schicken. Unter welchen Umständen und Bedingungen nach dem herkömmlichen Schreibegebrauche solche Doppelbuchstaben gesetzt werden müssen, soll in der Folge ausführlicher gelehrt werden.

Zweites Kapitel.

Eingeführte Zeichen für die einfachen Lautbestimmungen.

41.

Nach dem Vorhergehenden (§. 24.) sind zur Bezeichnung sämmtlicher Lautbestimmungen überhaupt 20 Buchstaben oder Bestimmungszeichen erforderlich. Diese Anzahl wird aber durch den doppelten Umstand abgeändert, daß

a) nicht alle einfachen Lautbestimmungen ein entsprechendes Zeichen haben und also Buchstaben mangeln;
b) manche Sprachtöne mehr als Ein Zeichen haben und also überflüssige Buchstaben vorhanden sind.

42.

Der sanfte Zungen-Kehlhauch kommt in Wörtern der Deutschen Sprache fast gar nicht vor. Man findet ihn nur in einigen Wörtern der niedern Mundarten, mit denen man am gewöhnlichsten ein Geräusch, das diesem Sprachton ähnlich klingt, nachahmen will, die aber in der edlern Schriftsprache gar nicht gebraucht werden (einbuʒen, wuʒig); und außerdem in Wörtern, die aus einer fremden, besonders aus der französischen Sprache herkommen, wo er dann mit g oder j bezeichnet ist (Page, Fourage, Jabot). Aus diesem Grunde gibt es auch in unserer Schrift für diesen Sprachton keinen Buchstaben, denn der bisher gebrauchte (ʒ) ist von eigener Erfindung. In fremden Wörtern behält man die Buchstaben bei, mit welchen sie in fremden Sprachen geschrieben werden, also j und g; und in den wenigen vorhingenannten niedrig klingenden Wörtern, wenn man ja genöthigt ist, sie aufzuschreiben, pflegt man in Ermangelung eines anderen Buchstaben, das Zeichen des scharfen Zungen-Kehlhauchs sch dafür zu nehmen, obgleich der Gebrauch zu einer falschen Aussprache verleitet, z. B. einbuschen, wuschig.

Eben so wenig hat die Deutsche Schrift einen Buchstaben für den Kehlhalblaut, den wir bisher durch den selbsterfundenen Buchstaben ŋ bezeichnet haben. Da dieser Sprachton mit dem Zungen-Nasenhalblaut n große Aehnlichkeit hat, so hat man dessen Zeichen, den Buchstaben en, auch für den Kehlhalblaut angewandt, und hat dies um so leichter thun können, da der Kehlhalblaut im Deutschen nie anders gehört wird, als vor dem sanften Kehlhauche oder sanften Kehlschlusse g und vor dem scharfen Kehlschlusse k. Wenn man daher den Buchstaben en vor den Buchstaben ge und ka stehen sieht, so muß man bei ihm fast immer den Kehlhalblaut sprechen. Ueber einige wenige Ausnahmen von dieser Regel soll in der Folge gesprochen werden.

43.

Wenn uns so in der Deutschen Sprache zwei Buchstaben fehlen, die zur vollständigen Bezeichnung alles Gesprochenen eigentlich nothwendig wären, so tritt auf der andern Seite wieder ein Ueberfluß dadurch ein, daß man für einige Sprachtöne mehr als einen Buchstaben hat. Stände es hiebei in der Willkühr des Schreibenden, von den mehren Buchstaben, welche ihm zu Gebote stehen, zu wählen, welchen er wollte, so wäre damit für den Schreibenden und Lesenden zwar etwas Unnöthiges, aber doch eben keine erhebliche neue Schwierigkeit eingetreten, indem es blos darauf ankäme, sich mit der Bedeutung eines neuen Zeichens bekannt zu machen. Dies ist aber keinesweges der Fall. Der Schreibende darf nicht willkührlich das eine oder das andere Zeichen setzen, sondern er soll in bestimmten Wörtern das eine und in anderen Wörtern das andere setzen, und jede Verwechselung derselben wird ihm als ein Fehler angerechnet. So wird er genöthigt, sich ganze zahlreiche Reihenfolgen von Wörtern zu merken, die mit dem einen oder dem andern Buchstaben geschrieben werden, und dieser Ueberfluß an Zeichen ist der Hauptgrund, wodurch das sogenannte Rechtschreiben erschwert wird. — Solche überflüssigen Zeichen haben nun besonders der scharfe Lippenhauch f und der scharfe Zungenhauch ß.

Für den scharfen Lippenhauch f haben wir bisher immer den Buchstaben ef gebraucht. Es gibt aber noch einen zweiten Buchstaben vau (v), der in Wörtern Deutschen Ursprunges für eben diesen Sprachton gebraucht und also ganz gleich mit ef ausgesprochen wird. Beide Buchstaben begründen durchaus keine Verschiedenheit der Aussprache und können daher auch an keiner verschiedenen Aussprache unterschieden werden; sondern es ist lediglich Sache der Uebung, zu wissen, wo jeder derselben hingehöre — Faden, Vater; Feile, Veilchen. — Ja, wir haben noch ein drittes Zeichen für den scharfen Lippenhauch, welches aber glücklicherweise jetzt nur noch in Wörtern, die aus einer fremden Sprache herkommen, gebraucht wird. Indem man in der Lateinischen Sprache dem Zeichen des scharfen Lippenhauches pe noch das Zeichen des freien Hauches ha hinzufügte (ph), wollte man dadurch den scharfen Lippenhauch bezeichnen und wählte also für einen einfachen Sprachton ein zusammengesetztes

setztes Zeichen. Diese Bezeichnungsart hat man auch in die Deutsche Sprache herübergenommen und hat dadurch noch ein drittes Zeichen für den scharfen Lippenhauch erhalten, welches man nach seiner Zusammensetzung peha nennt und ganz gleich mit dem ef oder vau ausspricht. Da man es jetzt aber nur noch in fremden Wörtern anwendet, so ist es allemal ein Zeichen von dem fremden Ursprunge eines Wortes. — Phantasie, Philosoph, Joseph.

Wenn man den scharfen Zungenhauch ß am Ende eines Wortes hört, so wird er nicht immer, ja nur in der Minderzahl solcher Wörter, durch den Buchstaben eszett (ß) bezeichnet; noch häufiger bezeichnet man ihn vielmehr durch einen besondern Buchstaben (s), welcher zwar auch es, aber zum Unterschiede von dem Zeichen des sanften Zungenhauches, dem sogenannten längen es (ſ), das kurze oder krause es, auch End-es, genannt wird. In vielen Wörtern läßt sich nachweisen, daß dieser Buchstabe ursprünglich eigentlich bestimmt gewesen ist, den sanften Zungenhauch, so wie ſ, zu bezeichnen, und daß man hier nur für denselben den scharfen deswegen ausspricht, weil es überhaupt Gewohnheit in der Deutschen Aussprache ist, statt der sanften Lautbestimmungen am Ende der Wörter scharfe auszusprechen, daher bei einer Verlängerung solcher Wörter auch sogleich wieder der sanfte Zungenhauch ausgesprochen und statt des kurzen es (s) dann das lange es (ſ) gesetzt wird — los, löſen; gras, graſen; maus, maüſe. — In andern Fällen ist eine solche Nachweisung nicht zu führen, da sich keine solche Verlängerung mit dem Worte vornehmen läßt, und man ist eben so berechtigt, das s für ein Zeichen des scharfen Zungenhauches zu erklären — was, das, rechts, gutes. — Hienach kann also das s als ein zweites Zeichen sowohl für den scharfen, als für den sanften Zungenhauch betrachtet werden, welches aber nur am Ende der Wörter gesetzt, und deswegen immer scharf ausgesprochen wird, auch da, wo es eigentlich den sanften Zungenhauch vertreten soll.

Nach einer besonderen Eigenthümlichkeit der hiesigen Aussprache wird bei uns (in Pommern) der sanfte Kehlschluß fast gar nicht, sondern dafür gewöhnlich der sanfte Kehlhauch gesprochen. Dadurch werden für den sanften Kehlhauch zwei Buchstaben gewonnen, j und g, welche nun in vielen Fällen ganz gleich ausgesprochen werden. Da der sanfte Kehlhauch auf zwei verschiedene Arten ausgesprochen werden kann (§. 20.), von denen der hintere sanfte Kehlhauch wegen seiner Bildung dem sanften Kehlschlusse näher verwandt ist, als der andere; so läßt sich im Allgemeinen annehmen, daß bei dem Buchstaben g mehr der hintere, bei dem Buchstaben j mehr der vordere sanfte Kehlhauch gesprochen wird. Jedoch kann dieser Unterschied nicht überall genau beobachtet werden, da nach den am angeführten Orte gemachten Bemerkungen es größtentheils von den in der Sylbe befindlichen Lauten abhängt, ob man den hinteren oder vorderen sanften Kehlhauch spricht. Bei j spricht man unter allen Umständen nur den vorderen sanften Kehlhauch; bei g wird in Verbindung mit den Lauten a, o und u der hintere (sagt, logt; Gott, gut), mit e, i, å, ö, ü der vordere sanfte Kehlhauch ausgesprochen (liegt, trægt, mögt; gib, getragen, gæhren). — In andern Gegenden Deutschlands spricht man bei dem Buchstaben g, der ursprünglichen Bestimmung desselben gemäß, immer den sanften Kehlschluß aus.

Drittes Kapitel.

Eingeführte Bezeichnung mehrfacher Lautbestimmungen.

44.

L. In einer frühern Zeit (§. 31.) habe ich es euch als einen Gegenstand der Selbstbeschäftigung aufgegeben, die in der Deutschen Sprache vorkommenden mehrfachen Vorbestimmungen und Nachbestimmungen aufzusuchen. Gebt mir jetzt diejenigen an, welche ihr gefunden habt, und belegt jede derselben mit einigen Deutschen Wörtern, worin sie vorkommt! Wir wollen alle, welche jeder von euch aufgeschrieben hat, angeben lassen und mit einander vergleichen, und dadurch zu einer möglichst vollständigen Sammlung aller mehrfachen Lautbestimmungen zu gelangen suchen. — Zuvörderst gebt sämmtliche aufgefundenen mehrfachen Vorbestimmungen an, und unter ihnen wieder zuerst die zweifachen!

K. 1) fl — flūr, flieht.
2) fr — frei, fromm.
3) schp — schpāß, schpūr.
4) scht — schtuhl, schtamm.

L. Ihr habt die beiden letzteren Lautbestimmungen ganz recht nach unserer hiesigen Aussprache bezeichnet. Merkt euch indessen, daß man nicht in allen Gegenden so spricht, wie wir. In andern Landschaften Deutschlands (Westphalen rc.) spricht man nämlich statt des scharfen Zungen-Kehlhauches hier den scharfen Zungenhauch aus. Sprecht und schreibt nach dieser Aussprache die beiden vorhin angeführten zweifachen Vorbestimmungen und die dabei angegebenen Sylben und Wörter!

K. 3) ßp — ßpāß, ßpūr.
4) ßt — ßtuhl, ßtamm.

L. Den scharfen Zungenhauch (ß) hört man nur in wenigen Fällen zu Anfange der Wörter, und daher ist es gewöhnlich geworden, den Buchstaben eszelt, der ihn bezeichnet, nie zu Anfange der Wörter zu setzen. In den wenigen Fällen, wo man also den scharfen Zungenhauch zu Anfange der Wörter hört, bezeichnet man ihn durch das kürzere und leichtere Zeichen des sanften Zungenhauches, das sogenannte lange es, so wie ihr denn überhaupt in der Folge noch mehre Fälle kennen lernen werdet, wo man den scharfen

Zungenhauch durch den Buchstaben es bezeichnet. Sprecht jetzt diese Lautbestimmungen und die dazu gehörigen Sylben noch einmal, und wendet beim Niederschreiben das es zur Bezeichnung an!

K. 3) ſp — ſpāß, ſpūr.

4) ſt — ſtuhl, ſtamm.

L. Auf diese letztere Art werden diese doppelten Vorbestimmungen nach allgemeinem Gebrauche geschrieben, obgleich wir bei uns so sprechen, als wenn ſchp und ſcht da stände. Wenn also diese doppelten Vorbestimmungen künftig vorkommen, so wählt allemal die zuletzt angegebene Bezeichnungsart, ſp und ſt. — Fahrt nun fort, die übrigen von euch aufgefundenen doppelten Vorbestimmungen anzugeben und mit den nöthigen Beispielen zu erläutern!

K. 5) ſchw — ſchweiß, ſchwamm.

6) ſchm — ſchmuck, schmecken.

7) ſchn — ſchnitt, ſchnur.

8) ſchl — ſchlag, ſchlimm.

9) ſchr — ſchrieb, ſchrei.

10) chr — a-*chro*-ma-tisch (von den Fernröhren gebraucht).

11) wr — wrack.

12) pf — pfahl, pfeil.

13) pß — pßalm.

L. Auch hier setzt man statt eszett immer ein langes es. Sprecht also noch einmal eben so, aber ändert die Schreibart hienach ab, und fahrt dann weiter fort!

K. 13) pſ — pſalm.

14) pl — plān, plün-dern.

15) pr — pracht, prunk.

16) tß — tßahn, tßu. — Vielleicht wird auch hier wieder statt des eszet ein es gesetzt, wie bei pſ — also 16) tſahn, tſu.

L. Ihr habt allerdings Ursache, dies nach dem Vorhergehenden zu vermuthen, da ein scharfer Schluß voraufgeht und nach einer scharfen Lautbestimmung der Zungenhauch sich fast gar nicht sanft sprechen läßt, sondern sogleich in den scharfen übergeht. — Indessen hat hier der Schreibegebrauch noch etwas Anderes eingeführt, was eine etwas ausführlichere Erörterung verlangt. — Sprecht einmal den scharfen Zungenschluß und den scharfen Zungenhauch einzeln!

K. sprechen: t, ß.

L. Sprecht sie jetzt unmittelbar hinter einander, ohne zwischen her abzusetzen, und merkt darauf, ob sie leicht oder schwer mit einander verschmelzen!

K. sprechen: tß. — Sie verschmelzen so leicht mit einander, daß sie fast wie ein einfacher Sprachton anzuhören sind.

L. Ganz recht. Es gibt keine zwei Lautbestimmungen, die so ganz mit einander zu Einem Tone verschmelzen, als diese beiden. Wenn man auf die Bildung beider Sprachtöne merkt, so wird man leicht den Grund hievon erkennen. — Beim scharfen Zungenschlusse t hält man die Zungenspitze dicht an den Vordergaumen und drängt die Luft gegen die Zunge an, welche den Ausgang der Luft aus der Mundöffnung verhindert. Senkt man nun die Zungenspitze aus dieser Lage plötzlich so weit hernieder, daß eine weite Oefnung entsteht, so erzeugt sich der kurz abgebrochene etwas knallende Ton, welchen wir den scharfen Zungenschluß genannt haben und t' bezeichnen wollen (das Häkchen oben soll das Hörbare an diesem Tone bezeichnen). Senkt man aber die Zungenspitze nur so wenig, daß eine enge Oefnung entsteht, durch welche sich die Luft mit einem zischenden Geräusche hindurchdrängen muß, so hört man unmittelbar nach der Eröffnung den scharfen Zungenhauch, an welchem jedoch der voraufgegangene Schluß mit vernommen wird, tß. Man ist daher mit Recht darüber zweifelhaft gewesen, ob man das, was hiebei gehört wird, einen einfachen oder einen zusammengesetzten Sprachton nennen wolle, und selbst verschiedene Sprachlehrer erklären sich verschieden darüber. Die Wahrheit ist, daß sich beides mit ganz gutem Fuge behaupten läßt. — Es ist nicht zu leugnen, daß der vollständige scharfe Zungenschluß und eben so auch der vollständige scharfe Zungenhauch in diesem Sprachtone vorhanden ist, nur daß bei der Aussprache der Aufschluß des Zungenschlusses nicht wie gewöhnlich hörbar wird, sondern statt desselben unmittelbar der scharfe Zungenhauch vernommen wird. Eben dies geschieht aber auch, wenn ich z. B. die Sylbe ta ausspreche, denn dabei wird ebenfalls der Aufschluß gar nicht besonders hörbar, sondern man hört unmittelbar nach der Eröfnung den Laut a. Mit demselben Rechte, mit welchem man nun die Sylbe ta für einen zusammengesetzten Sprachton erklärt, wird man also auch den Ton tß für einen zusammengesetzten Sprachton erklären und daher mit zwei Buchstaben bezeichnen können. — Auf der andern Seite ist eben so wenig zu leugnen, daß die Bildung dieses Sprachtones auf eben so einfache Art geschieht, als die Bildung des scharfen Zungenschlusses, denn es gehört dazu nichts als ein Herabsenken der vorher angedrückt gewesenen Zungenspitze, und zwar wird sie noch weniger gesenkt, wenn man tß als wenn man t' spricht; daher sich auch tß durchaus wie ein einfacher Sprachton anhört, und der Lernende wohl immer geneigter sein wird, es für einen einfachen als für einen zusammengesetzten Sprachton zu nehmen. Nur vergesse man dabei nicht, daß man dann aber auch ein eben so volles Recht hat, die Töne, welche auf die Buchstabenverbindungen pf und kch anzugeben sind, für einfache Sprachtöne zu erklären; denn bei ihnen schließt sich auf ganz gleiche Weise an den ausgesprochenen scharfen Lippen- oder Kehlschluß unmittelbar nach der Eröfnung der scharfe Lippen- oder Kehlhauch an, ohne daß der Aufschluß zwischen beiden besonders gehört wird.

Bei der Aufstellung unserer Schriftzeichen hat man auch vorzüglich die Einfachheit der Bildung ins Auge gefaßt und hat daher für den als einfach gedachten Sprachton tß einen einfachen Buchstaben unter die Zahl unserer übrigen Buchstaben aufgenommen, welcher diese Form (z) hat und zet genannt wird. (Uebung im Schreiben dieses neuen Buchstaben). — Schreibt nun die vorhin von euch angeführten Sylben mit diesem Buchstaben und fügt noch einige andere hinzu!

K. 16) z — zahn, zu, zaum, zorn, zank, ziel.

L. Wo man den ofterwähnten Sprachton als Vorbestimmung hört, bezeichnet man ihn allemal und ganz unbedenklich mit dem Buchstaben zet. Wenn er dagegen als Nachbestimmung gehört wird, so gibt es Fälle genug, wo er durch zwei Buchstaben ts bezeichnet wird, ohne daß man in der Aussprache einen Unterschied macht, noch machen kann. In den Wörtern stets und Reiz klingt der Schluß der Sylbe durchaus völlig gleich, obwohl die Bezeichnung verschieden ist. Wo die eine oder die andere Bezeichnungsart anzuwenden ist, soll in der Folge gelehrt werden.

Ehe wir in unserer Untersuchung weiter gehen können, muß ich euch noch mit einem andern Buchstaben bekannt machen, der in manchen Fällen zur Bezeichnung desselben Sprachtons ebenfalls gebraucht wird. Er hat diese Form (c) und heißt ce. Es hat jedoch dieser Buchstabe in unserer Schrift eine zweifache durchaus verschiedene Bestimmung. — In manchen Fällen bezeichnet er den scharfen Kehlschluß, welchen wir sonst gewöhnlich mit ka bezeichnen, und daher habt ihr diesen Buchstaben auch schon in dem Zeichen ck, welches mit einem doppelten ka gleichbedeutend ist, kennen gelernt, wo er wirklich die Stelle eines ka vertritt; und daher nannten wir jenes Zeichen auch ceka. So wird dieser Buchstabe ausgesprochen vor den Lautzeichen a, o, u, ü (Carl, Conrad, Cur, Cüstrin) — vor den Bestimmungszeichen l, r, n (Clavier, Cramer, Cnejus) — und wenn es am Ende der Sylben Zeichen einer Nachbestimmung ist (Bäc-ker, Doc-tor, Oc-tober). — In andern Fällen bezeichnet es den scharfen Zungenschluß, auf welchen unmittelbar der scharfe Zungenhauch folgt, und ist also dann mit zet ganz gleichbedeutend. Dies geschieht vor e, i und ä immer (Ceder, Citrone, Ceilon, Cæsar) — vor ö wird das ce bald wie ka, bald wie zet gesprochen (Cölu, Cöslin; Cölius, Cölestin). — Es ist indessen unter den Deutschen schon jetzt ein offenbares Bestreben, diesen überflüssigen Buchstaben aus unserer Sprache in solchen Wörtern ganz zu verdrängen, die entweder ächt Deutschen Ursprunges sind, oder doch schon das äußere Ansehn Deutscher erhalten (das Deutsche Bürgerrecht erlangt) haben, und ihn den Umständen gemäß mit ka oder zet zu vertauschen. In vielen Wörtern ist dies schon geschehen, als: kan-zel, kloster; prozeß, offizier. Meistentheils behält man ihn, mit Ausnahme von ck, nur in solchen Wörtern noch bei, welche wegen ungewöhnlicher Endungen oder sonstiger Auszeichnung in ihrer Form noch ein fremdartiges Ansehn haben, als: collegium. — Fahrt nun fort, die aufgefundenen zweifachen Vorbestimmungen weiter anzugeben!

K. 17) tr — traum, trank.

18) kß — kßer — kßes. — Auch hier wird vielleicht statt des eszet ein langes es zu setzen sein, wie bei pſ; da wieder ein scharfer Schluß vorhergeht.

L. Die beiden Sprachtöne k und ß verschmelzen ebenfalls sehr leicht zu einem scheinbar einfachen Sprachtone. Versucht es einmal! Sprecht erst beide abgesondert, und verbindet sie dann so unmittelbar mit einander, als es euch nur möglich sein wird!

K. sprechen erst: k, ß — dann: kß.

L. Die Verschmelzung geschieht zwar nicht so innig als bei tß oder z, da diese beiden, k und ß, an verschiedenen Stellen der Mundhöhle gebildet werden, der erste bei der Zungenwurzel und dem Hintergaumen, der andere bei der Zungenspitze und dem Vordergaumen; aber wegen der großen Beweglichkeit der Zunge kann man doch die Zunge dem Vordergaumen so schnell nahe bringen, daß sogleich, nachdem der Aufschluß des Kehlschlusses gemacht ist, auch schon das Zischen des scharfen Zungenhauches gehört wird, ohne daß man noch etwas anderes dazwischen vernimmt. Aus diesem Grunde hat man in anderen Sprachen auch für diese beiden verbundenen Sprachtöne nur ein einfaches Zeichen gewählt, und dieses ist auch in die Deutsche Sprache aufgenommen worden. Der Buchstabe hat diese Form (x) und heißt icks oder ix. Er findet sich als Vorbestimmung nur in wenigen Wörtern, besonders Namen, die aus fremden Sprachen herübergenommen sind, als: xerxes, xanlippe. Als Nachbestimmung gebraucht man ihn jedoch auch noch in wenigen Wörtern, die ursprünglich Deutsch sind, als: hexe, kux — und in den fremden Wörtern: buxbaum, axt. Es ist zu wünschen, daß dieser überflüssige Buchstabe aus diesen wenigen Wörtern, wenigstens aus den ursprünglich Deutschen, nach und nach entfernt werde, und so allenfalls nur noch als ein Zeichen für den fremden Ursprung gewisser Wörter übrig bleibe. Uebrigens gibt es auch im Deutschen viele Wörter, wo dieselben Sprachtöne mit zwei Buchstaben bezeichnet werden, z. B. wachs, glücks, fuchs, danks. Wo das eine oder das andere geschehen müsse, sollt ihr künftig genauer erlernen. Jetzt sprecht diese Sprachtöne noch einmal aus und schreibt die dazu gefundenen Wörter mit Anwendung des neuen Buchstaben auf! Dann fahrt mit Anwendung der aufgefundenen mehrfachen Vorbestimmungen weiter fort!

K. 18) x — xerxes, xantippe.
19) kn — knabe, knäuel.
20) kl — klein, klettern.
21) kr — krumm, kraus.
22) kw — kwāl, kwelle.

L. Die beiden Sprachtöne, welche ihr hier angegeben habt, kommen ziemlich häufig in Wörtern der Deutschen Sprache zu Anfange derselben vor. Sie werden aber nach einer alt hergebrachten Gewohnheit nie mit den beiden Buchstaben kw bezeichnet, sondern man hat dafür einen eigenen Buchstaben, welcher dann stets mit dem u verbunden wird. Dieser neue Buchstabe hat folgende Form (q) und heißt ku. Man findet ihn im Deutschen nie allein, sondern immer mit dem Lautzeichen u verbunden. Sie bezeichnen dann beide zusammen den scharfen Kehlschluß, auf welchen unmittelbar der sanfte Lippenhauch folgt, ohne daß man gerade sagen könnte, daß der eine den scharfen Kehlschluß und der andere den sanften Lippenhauch bezeichne. — Wenn ihr sie beide hinter einander und dann wieder so nahe als möglich verbunden aussprecht (K. sprechen erst: k, w — dann: kw), so werdet ihr finden, daß sie nicht so unmittelbar mit einander verschmelzen, als die vorigen Verbindungen von Sprachtönen tß und kß. Dies fühlte man, und darum hat man sie nicht, wie jene, mit einem einfachen Buchstaben, sondern mit zwei Buchstaben bezeichnet, die aber nur in solcher Verbindung diese beiden verbundenen Sprachtöne darstellen. Uebrigens werden letztere überall, wo sie vorkommen, durch qu bezeichnet; doch finden sie sich ursprünglich nur zu Anfange der Wörter, und nur durch einen Wachsthum des Wortes vorne können sie in die Mitte der Wörter kommen; z. B. quälen, zerquälen; quell, brunnquell. — Wiederholt nun diese zweifache Vorbestimmung mit den ihr zugehörigen Sylben, schreibt sie auf mit Anwendung des neuen Buchstaben; und fahrt dann fort in der Angabe der aufgefundenen zweifachen Vorbestimmungen!

K. 22) qu — quāl, quelle.
23) bl — blind, blau.
24) br — breit, braun.
25) dr — druck, drei.
26) gn — gna-de, gnur-ren.
27) gl — gleich, glimmen.
28) gr — grōß, grūn.
29) ſk (ſt: ßk) — ſkorpion.
30) ſl (ſt. ßl) — ſlave.

31) ſm (ſt. ßm) — ſmaragd.

32) dn — dnieper.

45.

L. Gebt jetzt eben ſo die aufgefundenen dreifachen Vorbeſtimmungen an!

K. 1) ſchtr — ſchtreu, ſchtraße nach unſerer Ausſprache — aber
ſtr — ſtreu, ſtraße nach dem eingeführten Schreibegebrauche.

2) ſchpr — ſchpruch, ſchprung nach unſerer Ausſprache — aber
ſpr — ſpruch, sprung nach dem Schreibegebrauche.

3) ſkl (ſt. ßkl) — ſklave (muß nicht ſchkl — ſchklave geſprochen werden).

4) ſkr (ſt. ßkr) — ſkrupel (muß ebenfalls nicht ſchkr — ſchkrupel geſprochen werden).

5) ſchpl — ſchplitter nach unſerer Ausſprache — aber
ſpl — ſplitter nach dem Schreibegebrauche.

6) tßw — tßwär, tßwang, wofür aber nach §. 1. Nr. 16.
zw — zwär, zwang, zweck geſchrieben wird.

7) pfl — pflug, pflaume.

8) pfr — pfriem, pfropfen.

Es ergibt ſich hieraus, daß der ſcharfe Zungen-Kehlhauch ſch, wenn wir ihn als Vorbeſtimmung vor dem ſcharfen Lippenſchluſſe und ſcharfen Zungenſchluſſe, p und t, ſprechen, nie durch esceha, ſondern allemal durch ein langes es bezeichnet wird.

46.

L. Da ihr außer den bisher angegebenen mehrfachen Vorbeſtimmungen keine anderen anzugeben wißt und auch ich keine weiter hinzuzufügen weiß, so wollen wir jetzt zur Aufzählung der mehrfachen, und zwar zuförderst der zweifachen Nachbestimmungen übergehen.

K. 1) ſß — hoſß, brieſß.

L. Ihr habt früher gesehen, daß es für den scharfen Zungenhauch ß, wenn er am Ende eines Wortes gehört wird, noch einen andern Buchstaben gibt, das sogenannte kurze es oder End-es. Der Buchstabe eszet kann zwar auch am Ende der Wörter gesetzt werden, steht aber dann nur nach einem Lautzeichen (haß, muß; groß, ſpaß); nach einem Bestimmungszeichen wird der scharfe Zungenhauch am Ende immer mit einem kurzen es (s) bezeichnet. Da wir hier nur zusammengesetzte Nachbestimmungen aufführen wollen, so wird hier vor dem scharfen Zungenhauche gewiß immer eine Lautbestimmung voraufgehen, und ihr könnt während der Dauer dieser Uebung den scharfen Zungenhauch am Ende immer mit einem kurzen es bezeichnen. Thut dies also sowohl jetzt, als bei den folgenden mehrfachen Nachbestimmungen!

K. 1) fs — hofs, briefs.

2) ft — oft, luft.

3) ßp — knoßp', weßp'.

L. Diese Lautbestimmung kommt nur vor, wenn ein Wort durch das Wegfallen eines e, welches hier durch ein Häkchen angezeigt ist, eine Abkürzung erfahren und eine Sylbe verloren hat. Statt des eszet wird hier ein langes es gesetzt, weil ein langes es, wenn es mit Buchstaben zusammengesetzt ist, welche scharfe Lautbestimmungen bezeichnen, gewöhnlich auch scharf ausgesprochen wird. Aendert also die Schreibung hienach ab!

K. 3) ſp — knoſp', weſp'.

4) ßt — ißt, laßt.

L. Bei dieser zweifachen Nachbestimmung sind beide Bezeichnungsarten im Gebrauche, ßt und ſt. — ßt wird gebraucht, wenn sich eine Zusammenziehung aus einem Worte nachweisen läßt, welches eine Sylbe mehr hatte und worin der scharfe Zungenhauch einfach oder doppelt gehört wurde — ißt, faßt, laßt sind zusammengezogen aus isset, fasset, lasset von den Wörtern essen, fassen, lassen, wobei man dann den scharfen Zungenhauch doppelt hört; und sie werden daher mit ßt geschrieben; — spaßt und heißt sind zusammengezogen aus spaßet, heißet, worin man zwar auch den scharfen Zungenhauch, aber nur einfach, hört; sie werden aber deswegen doch eben so gut mit ßt geschrieben. Hingegen für die Wörter ist (er ist groß), last (Bürde), fast (beinahe), geist, hast ꝛc. läßt sich eine solche Zusammenziehung nicht nachweisen, und daher werden sie mit st geschrieben. — Schreibt also diese zweifache Nachbestimmung auf beide Arten und fügt die angeführten Beispiele hinzu!

K. 4) ßt — ißt, laßt, faßt, haßt (st. hasset).

5) st — ist, last, fast, hast, geist, nest.

L. Es gibt eine dritte Schreibung für diese zweifache Nachbestimmung. Wenn sich nämlich eine Zusammenziehung aus einem Worte nachweisen läßt, welches noch eine Sylbe mehr hatte, und worin der sanfte Zungenhauch gehört wurde, so setzt man zwischen das lange es und te noch ein Häkchen zum Zeichen, daß dort ein e herausgefallen ist — s't. Eigentlich soll dann der Zungenhauch noch sanft ausgesprochen werden; er wird aber wegen des darauf folgenden scharfen Schlusses gewöhnlich doch scharf. — Schreibt auch diese zweifache Nachbestimmung auf, belegt sie mit einigen Beispielen und geht dann weiter!

K. 6) s't — bläs't, reis't, lös't.

7) chs — dachs (von Dach), loch's (von loch). — Vgl. auch Nr. 58. über eine andere Aussprache dieser Buchstaben.)

8) cht — macht, dicht, recht.

9) scht — löscht, mischt, heischt.

10) ms — wams, lamms, nimms.

11) mp — plump.

12) mt — amt, lähmt, schämt.
13) md — hemd.
14) nf — hanf, senf.
15) ns — gans, hans, bins.
16) nch — manch, mönch.
17) nsch — mensch.
18) nt — lohnt, schont, versöhnt.

Die Kinder werden vielleicht auch als Beispiele hiebei aufführen: hant, hunt, runt. Hievon kann der Lehrer Gelegenheit nehmen, ihnen zu sagen:

L. Wenn ihr diese letzteren Wörter zu verlängern sucht, so hört ihr hände, hunde, runde. Daran erkennt ihr, daß hier eigentlich statt des scharfen Zungenschlusses der sanfte ausgesprochen werden sollte; man sollte also eigentlich sprechen: hand', hund', rund'. Zugleich fühlt ihr aber auch gewiß, daß es euch schwerer fällt, so zu sprechen, und dies um so mehr, je schneller ihr sprecht; ja daß, wenn man nicht recht aufmerksam auf sich selbst ist, der sanfte Zungenhauch ohne unsern Willen zu einem scharfen wird. Daher kommt es, daß man im Deutschen am Ende der Wörter fast gar keine sanften Lautbestimmungen ausspricht, sondern diejenigen, welche eigentlich sanft sein sollten, wie man aus der Verwandtschaft mit andern Wörtern sieht, doch scharf ausspricht. Dabei läßt man aber die Buchstaben, welche die Aussprache andeuten, wie sie eigentlich sein sollte, dennoch stehen. — Wie könnt ihr also die vorhin aufgeführte zweifache Nachbestimmung auch noch anders bezeichnen, und wo muß dies geschehen?

K. Sie kann auch mit nd bezeichnet werden, und dies muß da geschehen, wo eigentlich der sanfte Zungenhauch gesprochen werden sollte, der aber, weil er am Ende des Wortes seine Stelle hat, scharf geworden ist.

L. Wir wollen dies, weil hier ein anderer Buchstabe gebraucht wird, und weil die Aussprache doch eigentlich anders sein sollte, als eine besondere Nachbestimmung aufzählen. —

Schreibt sie jetzt nieder und belegt sie mit einigen Beispielen! Dann fahrt fort!

K. 19) nd — hand, hund, rund, wund, band.
20) nk — dank, sank, bank, wink.

Die Kinder werden hiebei vielleicht auch als Beispiele aufführen: rink, lank, dink. Dies gebe dem Lehrer Gelegenheit zu folgender Erläuterung:

L. Wenn ihr diese Wörter verlängert, so hört ihr ringen, lange, dinge, also nach unserer Aussprache den sanften Kehlhauch, wie er hinten an der Kehle gebildet wird. In anderen Gegenden spricht man dafür den sanften Kehlschluß aus, dessen Zeichen, wie ihr wißt, der Buchstabe ge ist. Aus den eben (bei Nr. 19) angeführten Gründen spricht man statt des sanften Kehlschlusses am Ende wieder den sanften Kehlschluß, und diese Aussprache ist auch bei uns dann gewöhnlich geworden, wenn der Buchstabe en voraufgeht, bei welchem dann aber der Kehlhalblaut ŋ gesprochen wird. — Wenn also diejenige zweifache Nachbestimmung, welche aus dem Kehlhalblaut ŋ und dem scharfen Kehlschlusse k besteht, sich bei der Verlängerung eines Wortes so umwandelt, daß dabei (wenigstens in unserer Gegend) statt des scharfen Kehlschlusses der sanfte Kehlhauch gehört wird, so muß der letztere Buchstabe nicht ka, sondern ge sein. Führt also auch diese zweifache Nachbestimmung als eine besondere auf, belegt sie mit Beispielen und geht dann weiter!

K. 21) ng — ring, lang, ding, sang (von singen), schwung.
22) ŋs — läŋs, riŋs.
23) ŋt — baŋt, fäŋt, häŋt, siŋt.

L. Ihr habt den Kehlhalblaut nicht anders als durch unser anfänglich gebrauchtes Zeichen auszudrücken gewußt, denn ein gewöhnliches en, durch welches der Kehlhalblaut (nach §. 42.) bezeichnet wird, würde zu einer falschen Aussprache verleitet haben. Nun wißt ihr aber, daß ŋ gar kein wirklich eingeführter Buchstabe ist, und wir dürfen ihn also nicht gebrauchen, wenn wir dem Schreibegebrauche folgen wollen. Wenn ihr aber auf den Ursprung dieser Wörter merkt, so findet ihr, daß läņs und riņs von lang und ring herkommen, welche verlängert lange und ringe lauten, und daß baņt statt banget, fäņt st. fänget, häņt st. hänget, siņt st. singet steht, daß also in jedem dieser Wörter auf den Kehlhalblaut der sanfte Kehlschluß folgt, welchen wir durch den Buchstaben ge bezeichnen. Dieses ge behält man hier im Schreiben noch bei, obgleich man nach geschehener Abänderung des Wortes den sanften Kehlschluß (oder den sanften Kehlhauch) gar nicht mehr hört. Aendert also auch hienach die Schreibung der beiden zuletzt angeführten zweifachen Nachbestimmungen und der zu ihnen gehörigen Beispiele ab; und geht dann weiter!

K. 22) ngs — längs, rings.
23) ngt — bangt, fängt, hängt, singt.
24) lf — hilf, wolf.
25) ls — als, hals.
26) lch — welch, solch, milch.

L. Der scharfe Kehlhauch am Ende kann auch aus dem sanften Kehlhauche entstanden sein. Da dieser letztere am Ende gewöhnlich durch ge bezeichnet wird, so kann obige Nachbestimmung auch mit lg bezeichnet werden, nämlich in denjenigen Fällen, wo bei der Verlängerung des Wortes nicht der scharfe, sondern der sanfte Kehlhauch gehört wird. Gebt also nun diese Bezeichnungsart an, belegt sie mit einigen Beispielen und fahrt dann weiter fort!

K. 27) lg — talg (talges).
28) lſch — falſch, welſch.
29) lm — halm, ſchelm.
30) ln — han-deln, winſeln.
31) lp — alp.
32) lb — kalb, halb — ist der Aussprache nach mit der vorigen gleich, aber im Schreiben und bei der Verlängerung verschieden. (Vgl. Nr. 18 u. 19.)

33) lk

33) lk — welk, schalk.

34) lt — alt, welt, schilt.

35) ld — geld, sold — der Aussprache nach mit der vorigen gleich, aber den Buchstaben nach und bei der Verlängerung verschieden.

36) rf — scharf, wirf.

37) rch — storch, horch, durch.

38) rg — sarg, werg, berg — der Aussprache nach mit der vorigen gleich, aber in Hinsicht auf den letzteren Buchstaben und bei der Verlängerung (särge, berge) verschieden. (Vgl. Nr. 26 und 27.)

39) rs — mars, vers.

40) rsch — morsch, barsch.

41) rm — warm, sturm.

42) rn — horn, dorn, wandern.

43) rl — karl, kerl.

44) rt — ärt, hart, wort.

45) rd — mord, wird — der Aussprache nach mit der vorigen gleich, aber in Hinsicht auf den letzten Buchstaben und bei der Verlängerung (mordes, werden) verschieden. Vergl. Nr. 18 und 19.)

46) rk — stark, werk, mark.

47) rb — korb, erwirb — wird ausgesprochen, als wenn rp da stände, bei der Verlängerung hört man aber den sanften Lippenschluß.

48) pf — kopf, zopf.

49) ps — gips, schöps.

50) bs — gib's, krebs — ist der Aussprache nach der vorigen gleich, weil der sanfte Lippenschluß in Verbindung mit der darauf folgenden scharfen Lautbestimmung (s wie ß gesprochen) selbst scharf wird.

51) pt — haupt.

52) bt — lebt, habt, webt, gibt — der Aussprache nach mit der vorigen gleich, aus dem bei Nr. 50 angegebenen Grunde.

53) ts — (er) hat's, stets, (des) Boots.

L. Schon bei den Vorbestimmungen habt ihr erfahren, daß man diese beiden verbundenen Lautbestimmungen noch auf eine einfachere Art mit dem Buchstaben zet bezeichnen kann (§. 44. Nr. 16.). Diese Bezeichnungsart findet auch hier Anwendung und wir wollen sie daher besonders aufführen und mit einigen Beispielen belegen.

K. 54) z — reiz, geiz, kreuz.

L. Es gibt noch eine andere Art, diese zweifache Nachbestimmung zu bezeichnen, indem man nämlich die beiden Buchstaben te und zet in folgender Art mit einander verbindet: tz. (In gedruckten Büchern hat man für diese Verbindung zweier Buchstaben, welche ziemlich häufig vorkommt, ein besonderes Zeichen von dieser Form: tz, welches man auch tezet nennt.)

Die eigentliche Bestimmung dieses Zeichens geht dahin, anzuzeigen, daß der scharfe Zungenhauch doppelt und unmittelbar nach dem letzteren noch der scharfe Zungenhauch gesprochen werden soll — ttß. Dies kann aber nur in der Mitte eines Wortes zwischen zwei Lauten geschehen, wovon der erste ein gestoßener ist, z. B. Mütze, welches gesprochen wird wie Müt-tße, so daß der erste scharfe Schluß zur vorangehenden, der zweite nebst dem scharfen Zungenhauche zur nachfolgenden Sylbe gehört. So auch blitzen, hetzen, schützen &c. Wenn nun ein solches Wort durch eine Umänderung eine Sylbe verliert, so kommt dieses Zeichen an das Ende des Wortes zu stehen. Dort kann es nun zwar nicht mehr so gesprochen werden, daß der scharfe Zungenschluß verdoppelt wird; aber wegen der Verwandtschaft mit den erstgenannten Wörtern behält man doch das Zeichen unverändert bei, z. B. blitz, schutz. Ueberhaupt kann man als Regel annehmen, daß dieser Buchstabe zu setzen ist, wenn man am Ende des Wortes den scharfen Zungenschluß in Verbindung mit dem scharfen Zungenhauche hört und ein gestoßener Laut vorhergesprochen wird. Führt nun auch diesen Buchstaben als eine besondere zweifache Nachbestimmung auf und gebt einige Beispiele dazu an! Dann weiter!

K. 55) tz — satz, sitz, schatz, netz, blitz.

56) ds — lad's, leid's, Bad's — hier soll der vorletzte Sprachton zwar eigentlich der sanfte Zungenschluß sein. Wenn man aber nicht sorgfältig aufmerkt, so wird es auch hier leicht der scharfe Zungenschluß, besonders nach einem gestoßenen Laute; und dann klingt diese zweifache Nachbestimmung mit den drei vorigen gleich.

57) tsch — rutsch, kutsch'.

58) bsch — hübsch — wird wegen der scharfen Lautbestimmung am Schlusse wie psch gesprochen.

59) ks — straks.

L. Da bei dieser Lautbestimmung gewöhnlich ein gestoßener Laut vorhergeht, und man nach einem gestoßenen Laute nie ka, sondern immer ceka setzt, so wird sie gewöhnlich mit ck geschrieben. Aendert sie hienach ab!

K. 59) cks — stracks, glücks, drucks.

L. Bemerkenswerth ist hier noch, daß auch die Buchstaben chs, welche wir schon unter Nr. 7. gehabt haben, in vielen Wörtern wie ks oder cks ausgesprochen werden, z. B. wuchs, dachs (das Thier), lachs, ochs. — Auch der sanfte Kehlschluß g vor dem scharfen Zungenhauche (ß durch s bezeichnet) wird leicht zum scharfen Kehlschlusse, und die Buchstaben gs werden daher wie ks gesprochen, z. B. flugs (schnell). In andern Fällen spricht man dagegen bei diesem g einen Kehlhauch, der aber bei schneller Aussprache leicht zum scharfen wird. — Führt daher auch noch gs als eine besondere zweifache Nachbestimmung auf und gebt einige Beispiele für beide Arten der Aussprache an!

K. 60) gs wie ks — flugs.

gs wie chs — sag's, leg's; allenfalls auch wegs, stegs.

L. Außer den bisher angegebenen drei Bezeichnungsarten, ks oder cks, chs und gs, gibt es, wie ihr aus dem Vorhergehenden wißt (§. 44. Nr. 18.), für diese beiden verbundenen Lautbestimmungen noch einen einfachen Buchstaben, der sie beide zugleich bezeichnet, den Buchstaben ix, der aber nur in wenigen Wörtern, besonders in wenigen Wörtern Deutschen Ursprunges, vorkommt. Gebt diejenigen an, welche ihr wißt!

K. 61) x — kux, buxbaum.

62) kt — nakt, hakt.

L. Auch hier geht ein gestoßener Laut vorher, und daher werdet ihr nach Nr. 58. in den genannten Wörtern eine andere Bezeichnung anwenden müssen. Dagegen könnt ihr kt behalten, wenn ein gedehnter Laut vorhergeht. Unterscheidet beide Bezeichnungsarten als zwei besondere Lautbestimmungen und gebt zu jeder passende Beispiele an!

K. 62) kt — häkt.

63) ckt — nackt, hackt, lockt.

L. Noch kommen zwei zweifache Nachbestimmungen vor, welche mit Buchstaben auf folgende Art bezeichnet werden, gt und gd. In ersterer ist schon das Zeichen des scharfen Zungenschlusses; in letzterer wird das Zeichen des sanften Zungenschlusses doch scharf ausgesprochen, weil es am Ende des Wortes steht, nach Nr. 18. und 19. In beiden Fällen wirkt dies auf den vorhergehenden Sprachton zurück, und für das g wird hier nach unserer Aussprache der scharfe Kehlhauch ausgesprochen; beide klingen daher wie cht. Sucht Beispiele zu beiden!

K. 64) gt — legt, mögt, liegt, tagt.

65) gd — jagd, mägd.

In legt, mögt, liegt, tagt, magd scheint es zwar, als wenn wirklich der sanfte Kehlhauch darin ausgesprochen würde. Bei näherer Betrachtung zeigt sich aber, daß auch dies nur auf einer Täuschung beruht, die nur durch die Verlängerung des vorhergehenden gedehnten Lautes hervorgebracht wird, und daß hinter dem gedehnten Laute wirklich der scharfe Kehlhauch gesprochen wird.

47.

L. Gebt jetzt eben so die von euch aufgefundenen dreifachen Nachbestimmungen an!

K. 1) fſt oder ffſt — hofſt, ſchaffſt.
2) fts oder ffts — hofts, ſchaffts.
3) ſpt (wie ßpt) — knoſpt.
4) ſts oder ßts — iſts, haßt's.
5) ſchſt — heiſchſt.
6) ſchts — heiſchts, haſchts.
7) chſt — wachſt — wie kſt geſprochen in: wächſt.
8) chts — nachts, (des) lichts.
9) mſt oder mmſt — grämſt, nimmſt.
10) mpf — rumpf, dampf, ſumpf.
11) mpt — zer-lumpt, gepumpt.
12) mts — amts.
13) nfs — hanfs, ſenfs.
14) nft — ſanft, vernunft.
15) nſt oder nnſt — lohnſt, kunſt; kannſt, nennſt.
16) ncht — getüncht.
17) nſcht — wünſcht, entmenſcht.
18) nts oder nnts — belohnt's, nennt's, gönnt's.
19) nds (geſprochen wie nts) — eilends, nirgends.
20) nz (geſprochen wie nts; vergl. §. 44. Nr. 16.). — ganz, lenz, glanz.
21) nks — danks, winks.
22) nkt — dankt, lenkt, winkt.

23) ngſt (geſpr. wie ŋſt) — angſt, längſt, jüngſt.
24) ngts (geſpr. wie ŋſt) — bangts.
25) lfs — wolfs, ſchilfs.
26) lſt — hilft, beſchilft.
27) lſt oder llſt — mahlſt, ſollſt, willſt.
28) lchs — dolchs.
29) lcht — milcht.
30) lgs (wie lchs) — talgs.
31) lgt (faſt wie lcht) — folgt, ſchwelgt.
32) lſcht — verfälſcht.
33) lms — halms, ſchelms.
34) lmt — malmt, qualmt.
35) lns — winſelns, handelns.
36) lnd — wandelnd, ſäuſelnd.
37) lpt — ſtülpt.
38) lbt — kalbt, gelbt.
39) lts — halt's, ſchilt's.
40) lz (geſpr. wie lts) falz, pilz, ſchulz.
41) lds — felds.
42) lks — kalks.
43) lkt — welkt.
44) rfs — dorfs, wirfs.
45) rft — wirft, ſchärft.
46) rſt oder rrſt — wirſt, harrſt.
47) rchs — durchs.
48) rcht — furcht, horcht, ſchnarcht.
49) rſcht und rrſcht — herrſcht.
50) rgs — verbarg's, bergs.
51) rgt — verbirgt.
52) rms — wurms, darms.
53) rmt — härmt, ſtürmt.
54) rns — horns, garns, wanderns.
55) rnt — gehörnt, entfernt.
56) rnd — jammernd.
57) rls — kerls, karls.

58) rlt — quirlt, perlt.
59) rts — orts, worts.
60) rds (gespr. wie rts) — (er) wird's.
61) rz (gespr. wie rts) — erz, herz, schmerz, quarz.
62) rp — zirpt.
63) rbs (gespr. wie rps) — erwirbs.
64) rbt (gespr. wie rpt) — verdirbt, erbt.
65) rks — marks, werks.
66) rkt — merkt, wirkt.
67) pfs — kopfs, zopfs.
68) pft — knüpft, schöpft.
69) pst und ppst — piepst, tappst.
70) pts — haupts.
71) tst — bätst, thätst.
72) zt und tzt (gespr. wie tst) — geizt, reizt, jetzt.
73) tscht — glitscht, rutscht.
74) kst und ckst — häkst, glückst, schickst.
75) kts und ckts — backts, schmeckts.
76) bst (gespr. wie pst — gibst, webst.
77) gst (gespr. fast wie chst) — sagst, fegst.
78) gts (gespr. fast wie chts) — sagt's, mögt's.
79) bts — habt's, gibt's.

48.

L. Jetzt zur Angabe der vierfachen Nachbestimmungen.

K. 1) chzt (gespr. wie chtst) — ächzt, lechzt, jauchzt.
2) mpfs — dampfs, rumpfs.
3) mpft — dampft, rümpft, stampft.
4) nchst — tünchst.
5) mpst — pumpst.
6) nschst — wünschst.
7) nzt (gespr. wie ntst) — gränzt, schanzt.
8) nkst — dankst, winkst.

9) ndſt (faſt wie ntſt) — fandſt.
10) lfſt — hilfſt.
11) lfts — hilfts.
12) lſchſt — fälſchſt.
13) lſts und llſts — ſollſts, willſt.
14) lgſt — balgſt, folgſt.
15) lmſt — qualmſt, zermalmſt.
16) lmts — zermalmts.
17) lpſt — ſtülpſt.
18) ltſt — hältſt, ſchiltſt.
19) lzt (wie ltſt) — wälzt, ſchnalzt.
20) lkſt — welkſt.
21) rfſt — darfſt, wirfſt, ſchärfſt.
22) rfts — wirfts, ſchärfts.
23) rchſt — horchſt.
24) rchts — behorchts.
25) rſchſt und rrſchſt — knirrſchſt, herrſchſt.
26) rſchts und rrſchts — beherrſchts.
27) rbſt (wie rpſt) — herbſt, erwirbſt.
28) rgſt — ſorgſt.
29) rgts — beſorgts.
30) rmſt — wärmſt, härmſt.
31) rmts — erwärmts.
32) rnſt — ernſt, warnſt.
33) rnts — lernts.
34) rlſt — quirlſt, perlſt.
35) rlts — quirlts.
36) rpſt — zirpſt.
37) rtſt — härtſt.
38) rzt (wie rtſt) — ſcherzt, ſchmerzt, arzt.
39) rkſt — merkſt, wirkſt.
40) rkts — merkts.
41) rbts (wie rpts) — erwirbts.
42) pfſt — zupfſt, ſtopfſt, klopfſt.
43) pfts — rupfts.

44) tschst — rutschst, glitschst.

45) bsts — schiebsts.

L. Wenn ihr fünffache Lautbestimmungen anzugeben wißt, so fügt auch diese hinzu!

K. 1) mpfst — rümpfst, dampfst, stampfst.

2) mpfsts — stampfsts.

Viertes Kapitel.

Verschiedene Alphabete der Buchstaben.

49.

Die Untersuchung der mehrfachen Lautbestimmungen hat uns noch auf fünf neue Buchstaben geführt, die an sich entbehrlich, aber durch den allgemeinen Schreibegebrauch eingeführt sind, nämlich z statt tß oder ts — x statt kß oder ks — c entweder statt ka oder statt zet — qu statt kw — und tz statt ttß, oft nur wie z gesprochen. — Wir wollen jetzt erst die ganze Reihe der Buchstaben, welche wir zur Bezeichnung des Gesprochenen gewonnen haben, überblicken. Es sind folgende:

I. Lautzeichen

1) zur Bezeichnung der Einlaute

a) ohne Kennzeichen der Dehnung:

a, e, i, o, u — ä, ö, ü und das fremde y . . . . 9 Buchstaben;

b) mit einem Kennzeichen der Dehnung:

aa, ah, ee, eh, ie, ih, oo, oh, uh — äh, öh, üh . . . . 12 —

2) zur Bezeichnung der Doppellaute:

au — ai, ei, ay, ey — äu, eu 7 —

zusammen 28 Buchstaben;

Rechnet man dazu noch zwei Zeichen für unächte Doppellaute hinzu — oi in Boisalz, ui in pfui, hui — so beträgt die Summe aller Zeichen zur Darstellung der Laute 30, wobei doch noch zwei Zeichen für die beiden gedehnten Laute â und æ fehlen. — Nach der voraufgegangenen Entwickelung wären 13 Zeichen zur Darstellung sämmtlicher Laute hinreichend.

II. Bestimmungszeichen

wären nach der Entwickelung im Ersten Haupttheile 20 erforderlich. Unsere Schrift enthält aber

1) zur Bezeichnung einfacher Lautbestimmungen

a) unentbehrliche h — f, ß, ch, sch
w, ſ, j, —
m, n, — l, r
p, t, k
b, d, g . . 18 Buchstaben;

b) entbehrliche: v, ph, s . . . . 3 —

2) zur Bezeichnung mehrfacher Lautbestimmungen, alle entbehrlich: z, tz, c, x, q, ck . . . . 6 —

zusammen 27 Buchstaben.

Ungeachtet also noch zwei nothwendige Buchstaben fehlen zur Bezeichnung des sanften Zungen-Kehlhauches (J) und des Kehlhalblautes (ŋ), so haben wir doch 27 Zeichen, wo wir nur 20 bedürften. Dieser Ueberfluß von Zeichen wird noch durch folgende, die ebenfalls im Gebrauche sind, vermehrt:

1) Der scharfe Zungenschluß t wird in manchen Fällen noch durch teha — th — bezeichnet, als: rath, muth, thun, theil.

2) Derselbe Sprachton wird in einigen Fällen auch durch dete — dt — bezeichnet, als: ſtadt, todt, verwandt.

3) Für den doppelt gesprochenen scharfen Zungenhauch — ßß — hat man noch ein besonderes Schreibezeichen —

ſſ anſtatt ßß oder allenfalls ſſ —, welches eses genannt wird, als: Waſſer, eſſen, verdroſſen.

4) Für den doppelt geſprochenen ſcharfen Lippenhauch hat man ebenfalls ein beſonderes Schreibezeichen — ff ſtatt ff —, welches efef genannt wird, als: Waffen, ſchiffen, hoffen. Am Ende der Wörter kann bei dieſem Zeichen auch nur der einfache ſcharfe Lippenhauch ausgeſprochen werden, als: ſchiff, haff; aber nach geſchehener Verlängerung des Wortes wird der ſcharfe Lippenhauch doch wieder doppelt geſprochen, als: ſchiffe, haffes.

5) Die beiden Buchſtaben es und te — ſt werden beim Schreiben auf folgende Art zuſammengezogen — ſt — als: iſt, haſt.

Rechnet man dieſe fünf Zeichen noch zu den vorigen 27 hinzu, ſo haben wir zur Bezeichnung der Lautbeſtimmungen überhaupt 32 verſchiedene Zeichen.

L. Es wird euch nicht entgangen ſein, daß viele dieſer Zeichen zuſammengeſetzt und aus einer Verbindung mehrer einfachen Buchſtaben entſtanden ſind. Dahin gehören:

I. Von den Lautzeichen

1) die Zeichen ſämmtlicher Doppellaute:

au — ai, ei, ay, ey — äu, eu — oi ui;

2) die Zeichen der Zwiſchenlaute: å, ŏ. ů. — Denn wenn man beim Schreiben auch nur zwei Strichlein über jedem dieſer Buchſtaben macht, ſo bedeuten dieſe doch eigentlich ein e, deſſen Haarſtriche nur weggelaſſen ſind (§. 23.);

3) die Zeichen der gedehnten Laute:

aa, ee, oo, ie — ah, eh, ih, oh, uh, åh, ŏh, ůh.

Bei den ſämmtlichen 30 Lautzeichen liegen alſo nur ſechs einfache Zeichen zum Grunde: a, e, i, o, u — y; bei denen nur noch der Buchſtabe ha zu Hülfe genommen iſt.

II. Von den Bestimmungszeichen

1) folgende Zeichen für zusammengesetzte Lautbestimmungen: tz, qu, ck, ſſ, ſſ, ſi.

2) folgende Zeichen für einfache Lautbestimmungen: ph, th, dt, ch, ſch. — Auch ß (ß) iſt kein einfaches Zeichen, ſondern iſt aus einem ſ, welches ſich in ein z verlängert, entſtanden, welches ihm auch ſeinen Namen eszet verſchafft hat.

Zur Bezeichnung der Lautbeſtimmungen ſind alſo 20 einfache Schreibezeichen angewandt.

L. Ihr erkennt hier eine neue Unvollkommenheit in der Deutſchen Schriftbezeichnung. Auf einer Seite hat man ganz einfachen Sprachtönen ein zuſammengeſetztes Zeichen gegeben: å, ô, ů und ſämmtliche Dehnungszeichen.

ch, ſch, ß — und ph, th, dt.

Auf der andern Seite hat man wieder für zuſammengeſetzte Sprachtöne einfache Zeichen eingeführt: als: z, o, x.

Es gibt eine aus ſehr alter Zeit hergebrachte Reihenfolge, in welcher man dieſe Buchſtaben gewöhnlich zuſammenſtellt. Darin führt man aber nur die einfachen Schreibezeichen auf, und läßt alle, welche aus jenen zuſammengeſetzt worden ſind, weg. Auch der Buchſtabe jot wird in dieſer Reihenfolge dann nicht mit aufgeführt, weil man in alter Zeit für den Laut i und den ſanften Kehlhauch j, welche nach ihrer Bildung verwandt ſind, nur Einen Buchſtaben gebraucht hat und erſt ſpäterhin, da man die Natur beider Sprachtöne deutlicher erkannte, ihre Zeichen dadurch von einander unterſchieden hat, daß man das i auf die Schreiblinie ſetzte und das jot (j) unter die Schreiblinie verlängerte. So bleiben alſo für dieſe Reihenfolge der einfachen Buchſtaben nur 6 Lautzeichen und 19 Beſtimmungszeichen, welche nach ſehr alter Gewohnheit in folgender Ordnung aufgeführt werden:

a, b, c, d, e, f, g, h, i, k, l, m, n, o, p, q, r, ſ, t, u, v, w, x, y, z.

Man nennt diese Buchstabenfolge das **Alphabet** (weil im Griechischen die beiden ersten Buchstaben Alpha und Beta heißen); im gemeinen Leben pflegt man sie wohl das Abece zu nennen. Ihr müßt euch diese Reihenfolge der Buchstaben sorgfältig auswendig lernen, weil sehr oft Gebrauch davon gemacht wird, z. B. wenn man in Wörterbüchern gewisse Wörter aufsuchen will, die dort gewöhnlich nach dieser Reihenfolge von Buchstaben angeordnet sind.

50.

L. Außer den bisher gebrauchten Buchstaben, welche man die kleinen Deutschen Buchstaben nennt, braucht man sämmtliche Buchstaben noch in einer anderen größeren Form, welche man die großen Deutschen Buchstaben nennt. Auch diese müßt ihr genau kennen und nachbilden lernen und sollt euch von jetzt an darin üben. Ueber den Gebrauch derselben will ich für jetzt nur Folgendes bemerken.

Nur die eben aufgeführten 25 einfachen Buchstaben kommen unter dieser größeren Form vor und haben dann folgendes Ansehen:

A, B, C, D, E, F, G, H, I, K, L, M, N, O, P, Q, R, S, T, U, V, W, X, Y, Z.

Für den Buchstaben jot, welcher schon in das Alphabet der kleinen Buchstaben nicht mit aufgenommen ist, gibt es keinen besondern großen Buchstaben, sondern man gebraucht nach allgemeinem Herkommen dafür auch das große J. Es ist aber ein sehr zweckmäßiger Vorschlag, welcher von mehren älteren und neueren Sprachgelehrten gemacht ist, daß man diese beiden großen Buchstaben ihrer äußern Form nach eben so unterscheiden soll, wie die beiden kleinen Buchstaben unterschieden werden; daß man nämlich das J auch hier auf die Schreiblinie setzt, das Jot aber unter die Schreiblinie hinabzieht; z. B. Im Jahr. Es ist euch zu rathen, daß ihr euch frühe an diese Unterscheidung gewöhnt, wodurch einem Mangel in der Deutschen Schriftbezeichnung auf eine wenig auffallende, leichte und zweckmäßige Art abgeholfen wird.

Bei den großen Buchstaben für die Zwischenlaute findet man zwar auch oft die Strichlein über ihnen gesetzt: Ä, Ö, Ü. Viel gewöhnlicher ist es aber noch, ein kleines e rechts neben ihnen zu setzen: Ae, Oe, Ue. Der Grund liegt vielleicht nur darin, daß die großen Buchstaben so weit über die gewöhnliche Höhe der kleinen Schriftbuchstaben hervorragen, daher für die Strichlein oben nicht der gehörige Raum übrig bleibt, wenn sie nicht der oberen Zeile zu nahe kommen oder vielleicht in dieselbe hineinreichen sollen, welches die Schrift undeutlich machen würde.

Bei sämmtlichen zusammengesetzten Buchstaben schreibt man nur den ersten Bestandtheil groß und fügt den andern rechts daneben klein hinzu:

Au, Ai, Ei, Aeu, Eu — Aa, Ah, Eh, Ih, Oh, Uh — Aeh, Oeh, Ueh.
Qu, Ph, Th, Ch, Sch.

Nur die beiden verbundenen Buchstaben S und t hat man in folgende Form zusammengezogen: St.

Die kleinen Buchstaben ß, tz, ck, dt, ss, ff kommen als große Buchstaben gar nicht vor.

Die großen Buchstaben kommen nur als Anfangsbuchstaben mancher Wörter vor, und außer dem ersten wird nie ein anderer Buchstabe eines Wortes groß geschrieben. Aus der Wortbildungslehre her seid ihr mit den Hauptwörtern bekannt geworden und habt die Kennzeichen derselben kennen gelernt. Vorläufig merkt euch in Hinsicht auf die großen Buchstaben nur Folgendes:

Alle Hauptwörter werden mit großen Anfangsbuchstaben geschrieben. — Außerdem setzt man am Anfange eines Aufsatzes und nach einem jeden größeren Abschnitte der Rede, der durch einen Punkt oder ein ihm gleichgeltendes Zeichen angedeutet wird, einen großen Anfangsbuchstaben.

Das Genauere über die Setzung dieser Buchstaben müssen wir uns noch für die Zukunft vorbehalten.

Uebung im Nachbilden der großen Deutschen Buchstaben.

51.

L. Außer dem doppelten Alphabete Deutscher Buchstaben, welches ihr jetzt kennen gelernt habt, ist noch ein anderes doppeltes Alphabet lateinischer Buchstaben häufig im Gebrauche, mit welchem ihr nicht unbekannt sein dürft. Die lateinische Sprache, welche von dem alten Volke der Römer geredet wurde, war vor mehren Jahrhunderten so allgemein verbreitet, daß jeder wissenschaftlich Gebildete sie verstehen mußte, daß der öffentliche Gottesdienst darin gehalten wurde, und daß viele Wörter daraus in unsere Deutsche Sprache übergegangen sind. Obgleich dies lange nicht mehr in solchem Grade stattfindet, so ist es doch aus jener Zeit her im Gebrauche geblieben, daß man Wörter, die man in der Schrift vor andern auszeichnen will, z. B. Wörter fremden Ursprunges, Eigennamen und dergl., mit lateinischen Buchstaben schreibt. Diese Buchstaben sind folgende:

Das kleine lateinische Alphabet.

a, b, c, d, e, f, g, h, i, k, l, m, n, o, p, q, r, ſ (s), t, u, v, w, x, y, z.

ä, ö, ü — au, ai, ei, äu, eu — y, ay, ey.

aa, ah, ee, eh, ie, ih, oo, oh, uh, äh, öh, üh.

ch, ſch, ck, qu, ſſ, ſt, tz — ph, th, dt.

Das große lateinische Alphabet.

A, B, C, D, E, F, G, H, I, K, L, M, N, O, P, Q, R, S, T, U, V, W, X, Y, Z. — Ae, Oe, Ue.

Au, Ai, Ei, Aeu, Eu — Aa, Ah, Eh, Ih, Oh, Uh — Aeh, Oeh, Ueh.

Ch, Sch, Qu, St, Ph, Th.

Sie werden eben so gebraucht, wie die Deutschen Buchstaben, nur für Eszet (ß) gibt es unter den lateinischen Buchstaben kein Zeichen; denn das bisher von uns gebrauchte — ß — ist keinesweges in die lateinische Schrift eingeführt. Am gewöhnlichsten ist es noch, dafür in der lateinischen Schrift ein langes ſ, worauf ein kurzes s folgt, zu setzen, also folgendes Zeichen, welches wir von jetzt an auch dafür gebrauchen wollen: ſs.

Die große Aehnlichkeit zwischen der Lateinischen und Deutschen Schrift kommt daher, weil die Deutsche Schrift aus der Lateinischen, als der älteren, entstanden ist. In der Lateinischen Schrift sind länglich runde Züge vorherrschend; in der Deutschen dagegen sind die Ründungen größtentheils in Ecken verwandelt, welche oft scharf zugespitzt sind.

Uebung im Nachbilden der kleinen und großen Lateinischen Buchstaben.

52.

L. Ihr seid jetzt mit allen in unserer Deutschen Sprache gebräuchlichen Schriftzeichen bekannt geworden. Jetzt sollt ihr wieder einen Versuch machen, das Gelernte auf die wirkliche Rede anzuwenden, indem ich euch Wörter unserer Sprache, die einen verständlichen Sinn geben, dictiren will. Ihr sollt nun das Gehörte niederschreiben mit Rücksicht auf die bis hieher gegebenen Erläuterungen, wie der allgemein eingeführte Schreibegebrauch von der eigentlich regelrechten und gesetzmäßigen Bezeichnung abweicht. Ich wähle zu dem Ende absichtlich die schon mehrmals von euch niedergeschriebene Erzählung, damit wir Gelegenheit haben, die frühere Schreibung mit der gegenwärtigen zu vergleichen und zu sehen, in wie weit letztere von der ersteren verschieden ist.

Indem der Lehrer nun dictirt, schreiben etliche Kinder etwa auf folgende Art:

Där

D ä r B a r m h ä r t s i j e.

Kunts unt Klaus jinjän an ainäm seer kaltän Wintärtaje mit ainandär übär Fält u. s. w.

Andere schreiben vielleicht in folgender Art:

D e r B a r m h e r z i g e.

Kunz und Klaus gingen an einem sehr kalten Wintertage mit einander über Feld u. s. w.

Noch andere weichen auf andere Art vielfältig ab.

Der Lehrer geht erst die Abweichungen in der jetzigen Schreibung von der früheren näher durch, läßt sich von einer jeden die Gründe genau angeben, und fährt dann fort:

L. Ihr seht, wie viel Abweichungen von der eigentlichen streng gesetzmäßigen Schreibung der Wörter durch die bisherigen Bemerkungen über die durch das Herkommen eingeführten Zeichen begründet worden sind. Wenn ihr damit nun zugleich vergleicht, wie einer und der andere von euch das Dictirte niedergeschrieben hat, so findet ihr da auch viele und große Abweichungen unter einander. — Das erste Wort haben einige Där, andere Der geschrieben. So finde ich ferner sehr und seer — Fält, Felt, Fäld, Feld, Vält und Veld — fäßt, fäst, fest und vest — und noch viele andere Verschiedenheiten. Wollen wir hiebei blos auf die Aussprache achten, so kann ich keinem unter euch den Vorwurf machen, daß er unrichtig geschrieben habe; denn z. B. fäßt, fäst, fest und vest stellen alle das ausgesprochene Wort nach seinen Sprachtönen richtig dar. — Da sich nun aber viele Wörter, wenn man auf die bloße Aussprache achtet, auf mannigfache Art schreiben lassen, so bleibt es doch keinesweges der bloßen Willkühr des Schreibenden überlassen, welche Schreibung er wählen will; sondern jedes Wort hat seine ihm eigenthümlichen Buchstaben, und wer für einen Kenner der Deutschen Sprache und Schrift gelten will, muß es unter allen Umständen so schreiben, wie es der S c h r e i b e g e b r a u c h erfordert. Ihr seid also noch weit davon entfernt, richtig, d. h. dem eingeführten Schreibegebrauche gemäß, schreiben zu können, und bei der außerordentlich großen Menge von Wörtern, welche unsere Sprache enthält, werdet ihr noch viel Fleiß darauf wenden müssen, dies in Hinsicht auf den ganzen Umfang unserer Sprache zu erlernen. Glücklicherweise läßt sich Vieles hierüber auf feste Regeln bringen, wodurch die Sache sehr erleichtert wird, indem eine einzige Regel oft Hunderte, vielleicht zuweilen Tausende einzelner Fälle umfaßt; und nur da, wo keine solche allgemeine Regeln vorhanden sind, muß man durch Uebung sich für jedes einzelne Wort die ihm eigenthümlichen Buchstaben merken.

53.

Der Zweck, um dessentwillen ihr mit den Sprachzeichen in der Schule bekannt gemacht werdet, ist ein doppelter. Ihr sollt theils das, was ihr in der Seele denkt und empfindet und was ihr in Worten aussprecht, durch die Schrift darstellen lernen, indem ihr es vorher entweder hörbar oder doch in Gedanken mit Worten unserer Sprache aussprecht, um es dadurch andern Menschen, auch entfernten und abwesenden, mitzutheilen, anderntheils sollt ihr, was andere gedacht und empfunden, in Worten ausgesprochen und durch die Schrift dargestellt haben, verstehen lernen, indem ihr es auch dann wieder entweder hörbar oder doch in Gedanken mit Worten unserer Sprache nachsprecht. Um ersteres zu können, müßt ihr schreiben, um letzteres zu können, müßt ihr lesen lernen. Unter Schreiben wird hier aber nicht ein Nachschreiben dessen, was andere bereits geschrieben haben, sondern ein Aufschreiben des Gedachten und Gehörten verstanden. Der Unterricht über die Sprachzeichen wird aber von jetzt an in eine Schreibelehre und eine Leselehre zerfallen. Beim Schreiben findet ein Uebergang vom Hörbaren zum Sichtbaren, beim Lesen ein Uebergang vom Sichtbaren zum Hörbaren statt.

Um etwas niederzuschreiben, muß etwas Hörbares in Sprachtönen gegeben sein, sei es nun, daß es von andern vorgesprochen wird (beim Dictiren), oder daß man es selbst innerlich denkt und es sich erst in Worten (wenn auch nicht laut) ausspricht. Denn um gewisse Gedanken, Vorstellungen und Empfindungen niederschreiben zu können, muß man sich dieselben bei der Buchstabenschrift erst in Worten unserer Sprache vorsprechen oder doch in Worten ausgesprochen denken. Hiebei wird das Ausgesprochene erst in Sätze, die Sätze werden in Wörter, die Wörter in Sylben, die Sylben in einfache Sprachtöne zerlegt; dann wird jedem einfachen Sprachtone das ihm gebührende Zeichen oder der entsprechende Buchstabe gegeben, und diese Buchstaben müssen in der Folge an einander gereiht werden, wie beim Sprechen die einfachen Sprachtöne auf einander folgen. Diese Bezeichnung mit Buchstaben darf aber nicht, wie bereits mehrmals erwähnt ist, nach Willkühr so geschehen, daß nur auf die Aussprache dabei gesehen wird, sondern es muß genau nach dem durch gemeinsames Uebereinkommen aller Deutsch redenden und schreibenden eingeführten und hergebrachten Schreibegebrauche geschehen. Nur wenn es auf diese Weise geschieht, sagt man, daß recht geschrieben werde, und daher nennt man die Anleitung dazu die Rechtschreibelehre oder Orthographie. Als Vorbereitung dazu dient die Schönschreibelehre oder Kalligraphie, welche das Bilden der Buchstaben mit richtigen und schönen, d. h. auf angenehme Art ins Auge fallenden Zügen lehrt. Die Schönschreibekunst ist ein besonderer Zweig der Zeichenkunst in ihrer Anwendung auf Nachbildung der Buchstaben. Ihr habt euch schon bisher darin geübt, und wir wollen diese Uebung in einigen besonderen wöchentlichen Stunden fortsetzen. — Das Rechtschreiben würde sehr leicht zu erlernen sein, wenn jeder Sprachton sein besonderes Zeichen und nur Eines hätte, wie wir anfänglich annahmen, und wenn jedes derselben unter allen Umständen nur mit diesem Sprachtone verbunden würde. Bei der Unvollkommenheit und Unregelmäßigkeit unserer hergebrachten Schriftbezeichnung, die theils zu wenige, theils zu viele Buchstaben hat, und diese Buchstaben mit mehren Sprachtönen, die Sprachtöne wieder mit mehren Buchstaben verbindet, ist aber noch eine sorgfältige Anleitung und viele Uebung erforderlich, um es zu erlernen, und man könnte eine solche Anleitung eher eine Anderschreiblehre (Heterographie) als eine Rechtschreibelehre (Orthographie) nennen. — Sie soll uns jetzt in andern Stunden ausschließlich beschäftigen, und wir wollen damit das Buchstabiren, d. h. das Hersagen der Buchstabennamen in der Folge, wie die entsprechenden einfachen Sprachtöne in der Rede auf einander folgen, als eine nothwendige Vorübung verbinden.

Zum Lesen muß etwas von anderen Gedachtes, Gesprochenes und in Schrift Gefaßtes gegeben sein. Hiebei werden die Sätze der Rede durch besondere Zeichen (Unterscheidungszeichen, Interpunktion), die Wörter durch kleine Zwischenräume getrennt; aber die zu einem Worte gehörigen mehren Sylben werden nicht von einander getrennt. Der Lesende sieht die sichtbaren Buchstaben vor sich stehen, muß für jeden Buchstaben den ihm gehörigen einfachen Sprachton angeben und diese Sprachtöne dann in derselben Reihenfolge aussprechen, in welcher die Buchstaben des Geschriebenen vor ihm stehen. Als Vorübung dazu dient das Lautiren, d. h. das abgesonderte Aussprechen der einzelnen Sprachtöne, welche beim wirklichen Reden in einer stetigen Folge, ohne zwischenher mit der Stimme abzusetzen, ausgesprochen werden.

54.

Ihr habt bisher schon manches Geschriebene, was ihr entweder selbst geschrieben hattet, oder was ich euch vorgeschrieben hatte, gelesen. Weit mehr sollt ihr aber künftig noch in Büchern lesen, in welchen andere Menschen, die zum Theil Jahrhunderte und Jahrtausende vor uns lebten, ihre Gedanken und Vorstellungen, lehrreiche Erzählungen und nützliche Erkenntnisse niedergelegt haben, in welchen Gott selbst den Menschen sein heiliges Wort, das Wichtigste, was es für menschliche Erkenntniß gibt, übergeben hat. Bücher werden jetzt nicht geschrieben, sondern gedruckt, um sie recht vervielfältigen zu können. (Eine kurze Beschreibung des Druckes und eine daraus abgeleitete Erklärung des Namens Buchstabe würde hier an der rechten Stelle sein.) Zu einem solchen Abdrucken sind die bisher gebrauchten Buchstaben der Schrift nicht geeignet, sondern man hat dazu eine eigene Art von Buchstaben von bequemerer Form genommen, die sich leichter abdrucken lassen. Wir wollen sie Druckbuchstaben und die bisher gebrauchten Schriftbuchstaben nennen Die letzteren sind folgende:

Das Alphabet der kleinen deutschen Schriftbuchstaben.
— — — großen — —
— — — kleinen lateinischen —
— — — großen — —

Dazu kommen nun noch eben so vier Alphabete von Druckbuchstaben, nämlich:

Das Alphabet der kleinen deutschen Druckbuchstaben.
— — — großen — —
— — — kleinen lateinischen —
— — — großen — —

Für das Lesen der Schriftbuchstaben wird es keiner besondern Anleitung bedürfen, da ihr bei den Uebungen der Rechtschreibelehre auch vielfache Gelegenheit haben werdet, euch im Lesen des Geschriebenen zu üben. Aber zum Lesen des Gedruckten, welches ihr als ein vorzügliches Hülfsmittel zur Erwerbung nützlicher Kenntnisse bis zur größren Fertigkeit erlernen sollt, bedarf es, wenn auch nicht einer ausführlichen Anleitung (die in unserm Gange der Rechtschreibelehre fast ganz mitgegeben wird), doch einer vielfachen Uebung, und daher wollen wir von jetzt an der Leseübung für gedruckte Bücher ebenfalls einige besondere Stunden widmen.

55.

Der gesammte Unterricht, welcher sich auf die Deutsche Sprache bezieht, wird also nun in vier besonderen Abtheilungen neben einander getrieben (für jede etwa wöchentlich vier Stunden):

1) Schönschreibelehre oder Kalligraphie, die Uebung im Zeichnen schöner Buchstaben und in wohlgefälliger Aneinanderreihung derselben.

2) Rechtschreibelehre oder Orthographie, die Uebung in richtiger Wahl und Anordnung der Buchstaben zur Bezeichnung des Gesprochenen nach dem allgemein eingeführten Schreibegebrauche.

3) Die Leselehre und Leseübung, die Uebung, zum Verstehen gedruckter Bücher.

4) Die Wortbildungslehre (mit welcher nach Beendigung der reinen Sylbenbildungslehre und des Ersten Haupttheils dieses Handbuches in besonderen Stunden der Anfang gemacht ist), welche zur Kenntniß der Wörter und der Gesetze ihrer Bildung hinführt, und an welche sich, nachdem sie beendigt worden ist, die Redebildungslehre anschließt, in welcher die Verbindung der Wörter zu Sätzen und der Sätze zu Reden, den in der Sprache bestehenden Gesetzen gemäß, gelehrt wird.

Zweiter Abschnitt.

Die Rechtschreibelehre.

Erstes Kapitel.

Allgemeine Grundlage der Rechtschreibung.

56.

Die Schrift ist ein Abbild von den Vorstellungen der Seele vermittelst der Rede. Denn der Schreibende stellt die Vorstellungen seiner Seele nicht unmittelbar dar, sondern er faßt sie erst in Worte, zerlegt dieselben bis auf ihre einfachen Bestandtheile und stellt diese durch entsprechende und gleichgeordnete Zeichen dar. Dem richtigen Schreiben muß also das richtige Sprechen nothwendig voraufgehen, indem Mängel und Flecken eines Urbildes auch in das Abbild, und zwar um so eher übergehen werden, je genauer das Abbild dem Urbilde entspricht und dasselbe in seiner ganzen Eigenthümlichkeit darstellt. — Wer sich also gewöhnt zu sprechen: Ogen statt Augen, ne st. nein, kleen st. klein, duhn st. thun, wirscht st. wirst u. s. w., von dem ist auch nicht zu erwarten und zu verlangen, daß er solche Wörter richtig schreiben solle, sondern die Fehler in der Aussprache werden auch Fehler im Schreiben nothwendig erzeugen. Man kann daher als erste Regel, ja als Grundlage aller Rechtschreibung, das Gesetz der Aussprache aufstellen: Schreibe wie du richtig sprichst.

Nun ist es aber bekannt, daß die Aussprache Deutscher Wörter sehr verschieden ist, — daß man nicht blos in verschiedenen Landschaften (Provinzen) unseres Deutschen Vaterlandes, sondern auch in verschiedenen Ortschaften einer und ebenderselben Landschaft die Wörter verschieden ausspricht, ja daß man oft in demselben Orte verschiedene einzelne Personen die Wörter verschieden aussprechen hört. Wollte nun jeder so schreiben, wie er zu sprechen gewohnt ist, so würde es so viele Arten der Schreibung geben, als es verschiedene Arten der Aussprache gibt, und es wäre an gar keine allgemeine Uebereinstimmung im Schreiben zu denken. Es muß also obiger Grundsatz näher bestimmt und namentlich näher angegeben werden, was unter dem Richtigsprechen verstanden werden soll, oder es muß eine gewisse Richtschnur geben, wonach das richtige oder unrichtige Sprechen bestimmt wird. Diese kann aber wohl nirgends anders gefunden werden, als in der Aussprache der Gebildeten des Volkes, d. h. hier, derjenigen im Volke, welche am meisten mit den Gesetzen und Regeln unserer Sprache bekannt und am meisten bestrebt sind, dieselben in Anwendung zu bringen. Unser Gesetz wird also hienach genauer so anzugeben sein:

> Schreibe so, wie du die Gebildeten des Deutschen Volkes oder diejenigen, welche die Gesetze der Deutschen Sprache am besten kennen und anwenden, richtig sprechen hörst.

Der Lernende muß also auf die Aussprache gebildeter Menschen sorgfältig merken und sich dieselbe anzueignen suchen, und wird sich dadurch in den Stand setzen, sehr viele, ja die meisten Fehler wider die Rechtschreibung zu vermeiden. Dem Lehrer in Schulen ist es insbesondere anzurathen, sich ein möglichst vollständiges Verzeichniß derjenigen Wörter anzulegen, welche in seinem Wohnorte und der Umgegend, so weit seine Schüler wahrscheinlich kommen, am gewöhnlichsten fehlerhaft ausgesprochen werden, dieses von Zeit zu Zeit mit ihnen durchzugehen, das Fehlerhafte in der Aussprache zu verbessern oder durch die Kinder selbst verbessern zu lassen, auf die Fehler, welche durch die Befolgung jener unrichtigen Aussprache beim Schreiben leicht entstehen, aufmerksam zu machen und davor zu warnen. Dabei muß er in allen Unterredungen mit ihnen auf ihre Aussprache sorgfältig merken, keinen Fehler wider dieselbe unbemerkt durchgehen lassen, sondern ihn sogleich (aber ohne viele Worte und in der Regel blos durch richtiges Vorsprechen des Wortes) verbessern, und dann von den Kindern richtig gesprochen wiederholen lassen, um sie so unbemerkt an die richtige Aussprache zu gewöhnen, und dieselbe durch Uebung zur unbewußten Fertigkeit zu bringen.

Einige Beispiele von Wörtern, die bei uns häufig unrichtig gesprochen werden:

Flehsch, Ogen, dat, wat, ick, nich, ne, Högde (Höhe), Wärmde, Längde, ebend, allens, genung, weeſs, kleen, uch (auch), jitzunder, Eenduhnt (einerlei), keen, nix oder nischt, (er) lehnt oder leint (leiht), antzwee (entzwei), kraufen oder krauchen (kriechen) u. s. w.

57.

Wenn die richtige Aussprache beim Schreiben allein berücksichtigt werden sollte, so würden nicht allein viele Wörter auf mehr als Eine Art richtig geschrieben werden können, z. B. fäßt, fäst, fest, väst, vest — Bäcker und Becker — Saat und Saht — Theil und Teil u. s. w.; sondern man müßte auch die Buchstaben eines Wortes sogleich abändern, wenn mit ihm eine Veränderung vorgegangen wäre, sei es, daß durch Biegung eine neue Wortform, oder durch Ableitung und Zusammensetzung ein neues Wort entstanden wäre, z. B. lieben, lieplich — hoffen, hofst — dämmen, Dam — leiden, Leit — singen, sank u. s. w. Weil hiedurch der Ursprung und die Ausbildung der Wörter verdunkelt und manches Wort ganz unkenntlich gemacht würde, so ändert man in vielen Fällen bei etwas veränderter Aussprache die

Buchstaben eines Wortes nicht ab, sondern sucht durch Beibehaltung derselben die Erinnerung an den Ursprung, die Ausbildung und Verbindung der Wörter zu erhalten. So wie durch alle Glieder einer menschlichen Familie, bei aller Verschiedenheit der Gesichtsbildungen, doch gewisse Hauptzüge hindurch zu gehen pflegen, woran man nicht selten Einzelne, als zur Familie gehörig, zu erkennen im Stande ist; so ist man auch bemüht gewesen, in allen durch ihre Entstehung verbundenen Wörtern, die man daher auch verwandte, und deren Gesammtheit man eine Wörterfamilie zu nennen pflegt, solche Familienzüge zu erhalten, um sie dadurch als zusammengehörige zu bezeichnen. So lange daher die Aussprache sich nicht verändert, und so weit sich dieselbe nicht verändert, behält man dieselben Buchstaben bei, ja oft behält man sie auch noch dann bei, wenn die Aussprache sich schon wirklich verändert hat, aber nur noch um so wenig von der ursprünglichen abgewichen ist, daß dieselbe daraus leicht genug erkannt werden kann (löblich, vierzehn). — Wenn aber in der Aussprache so bedeutende Veränderungen vorgegangen sind, daß dieselben Buchstaben durchaus nicht mehr beibehalten werden können, ohne zu einer unrichtigen Aussprache zu verleiten, so sucht man doch gern solche Buchstaben zu nehmen, welche wegen häufiger Uebergänge, die zu ihnen hin stattfinden, für ähnliche und verwandte gelten, z B. a und ä in Stab, Stäbe — h und ch in nahe, nächste. Hienach stellen wir als zweite Hauptgrundlage für die Rechtschreibung folgendes Gesetz der Verwandtschaft auf:

> Nimm beim Schreiben der Wörter, so weit es irgend möglich ist, auf die Verwandtschaft derselben Rücksicht, indem du in abgeleiteten Wörtern entweder dieselben oder doch verwandte Buchstaben beibehältst, die sich in den Stammwörtern finden.

So lange also in abgeleiteten Wörtern die Aussprache dieselbe geblieben ist, welche in den Stammwörtern gehört wird, werden auch dieselben Buchstaben beibehalten. Man behält also z. B.

1) die Dehnungszeichen — Haar, behaart; mehr, vermehren; führen, Führer;
2) die Stoßungszeichen — dünn, verdünnt; Mann, männlich — auch dann, wenn im Stammworte für die Doppelbuchstaben doppelte Sprachtöne ausgesprochen sind, in dem abgeleiteten Worte aber wegen einer Veränderung desselben dies nicht mehr geschehen kann — sollen, sollte; hoffen, hoffte; schaffen, geschafft. Letzteres hört jedoch auf, wenn der Zusammenhang der Wörter nicht mehr nahe genug liegt: stellen, Gestalt; gönnen, Gunst; gewinnen, Gewinst. Doch ist es schwer, hier eine scharfe Gränze zu finden; daher findet man Erkenntniss und Erkentniss.
3) f und v — Vater, væterlich — fassen, Verfassung. — Ausnahmen sind: folgen, Volk — voll, füllen;
4) t und th — Muth, muthig — thun, That, thätlich — Ton, tönen — tief, vertiefen.
5) x und chs — Hexe, behexen — Axt, Holzaxt — Wachs, wächsern — sechs, Sechser.

Hieraus ergibt sich nun folgende Schreibregel: Wenn du in einem Worte über die Bezeichnung eines Sprachtones zweifelhaft bist, so suche ein nahe verwandtes Wort, welches denselben Sprachton enthält, und dessen Buchstaben dir bekannt sind, wo möglich das Stammwort. Den Buchstaben, welchen du an dieser Stelle findest, mußt du auch in dem dir noch unbekannten verwandten Worte setzen.

Sanfte Lautbestimmungen werden nach allgemeinem Deutschen Sprachgebrauche am Ende der Wörter, oft auch schon am Ende der Sylben, gewöhnlich in die entsprechenden scharfen umgewandelt, z. B. statt der sanften Schlüsse werden am Ende der Wörter die entsprechenden scharfen Schlüsse gesprochen Um aber die Verwandtschaft der Wörter nicht zu verdunkeln, werden die Buchstaben dann nicht geähdert, sondern man läßt ungeachtet der scharfen Aussprache doch die Buchstaben stehen, welche eigentlich die sanften Schlüsse bezeichnen, als: Grab, lieb, lieblich, löblich; Lied, Grad, Hund; sang, sing, Ring; Tag, Weg, Steig ꝛc. — verwandt mit graben, lieben, loben; Lieder, Grade u. s. w. — Wenn man statt des sanften Zungenhauches am Ende der Wörter und Sylben den scharfen Zungenhauch hört, so setzt man statt des ſ ein s, als: graſen, Gras, grasgrün; Maus, Mäuſe; löſen, los, unablöslich ꝛc.

Wenn man in gewissen Wörtern nach einem gestoßenen Laute die folgende Lautbestimmung doppelt hört, so wird in den verwandten Wörtern dieselbe auch dann noch doppelt geschrieben, wenn sie am Ende der Wörter und Sylben nur noch einfach gesprochen werden kann, als: kämmen, Kamm; fallen, Fall, können, kann; hoffen, hoffte; ſchnarren, Schnarrton ꝛc. Aus demselben Grunde bleibt auch ck: glücken, Glück; hacken, Hæckſel. — Wenn der doppelt gehörte scharfe Zungenhauch in verwandten Wörtern nur noch einfach gesprochen wird, so setzt man statt des ſſ dann ein ſs (ß), als: haſſen, Haſs, häſslich; laſſen, läſst, Erlaſs; Waſſer, wäſsrig.

Aus den beiden nächst vorhergehenden Abschnitten ergibt sich die Schreiberegel: Wenn du den letzten Buchstaben eines Wortes nach der Aussprache nicht erkennen kannst, so verlängere das Wort und zwar so, daß der Zusatz am Ende mit einem Laute beginnt. Die Sprachtöne, welche du in dem verlängerten Worte hörst, führen dich auf die richtige Bezeichnung.

Im Einzelnen führt diese Regel zur Unterscheidung folgender Endbuchstaben:

1) *b* und *p*. — Wenn nämlich bei der Verlängerung der sanfte Lippenschluß gehört wird, so muß b, — wenn aber der scharfe Lippenschluß gehört wird, so muß p gesetzt werden: grob, grobe; Lob, loben; Dieb, Diebe — plump, plumper — auch: Körbchen, weil es von Korb herkommt und dieses verlängert Körbe heißt; Schubkarre von schieben.

2) *d* und *t*. — Wenn bei der Verlängerung der sanfte Zungenschluß gehört wird, muß d, — wenn der scharfe Zungenschluß gehört wird, muß t, oder nach Umständen, wenn es der Schreibegebrauch so fordert, auch th oder dt gesetzt werden. — Land, Länder; Kleid, Kleider; Hund, Hunde; bald, baldig — bunt, bunte, Frucht, Früchte; Blut, Blutes — roth, rother; Muth, muthig; Rath, Rathes — Stadt, Stædte; todt, todte — aber auch röthlich, ländlich, freundlich, tödtlich, unentgeltlich (von entgelten, und nicht von Geld).

3) *g* und *k* nach einem *n*. — Wenn bei der Verlängerung bei uns der sanfte Kehlhauch, in anderen Gegenden Deutschlands der sanfte Kehlschluß gehört wird, so wird g, — wenn aber der scharfe Kehlschluß gehört wird, so wird k gesetzt. — sang, (wir) sangen; lang, Hang, Ring, Waldung — Bedrängniſs, langſam — — ſank, (wir) ſanken; Bank, Dank, Wink, ſtark — dankbar, krankhaft.

4) *g* und *ch*. — Wenn bei der Verlängerung der sanfte Kehlhauch gehört wird, so wird g, — wenn aber der scharfe Kehlhauch gehört wird, so wird ch gesetzt. — Tag, mag, lag, wog, Weg, Steig, Teig — Dach, Loch, frech, ſchwach, brach, Teich, wich, Verſuch — unwegſam, betrüglich, anzüglich — rachſüchtig, verſuchte, ſchwächlich.

5) *s* und *ſs*. — Wenn bei der Verlängerung der sanfte Zungenhauch gehört wird, so wird s, — wenn aber der scharfe Zungenhauch gehört wird, so wird ſs gesetzt. — Loos, los, Maus, Haus, Gans, Gras; häuslich, böslich, ſcheuslich (Scheuſal) — Spaſs, ſaſs, naſs, groſs, Faſs, verdroſs; häſslich, verdrieſslich, ſpaſshaft. — — Wenn bei der Verlän-

gerung der scharfe Zungenhauch einfach gehört wird, so bleibt in dem verlängerten Worte ſs (ß) — Spaſs, ſpaſsen; Spieſs, Spieſse; groſs, gröſser. — — Wenn in dem verlängerten Worte der scharfe Zungenhauch doppelt gehört wird, so verwandelt sich das ſs in ſſ — Haſs, haſſen; Faſs, Fäſſer; verdroſs, verdroſſen; Verhältniſs, Verhältniſſe;

6) der einfachen und doppelten Bestimmungszeichen am Ende der Wörter. — Wenn bei der Verlängerung des Wortes die Lautbestimmung einfach gehört wird, so wird ein einfaches, — wenn aber die Lautbestimmung dann doppelt gehört wird, so wird ein doppeltes Bestimmungszeichen gesetzt — kam, nahm, Riem, Ton, Lohn, Ruhm, Sohn, bat, rief — Kamm, Stamm, komm, Lamm, Schiff, ſchlaff, will, kann, Gott, Freundinn, Gräſinn ꝛc. — Bei allen diesen Wörtern kann auch schon der vorhergehende Laut auf die richtige Angabe der Endbuchstaben führen. Wenn man keine Verlängerung eines solchen Wortes vornehmen kann, so hat man Ursache zu vermuthen, daß nur ein einfacher Endbuchstabe gesetzt werden muß, wenngleich ein gestoßener Laut vorhergeht — von, mit, hin, bin ꝛc. Ausnahmen machen nur die Wörter denn und wenn, da dann und wann sich noch in dannen und wannen verlängern lassen. — — Auch k wird von ck, z von tz am Ende der Wörter gerade eben so unterschieden, wie die einfachen von den doppelten Bestimmungszeichen — ſchlank, Falk, Scheik (Araber-Oberhaupt); Sack, Block, Stück, Rock, Fleck. — — Reiz, Geiz, Glanz, Pelz; Sitz, Schatz, Netz, Schutz. — Nur ch und ſch machen von der oben angegebenen Regel eine Ausnahme; denn sie werden, wahrscheinlich wegen der zu großen Breite dieser Buchstaben, niemals doppelt gesetzt, obgleich sie nach gestoßenen Lauten in der Verlängerung doppelt gehört werden — Fach, Facher (wird gesprochen wie Fächcher); Dach, Dächer; Loch, Löcher; — Tiſch, Tiſche (gesprochen wie Tiſchſche); Fiſch, Fiſche; verloſch, verloſchen; raſch, raſche.

Wenn in der Aussprache eines Wortes so wesentliche Veränderungen vorgegangen sind, daß man nicht mehr dieselben Buchstaben beibehalten kann, ohne zu einer falschen Aussprache zu verleiten, so sucht man doch, so weit es irgend möglich ist, noch ähnliche oder verwandte Buchstaben zu nehmen, zu welchen die Uebergänge sehr gewöhnlich sind. So wird aus a sehr gewöhnlich ä, aus o wird ö, aus u wird ü, aus au wird äu; und daher werden ä, ö, ü und äu auch die **Umlaute** von a, o, u und aü, und diese letzteren werden die **Grundlaute** von jenen ersteren genannt. So wie nun jene Laute nach ihrer Bildung und wegen der daraus häufig entstehenden Uebergänge aus einem in den andern verwandt sind, so werden auch die Buchstaben, welche sie darstellen, unter sich als verwandt betrachtet, besonders da die Form der Umlaut-Buchstaben auch wirklich aus der Form der Grundlaut-Buchstaben hergeleitet ist; und daher müssen von Stammwörtern, welche die Buchstaben a, o, u, au enthalten, die abgeleiteten Wörter, in denen die Umlaute von jenen vorkommen, mit den Buchstaben ä, ö, ü, äu geschrieben werden. Eben so geht e häufig in i über, weil beide eine ähnliche Bildung durch die Zunge haben, ohne daß man jedoch e den Grundlaut von i nennt. — Unter den Lautbestimmungen ist der Uebergang von h in ch für die Rechtschreibung der beachtenswertheste, daher auch die beiden Buchstaben h und ch als verwandte Buchstaben betrachtet werden. — Diese Bemerkungen über Verwandtschaft der Buchstaben führen nun auf folgende Schreibregeln:

1) **Wenn in einem Worte der Oefnungs-Zungenlaut gedehnt oder gestoßen vorkommt, so sucht man sich das Stammwort auf. Kommt in dem Stammworte ein a vor, so schreibt man in dem abgeleiteten Worte ä; ist aber kein Stammwort mit a aufzufinden, so hat man Ursache zu vermuthen, daß e gesetzt werden müsse.** — Diese Regel ist sehr wichtig und hilft zur Unterscheidung sehr vie-

ler Wörter. Am häufigsten findet sie ihre Anwendung bei der gestoßenen Aussprache, da nach der herrschenden Ansicht über die Laute das gestoßene e dem gestoßenen ä gleich klingt. — Bäcker muß hienach mit ä geschrieben werden, weil es von backen abgeleitet ist; Schätze von Schatz; Zänker von zanken. — Schrecken muß dagegen mit e geschrieben werden, weil es sich von keinem Stammworte herleiten läßt, worin a vorkommt; eben so schenken, welken, schwelgen, jetzt. — Aber auch bei der gedehnten Aussprache ist diese Regel noch sehr beachtenswerth, da auch der Buchstabe e häufig wie ein gedehntes ä ausgesprochen wird, sowohl wenn er für sich allein steht, als wenn er ein Dehnungszeichen bei sich hat — schwer, Meer, gedehnt. Man schreibt daher Gräber mit ä, weil in dem Stammworte Grab ein a enthalten ist; Träger von tragen; wægen von Wage; Stæbe von Stab; zählen von Zahl; — dagegen Weber mit e, weil sich kein Stammwort auffinden läßt, worin a enthalten ist; eben so Leben, heben, quer, Krebs, Segen, Heer, dehnen, Sehne. Daher werden auch echt, emsig, edel, Ernte am besten mit e geschrieben. — Ausnahmen sind: Jenner, Fessel, besser, Mehl, behende, Becher, Eltern — mit e, wegen der entweder schon ganz verdunkelten oder doch entfernt liegenden Abstammung, an welche man bei diesen Wörtern wenig mehr denkt.

2) Wenn sich zu einem Worte ein Stammwort angeben läßt, worin o vorkommt, so wird der in dem abgeleiteten Worte vorkommende Zwischenlaut (der erste Lippen-Zungenlaut) mit ö geschrieben. — Söhne von Sohn, verhöhnen von Hohn, Oerter von Ort, lösen von los. — Da sich der erste Lippen-Zungenlaut durch eine reine Aussprache von allen übrigen Lauten deutlich unterscheiden läßt, so würde es kaum nöthig sein, diese Regel anzuführen, wenn nicht eine doch ziemlich häufig vorkommende falsche Aussprache manche Verwechselung

lung herbeiführen könnte. Man hört Sehne, Velker, scheln, pletzlich statt Söhne, Völker, schön, plötzlich sprechen.

3) Wenn sich zu einem abgeleiteten Worte ein Stammwort angeben läßt, worin u vorkommt, so wird der in dem abgeleiteten Worte vorkommende Zwischenlaut (der zweite Lippen-Zungenlaut) mit ü bezeichnet. — Bürger von Burg; Güter von gut; Führer von fuhr; schützen von Schutz. — Wenn überall rein gesprochen würde, so würde auch diese Regel kaum des Anführens werth sein. Da aber das gestoßene ü dem gestoßenen i sehr ähnlich klingt, so werden beide in der Aussprache leicht mit einander verwechselt und auch selbst die Gebildeten erhalten sich kaum ganz davon frei. Man hört ganz gewöhnlich vierzehn, vierzig, wirst, wird aussprechen wie vürzehn, vürzig, würst, würd, und nur durch die Hinweisung auf die Stammwörter vier und werden läßt sich die Schreibung mit ie nnd i begründen. — Die Schreibung Hülse und gültig läßt sich durch die Herleitung von den veralteten Formen hulf und gult rechtfertigen, wofür man jetzt half und galt sagt. Die Formen geholfen und hülfe, gegolten und gölte weisen auf jenen früherhin gehörten tiefern Laut noch jetzt hin und man kann füglich annehmen, daß die Wörter Hülse und gültig zu einer Zeit sich gebildet haben, wo die Formen hulf und gult noch im Gebrauche waren; daher man keine begründete Ursache hat, von der allgemeinen Aussprache abzuweichen und Hilfe, giltig zu schreiben. Vergl. auch Nr. 5.

4) Wenn in einem Worte der Lippen-Zungen-Doppellaut (aü) gehört wird, so merke man auf das Stammwort. Ist in dem Stammworte der Doppellaut au enthalten, so muß in dem abgeleiteten Worte äu gesetzt werden; läßt sich aber ein solches Stammwort nicht angeben, so hat man die wahrscheinliche Vermuthung für sich, daß man eu setzen müsse. — Häute von Haut; læuten

von laut; beräuchern von Rauch; räumen, Häuser, Fäulniss. — Dagegen heute Leute, Beule, leugnen, verleumden. — Eine Ausnahme ist: Säule (im Schlesischen Plattdeutsch wird Saule gesprochen).

5) Wenn sich zu einem abgeleiteten Worte ein Stammwort angeben läßt, worin e vorkommt, so wird der in dem abgeleiteten Worte ausgesprochene Laut mit i (nicht mit ü) bezeichnet. — Gebirge von Berg (nicht von Burg); wirken, wirklich, wirksam von Werk; Gestirn, Geschwister, irdisch, Gewitter, wirst und wird von werden (dagegen würde von wurde), rinnen, schwillen, Gesicht, Spruchwort von sprechen (doch läßt sich die Schreibart Sprüchwort auch durch die Anleitung von Spruch rechtfertigen). Ueber Hille und giltig vergl. Nr. 3. Bei reiner und deutlicher Aussprache ist das i, auch gestoßen, von dem ü hinreichend unterschieden, und es bedarf alsdann kaum eines Hinblickes auf die Abstammung.

6) Auch unter den Lautbestimmungen sind Uebergänge von einigen zu andern nicht ungewöhnlich, daher manche unter einander als verwandt betrachtet werden können. So verwandelt sich b häufig in f wegen der ähnlichen Bildung, da beide Lippenbestimmungen sind, z. B. graben, Gruft; geben, Gift, schreiben, Schrift, treiben, Trift 2c; b und f sind also verwandte Buchstaben. Da aber über die Schreibung solcher abgeleiteten Wörter kein Zweifel entstehen kann, so bedarf es für diesen besonderen Zweck keines besonderen Hinblickes auf die Abstammung. — Am meisten möchte hiebei die oft vorkommende Verwandlung des h in ch zu beachten und hienach folgende Schreiberegel festzustellen sein: Wenn in einem Worte der scharfe Kehlhauch gesprochen wird und sich dasselbe von einem Stammworte herleiten läßt, worin h vorkommt, so muß in dem abgeleiteten Worte an dieser Stelle ein ch (und nicht ein g) stehen. — Gesicht von sehen; Zucht von ziehen; Geschichte von geschehen.

nächster von nahe; Flucht von fliehen; — dagegen legte mit g, weil es von legen herkommt; siegreich von sieger, Zugpferd zunächst von Zug. — Hienach würde mögte richtiger sein als möchte, da es von mögen herkommt; doch läßt sich das ch in letzterem Worte allenfalls noch damit entschuldigen, daß auch g in anderen Fällen vor t sich in ch verwandelt, als: Bucht von biegen; Gewicht von wiegen; Pflicht von pflegen; und selbst Macht von demselben Stammworte mögen in der Bedeutung vermögen. Alle diese Beispiele können zugleich auch als Ausnahmen von obiger Regel gelten.

58.

Obgleich man durch die Berücksichtigung der richtigen Aussprache und der Verwandschaft in sehr vielen Fällen auf die richtigen Buchstaben geführt wird, so bleiben doch noch sehr viele andere übrig, in denen beide über die Rechtschreibung nichts entscheiden können, und in denen sich überhaupt für das Setzen dieses oder jenes Buchstaben kein anderer Grund angeben läßt, als die Hinweisung auf das Herkommen, und von diesen sagt man, daß sie durch den Schreibegebrauch bestimmt werden. Daß z. B. vor mit einem v, für mit einem f geschrieben und daß in beiden Wörtern die Dehnung des Lautes nicht angezeigt werden muß, läßt sich weder aus der Aussprache, noch aus der Abstammung von anderen Wörtern herleiten, da es beides Wurzelwörter sind, und es läßt sich kein anderer Grund dafür anführen, als daß es das Herkommen oder der Schreibegebrauch so erfordert. Daß Thau (wäßrige Feuchtigkeit) mit th, aber Tau (Seil) mit t geschrieben werden müsse, läßt sich durch nichts als durch die Hinweisung auf den allgemein eingeführten Gebrauch darthun. — Nächst der richtigen Aussprache und der Verwandschaft hat man also beim Rechtschreiben den Schreibegebrauch sorgfältig zu beachten.

In der Berufung auf den Schreibegebrauch liegt zwar schon eine Anerkennung, daß man keinen weiteren Grund für das Setzen gewisser Buchstaben anzuführen wisse. Es werden aber doch nicht selten in sehr vielen einzelnen Wörtern dieselben Buchstaben unter denselben Bedingungen und äußeren Verhältnissen gesetzt, und alle solche Fälle lassen sich dann unter eine gemeinsame Regel zusammenfassen. Wo dies möglich ist, gewährt es dem Lernenden allemal einen sehr großen Vortheil, da er durch eine solche allgemeine Regel die Schreibung für Hunderte von einzelnen Wörtern mit einmal bestimmen kann, statt daß er da, wo es ihm an solchen Regeln fehlt, jedes einzelne Wort und die Buchstaben, mit welchen es bezeichnet wird, seinem Gedächtnisse einprägen muß. Weiß ich z. B., daß v in der Regel nicht gesetzt werden darf, um den scharfen Lippenhauch als Nachbestimmung zu bezeichnen, so bin ich für die vielen hundert Wörter, in denen der scharfe Lippenhauch als Nachbestimmung gesprochen wird, alles Zweifels überhoben, wogegen ich mir sonst von jedem einzelnen dieser Wörter zu merken hätte, ob f oder v darin stehen müsse.

Genau anzugeben, was sich in dieser Hinsicht auf feste allgemeine Regeln bringen läßt, und was dagegen nur durch Uebung im Einzelnen erlernt werden kann, das ist Gegenstand dieses Theiles der Rechtschreibelehre, welcher von dem Schreibegebrauche handelt. Die Punkte, worauf es hiebei vorzugsweise ankommt, sind folgende:

I. Das Setzen großer Anfangsbuchstaben. — Man setzt dieselben

1) Zu Anfange eines Aufsatzes und nach einem größeren Abschnitte der Rede, welcher durch einen Punkt bezeichnet wird; also auch nach einem Frage- und Ausrufungszeichen, wenn sie zugleich die Stelle eines Punktes vertreten; auch nach einem Doppelpunkt oder Colon, wenn danach ein neuer Redeabschnitt beginnt, z. B. „Er trug darauf folgende Erzählung vor: „In einer kleinen Stadt lebte ꝛc.“ —

oder wenn nach dem Colon Stellen aus Schriften oder Gedichten wörtlich angeführt werden, z. B. „Möchte jeder den Ausspruch der heiligen Schrift recht beachten: Was du willst, daß dir die Leute thun sollen, das thue ihnen auch.“

2) Zu Anfange aller Hauptwörter und solcher Wörter, die als Hauptwörter gebraucht sind, als: das Lesen, das Schreiben — das Mein und Dein — ich verbitte mir alle Aber — das Weil muß dabei nicht übersehen werden. — Bei Eigenschaftswörtern und Fürwörtern kann nicht selten ein Zweifel darüber eintreten, ob man einen großen oder kleinen Anfangsbuchstaben zu setzen habe. Sie werden groß geschrieben, wenn sich kein bestimmtes Hauptwort hinzudenken läßt, worauf sie sich beziehen, und wenn sie also selbst den Begriff eines Hauptwortes in sich schließen, als: Gott liebt das Gute und verabscheut das Böse — das Meinige, so viel als, mein Eigenthum — die Seinigen, so viel als, seine Gattinn, Kinder, Verwandte u. s. w. — Aber auch dann, wenn zwar ein bestimmtes Hauptwort hinzuzudenken ist, aber dasselbe doch wegen des häufigen Gebrauches leicht von selbst ergänzt werden kann und daher zum Verständniß der Rede gar nicht namentlich voraufgegangen sein darf, als: der Gerechte muß viel leiden — die Hohen suchen oft die Niedrigen zu unterdrücken. Hier muß zwar Mensch und Menschen ergänzt werden, aber diese Beziehung liegt so nahe, daß jeder das Fehlende leicht von selbst ergänzt, ohne daß diese Wörter vorher angeführt sind.

3) Häufig zu Anfange der Eigenschaftswörter, welche von Eigennamen gebildet sind. Doch ist dieser Gebrauch nicht allgemein und es kann der Beurtheilung des Schreibenden überlassen bleiben, sie groß oder klein zu schreiben, je nachdem er glaubt, daß die Deutlichkeit dadurch gefördert, oder die Aufmerksamkeit mehr auf diese Wörter hingelenkt, oder Zweideutigkeiten dadurch verhütet werden müssen, als das Deutsche Volk — die Berliner Post — der Russische Handel — die Rheinische Universität — der Lutherische

Catechismus. — Auch Eigenschaftswörter, wenn sie als Theile von Titeln und Namen gebraucht werden, können groß geschrieben werden, als: Geheimer Rath — das Rothe Meer — das Englische Haus.

4) Zu Anfange der Fürwörter, welche sich auf die angeredete Person beziehen, vorzüglich in Briefen, als: Du, Dir, Dich, Dein, Deinem 2c.; Ihr, Euer, Eurige; Sie, Ihnen, Ihre, Ihrige 2c. — Auch das Wort Sich muß groß geschrieben werden, wenn darin die Anrede enthalten ist, als: Sie haben Sich in Ihrer Vermuthung nicht geirrt; denn wenn die Anrede mit Du gemacht wäre, so würde hier Dich gesetzt sein: Du hast Dich in Deiner Vermuthung nicht geirrt.

5) Zu Anfange einer jeden Zeile eines Gedichtes, wenn die Zeilen abgesetzt werden:

Wenn ich, o Schöpfer, deine Macht,
Die Weisheit deiner Wege,
Die Liebe, die für alle wacht,
Anbetend überlege u. s. w.

6) Zu Anfange des Zahlwortes Ein, um es von dem unbestimmten Artikel zu unterscheiden, als: Ich sah nur Einen Menschen auf der Straße gehen — aber: Ich sahe einen Menschen auf der Straße gehen, welcher u. s. w.

II. Das Setzen der Stoßungszeichen.

Nach allgemein eingeführtem Schreibegebrauche stehen Stoßungszeichen nur da, wo eine Lautbestimmung entweder wirklich doppelt gesprochen wird, oder wo sie zwar nur einfach gesprochen, aber bei einer solchen Veränderung des Wortes, wodurch ein Laut darauf folgt, doch doppelt gehört wird. Ersteres findet statt in der Mitte eines Wortes zwischen zwei Lauten, wovon der erste gestoßen ist, als: hatten, litten, hoffen, bellen, Schiffe. Letzteres tritt ein, entweder am Ende des Wortes, wenn bei der Verlängerung die doppelte Lautbestimmung hörbar wird, als: Damm, Dämme; fromm, fromme; Fall, Falle; Gott, Gottes; will, wollen; — oder wenn bei der Erweiterung eines Wortes durch Hinzufügung eines Lautes (e) eine Sylbe mehr entsteht und dann die doppelte Lautbestimmung gehört wird, als: hoffen st. hoffeten; kämmten st. kämmeten; rollte st. rollete. Ausnahmen machen die Wörter denn, wenn, dann, wann, von denen jedoch die beiden letzteren auch noch die Verlängerung dannen und wannen verstatten. — Das doppelte ſ zur Bezeichnung des scharfen Zungenhauches (ß) wird nie anderswo gesetzt, als wo es wirklich doppelt gesprochen wird, d. i. in der Mitte eines Wortes zwischen zwei Lauten, wovon der vorangehende gestoßen ist, so daß das erste ſ zur vorangehenden, das zweite zur nachfolgenden Sylbe gesprochen wird. Sobald mit einem Worte eine solche Veränderung vorgeht, daß die Lautbestimmung nicht mehr doppelt gesprochen werden kann, wird aus dem ſſ (eses) ein ſs (eszet), als: Waſſer, waſſerig, wäſsrig; haſſen, haſſeten, haſsten; wiſſen, wuſste; müſſen, muſste; Biſſen, Biſs. — Auch ck und tz gehören zu den Stoßungszeichen und stehen ohne Ausnahme dann, wenn ein gestoßener Laut vorhergeht, als: backen, blicken, Rücken, Glück, zurück; setzen, stützen, blitzen, Satz, Netz; — wogegen k und z theils nach einem gedehnten Laute, theils nach einer Lautbestimmung stehen, als: Schaukel, reizen; Bank, Glanz. — Die Bestimmungszeichen ch und ſch werden niemals, weder am Ende, noch in der Mitte der Wörter, verdoppelt, wovon der Grund schwerlich in etwas anderem liegen mag, als in der großen Breite, welche diese beiden Buchstaben haben, oder darin, daß man die Natur dieser beiden Sprachtöne verkannte und sie für eben so zusammengesetzt hielt, wie ihre Buchstaben zusammengesetzt sind, als: Bach, ſchwach, Loch, Geruch, Fiſch, raſch, verloſch; — lachen, wachen, Becher, verblichen, verbrochen; Tiſche, haſchen, gedroſchen, wuſchen, Dreſcher.

Hieraus geht hervor, daß doppelte Bestimmungszeichen nie stehen können: nach gedehnten Lauten — nach Doppellauten, welche den gedehnten

Lauten allemal gleich zu achten sind — und nach Lautbestimmungen. — Ausnahmen von dieser Regel können nur da eintreten, wo gleiche Lautbestimmungen durch Zusammensetzung zweier Wörter zusammenkommen, als: vielleicht, vorrücken, Lauffeuer.

III. Das Setzen der Dehnungszeichen. — Weder darüber, wo Dehnungszeichen zu setzen sind, und wo nicht; noch darüber, welches von zweien zu wählen sei, wenn bei einem Laute zwei Dehnungszeichen gebräuchlich sind, lassen sich allgemeine Regeln geben, sondern es muß dies lediglich durch die Uebung in Hinsicht auf die einzelnen Wörter erlernt werden. Welche Erleichterungsmittel hiebei allenfalls noch eintreten können, um die Fertigkeit im richtigen Setzen derselben schneller zu gewinnen, soll bei der nachfolgenden Uebersicht der gebräuchlichen Bezeichnung aller einzelnen Sprachtöne gelehrt werden.

IV. Das richtige Setzen und Unterscheiden mehrer einzelnen Buchstaben. — Das Meiste hierüber wird in der nachfolgenden Uebersicht der Bezeichnung aller einzelnen Sprachtöne durch Buchstaben gelehrt werden; daher wir uns hier mit einigen Bemerkungen über etliche besondere Buchstaben und mit allgemeiner Angabe derjenigen, auf deren Unterscheidung vorzüglich zu achten ist, begnügen wollen.

Der Buchstabe *y* (ypsilon) ist fremden Ursprunges und aus der griechischen Sprache entlehnt. Man hat ihn nachher aber auch in echt Deutschen Wörtern angewandt, vorzüglich am Ende der Wörter, wenn noch ein anderer Laut vorhergeht, und in den davon abgeleiteten Wörtern, als: bey, zwey, Bley, zweyte, bleyern ꝛc. — und um gleichklingende Wörter von einander zu unterscheiden, z. B. das Zeitwort seyn von dem Fürworte sein, das Zeitwort meynen von dem Fürworte meinen. Jetzt ist man aber von diesem Gebrauche meistentheils zurückgekommen und setzt für das sonst gebräuchliche y in Wörtern Deutschen Ursprunges überall ein i; man schreibt also bei, zwei, Blei, zweite, bleiern, sein und meinen. — Dagegen behält man das y in Wörtern, die aus einer fremden, besonders aus der griechischen Sprache entlehnt sind, als: Sylbe, Hymne, Styl, Physik. Obgleich ihm in solchen Wörtern eigentlich eine andere Aussprache gebührt, nämlich wie ü, so ist es doch zur ziemlich allgemeinen Gewohnheit geworden, ihn auch dort mit dem i gleich auszusprechen. — Beschränkt man den Gebrauch dieses Buchstaben auf solche fremden Wörter, so gewährt er dann mit ein äußeres Kennzeichen, woran man den fremden Ursprung eines Wortes ersieht, und auf diesen ganz zweckmäßigen Gebrauch dieses Buchstaben wollen auch wir uns in der Folge beschränken.

Der Buchstabe c ist zwar nicht fremden Ursprunges, gehört aber doch auch zu den überflüssigen, da er durch k und z vollständig ersetzt werden kann; und daher ist es zweckmäßig, wenn man ihn nach und nach aus unserer Schrift immer mehr zu entfernen sucht. Dies gilt indessen nicht von den Fällen, wo er zur Bezeichnung eines einfachen Sprachtones, der aber ein zusammengesetztes Zeichen hat, mitgebraucht wird, also nicht bei ch und sch. Auch in der Verbindung ck, wo er eigentlich auch die Stelle eines k vertritt, ist er noch so allgemein im Gebrauch, daß man hier dem allgemeinen Schreibegebrauche nicht entgegenwirken kann. — Außer den bis hieher genannten Fällen gebraucht man ihn nur noch in einer Anzahl Deutscher Namen, als: Carl, Conrad, Cöln, Cöslin — und in fremden Wörtern, als: Catechismus, Collegium. In beiden Fällen ist jedoch ein gewisses Bestreben in unserer Sprache vorhanden, diesen Buchstaben weniger zu gebrauchen und allmählig ganz zu entfernen. Bei den Deutschen Namen vertauscht man ihn immer häufiger mit k, und es ist zu wünschen, daß dies bald überall und allgemein geschehe, daß man also schreibe: Karl, Konrad, Köln, Köslin, Küstrin. In Rücksicht der fremden Wörter hat man ihn bei vielen auch bereits mit k und z vertauscht, je nachdem die Aussprache das Eine oder das Andere fordert, als: Kanzel (cancelli), Katheder (cathedra), Kloster (claustrum), Küster (custos), Prozeß (processus), Zither (cithara). — Nach dem gegenwärtigen Stande der Sache kann man sich etwa Folgendes als Richtschnur nehmen: Wenn ein Wort das Deutsche Bürgerrecht erlangt hat, d. h. wenn es durch Annahme einer auch sonst gewöhnlichen Deutschen Endung das Ansehn eines Deutschen Wortes gewonnen hat, und wenn es dabei Biegungen und Ableitungen nach Deutscher Art verstattet, so vertausche man das c mit k und z. Wenn es sich aber durch fremde Endung und durch Ungefügigkeit gegen Deutsche Biegung und Ableitung noch als einen Fremdling ankündigt, so schreibe man es lieber mit c. Zur ersteren Art gehören außer den schon vorhin angeführten Wörtern z. B. noch folgende: Kammer, Kapelle, Kaiser, Krone, Kanone, Kreuz, Spectakel, Kapitel, Kerker, Klavier, Kreatur — Ziffer, Zirkel, Zentner, Offizier, Polizei, Zimmet, Zitrone, Sedez, Duodez. — Zur letzteren Art gehören z. B. die Wörter Commissarius, Collegium, Consistorium, Catechismus und andere mit denen, welche von ihnen abgeleitet sind. Da viele Wörter im Uebergange begriffen sind, sich zu Wörtern Deutscher Form zu gestalten, so kann man in vielen Fällen freilich hiebei noch zweifelhaft bleiben, ob man eine solche Verwechselung vornehmen solle oder nicht, und diese mögen dann der Beurtheilung des Schreibenden überlassen bleiben. Die Endung on wird gewöhnlich noch nicht als eine solche betrachtet, die einem Worte das Deutsche Bürgerrecht ertheilt, und man schreibt Wörter, welche diese Endung haben, gewöhnlich noch mit c, als: Commission, Confession, Condition; nicht: Kommission ꝛc.

Die Buchstaben ph, welche einen einfachen Sprachton, den scharfen Lippenhauch, bezeichnen, werden nur bei Wörtern aus fremden Sprachen angewandt und sind daher ebenfalls ein Zeichen von dem fremden Ursprunge eines Wortes, als Phantasie, Philosophie, Seraph, Joseph. — Damit sie dies nun ganz werden mögen, ist es zu wünschen, daß auch in den wenigen Deutschen Namen, wo das ph noch nach altem Herkommen im Gebrauche ist, dafür ein f gesetzt werde. Statt Westphalen, Adolph, Rudolph schreibe man also: Westfalen, Adolf, Rudolf.

Nächst diesen über die Buchstaben y, c und ph und deren Vertauschung mit i, k, z und f angegebenen Bemerkungen ist nach dem Schreibegebrauche vorzüglich noch die Unterscheidung folgender Buchstaben zu bestimmen: ch und k zu Anfange der Wörter — k und ck — z und tz — f und v — t und th — chs und x — ſ, s, ſſ und ſs (ß) — ai und ei — j und g. — Was hierüber zu merken ist, kann jedoch am leichtesten bei der nachfolgenden allgemeinen Uebersicht der Bezeichnung sämmtlicher Sprachtöne gelehrt werden.

59.

Ueber die Schreibung der aus fremden Sprachen entlehnten Wörter ist Folgendes hauptsächlich zu bemerken:

Fremde Eigennamen werden in der Regel ganz mit den Buchstaben geschrieben, welche sie in den Sprachen haben, woraus sie entlehnt sind, als: Virgilius, Horatius, Euclides, Voltaire, Rouſſeau, Shakespeare, Newton, Correggio u. s. w. Doch schreibt man manche Griechische Namen, die durch die Lateinische Sprache zu uns gekommen sind, gewöhnlich nach ihrer Lateinischen Form, z. B. Alcibiades statt Alkibiades, Pericles st. Perikles, Lacedæmon st. Lakedaimon, Alexander st. Alexandros, Corcyra st. Kerkyra ꝛc., wobei selbst die Aussprache sich zum Theil geändert hat, — besonders ist es ganz gewöhnlich geworden, die Griechische Endung os mit der Lateinischen us zu vertauschen, als: Philippus st. Philippos, Porphyrius st. Porphyrios, Christus st. Christos. Bei solchen Namen, so wie bei vielen anderen, welche aus unbekannteren Sprachen entlehnt sind, bleibe man bei der bereits allgemein eingeführten Schreibart, besonders auch bei biblischen Namen, z B. Isaak, Eva, Moses st. Jitzchak, Chavah, Moscheh; — Janitscharen st. Jenkidschäri, Hegira st. Hedschra u. s. w.

Fremde Wörter, welche noch gerade so lauten, wie in der Sprache, aus welcher sie genommen sind, werden auch eben so geschrieben wie dort, als: Bouteille, Bataille, Bataillon, Phlegma, Courage, Capitaine, Couleur, Rhythmus, Adagio.

Fremde Wörter, welche das Deutsche Bürgerrecht erlangt haben — werden ganz nach der Aussprache, die man ihnen im Deutschen gibt, und nach Deutscher Weise geschrieben. Hieher gehören vorzüglich folgende Endungen, die an vielen ursprünglich Deutschen Wörtern gefunden werden, und welche man daher vorzüglich gebraucht hat, um fremden Wörtern das äußere Ansehn Deutscher Wörter zu geben:

e — Kæse, Krone, Kirsche, Sylbe, Maschine.

el, wenn das fremde Wort in seiner Endung den Buchstaben l hatte — Engel, Tafel, Fibel, Tempel.

en ist selten — Almosen (eleemosyna).

er, wenn das fremde Wort in seiner Endung den Buchstaben r enthält — Fenster, Fieber, Kalender, Körper, Pulver, Zepter.

ei — Polizei, Salvei, Schalmei, Decanei, Abtei.

k — Falk, Kalk.

st oder t — Fest, Pallast, Pest, Punkt.

ss (ß) — Firniss, Kürbiss.

z — Provinz, Prinz, Justiz, Essenz.

Fremde Wörter, die im Uebergange begriffen sind, Deutsches Ansehen anzunehmen, aber jetzt noch manches Fremdartige an sich tragen, suche man nach und nach auch immer mehr der Deutschen Schreibung anzunähern, wie dazu in unserer Sprache ein sichtbares Bestreben vorhanden ist. Man könnte von solchen Wörtern sagen, daß sie im Besitze des halben Deutschen Bürgerrechtes sind, und es gehören dahin die meisten fremden Wörter auf folgende Sylben:

 āl — Pennal, Pedal, Kanal, Kapital.
ān — Fasan, Altan.
ant — Pedant, Infant, Commandant.
anz — Monstranz, Concordanz.
enz — Frequenz, Intelligenz, Concurrenz.
ār — Barbar, Talar, Altar.
ast — Pallast, Contrast, Gymnasiast.
ist — Trappist, Equilibrist, Tenorist.
āt — Magistrāt, Quadrat, Concordat.
ät — Majestät, Celebritæt, Legitimitæt.
ēk — Bibliothek, Glyptothek, Apotheke.
ik — Mathematik, Physik, Botanik.
ēl — Kamēl, Rondēl, Canēl.
ent — Student, Præsident, Præsent, Regent.
ēt — Prophēt, Musagēt.
ie (aus dem Französischen herübergenommen, wo man in andern Wörtern die Sylbe ei gelassen hat) — Philosophie, Melancholie, Melodie.
īn — Rubin, Camin.
isch — katholisch, kanonisch, prophetisch.
īv — Substantiv, Accusativ, Perspectiv.
ōn und iōn — Baron, Person, Million, Nation, Motion.
or — Doctor, Factor, Professor.
ūr — Natur, Cultur, Registratur.

und viele andere, bei denen blos die fremden Endungen, z. B. us, a, um, weggelassen sind, und die daher sehr verschiedene Endungen haben können.

Zweites Kapitel.

Uebersicht der Bezeichnung sämmtlicher einfacher Sprachtöne in Deutscher Schrift.

60.

Bezeichnung der Laute.

1) Der gedehnte Oefnungslaut ā — kann durch ein bloßes Dehnungszeichen, durch aa und ah bezeichnet werden. Wo jedes dieser drei Zeichen hingehöre, läßt sich durch keine Regel feststellen, sondern muß ganz durch die Uebung erlernt werden. Am seltensten kommt aa vor, und wenn man sich die wenigen Wörter, in denen diese Bezeichnung stattfindet, merkt, so kann man wenigstens in Hinsicht der übrigen nur über zwei Zeichen zweifelhaft sein. Wo aber ah und wo ein bloßes a hingehöre, darüber läßt sich in Regeln gar nichts angeben. — Man setze also.

a) *aa* in den Wörtern: Aal, Aar, Aas, baar, Haar, Paar, Saal, Saat, Staar, Staat, Waare, Maaſs, und in dem Namen der Stadt Aachen — In manchen Wörtern, worin sonst aa gebräuchlich war, läßt man es jetzt schon gewöhnlich fort, z. B. in Schlaf, Hase, Samen, auch schon ziemlich gewöhnlich in Star;

b) *ah* in: Ahle (Schuhmacherpfriem), Ahnen (Vorfahren), ahnen (vermuthen), ahnden, Bahn, Bahre, bewahren, fahl, Fahne, fahren, Gemahl, gewahr, Hahn, Jahr, kahl, Kahn, Krahn, lahm, Mahl, mahlen, mahnen, Nahrung, Pfahl, Prahm, Rahm, Stahl, Strahl, Wahn, wahr, Zahl, zahm, Zahn und vielen anderen, so wie in allen davon abgeleiteten Wörtern. — Man schreibe nicht Drath, Nath, sondern Draht, Naht, weil es etwas ist, was gedrehet und genähet ist;

c) ein bloßes *a* ohne Dehnungszeichen in: Bart, dar, Fasan, gar, gethan, Gram, Gran, haben, Hamen, kam, klar, Kram, Kranich, schal, Schwan, Span, sparen, Spass, Sprache, war, zart und in allen Wörtern mit den Nachsylben bar, sal und sam, z. B. schätzbar, Schicksal, folgsam. — —

Unterscheide folgende gleichklingenden Wörter Aal und Ahle — Saat und (ihr) saht — war, wahr und Waare — Aas und ass — baare und Bahre — Maass und mass — — folgende ähnlich klingenden Wörter: Staat, Stadt und statt (Statthalter) — Staar und starr — Maasse und Masse.

2) Der gestoßene Oefnungslaut — ă — wird allemal durch ein bloßes a bezeichnet, und in Rücksicht seiner kann gar kein Zweifel stattfinden — Lanze, Harfe, darf, Schatz. — Wo ein besonderes Stoßungszeichen zu setzen ist, darüber s. die Bemerkung nach Nr. 16, verglichen mit dem, was vorher über die Stoßungszeichen gelehrt ist.

Unterscheide Mann und man — Kahn und kann — kam und Kamm — lahm und Lamm — Wahn und wann.

3) Der gedehnte erste Zungenlaut — ē — hat ebenfalls drei Zeichen: ein bloßes e ohne Dehnungszeichen, ee und eh. Da hier aber vom Sprachton, und nicht vom Buchstaben ausgegangen wird, so gehören alle diejenigen Wörter nicht hieher, in denen zwar ein e, ee und eh steht, wo aber der Laut wie ā, d. h. wie der gedehnte Oefnungs-Zungenlaut, ausgesprochen wird, als: schwer, Meer, Sehne. — Es findet sich nun

a) *ee* in Klee, See, Schnee, Allee, Armee, Thee, Seele, Beet (was jedoch auch von manchen wie Bæht gesprochen wird), Kameel, Schlee, scheel,

b) *eh* in: Ehre, kehren, Lehm, lehren, mehren, sehr, seht, geht, steht;

c) ein bloßes *e* nur in solchen Sylben, die sich auf den Laut e endigen — *ge*-hen, *ste*-hen, *se*-hen, *be*-sorgen, *ge*-lungen, Mühe. Vergl. jedoch über das e in den Vorsylben be und ge und am Ende der Wörter die darüber gemachten Bemerkungen §. 34.

4) **Der gestoßene erste Zungenlaut — ĕ —** welcher dem gestoßenen Oefnungs-Zungenlaute ă gleich klingt, kann also auch durch e und ä bezeichnet werden, worüber die Abstammung entscheiden muß. Er wird durch e bezeichnet in allen Wörtern, die sich nicht von Stammwörtern herleiten lassen, worin an dieser Stelle ein a ist, als: Welt, Weg, Herz, Schmerz, stellt, setzt ꝛc. — dagegen durch ä in solchen Wörtern, deren Stammwörter an dieser Stelle ein a haben — hält, fällt, schätzt, Aepfel u. s. w.

5) **Der gedehnte zweite Zungenlaut — ī —** kann ebenfalls auf dreifache Art bezeichnet werden: durch ein i ohne Dehnungszeichen, durch ih und ie, wozu noch für fremde Wörter y kommt. Die beiden ersteren Zeichen kommen nur in wenigen Wörtern vor, die man sich leicht merken kann; in allen übrigen kann man dann ie setzen. Es kommt vor:

a) **ein bloßes** *i* nur in mir, dir, wir, wider (wenn es mit **gegen** gleichbedeutend ist), Igel — in Wörtern, die aus fremden Sprachen herkommen: Bibel, Fibel, Camin, Rubin, Tinte — in der Endung in an vielen Orts- und Personen-Namen, als: Demmin, Stettin, Cammin, Dannin ꝛc. (aber Wien). Auch die Endung iren, wodurch man viele fremde Zeitwörter ins Deutsche überträgt, wird gewöhnlich mit bloßem i geschrieben, als: formiren, studiren, decliniren ꝛc.; ausgenommen sind jedoch regieren und spatzieren;

b) *ih* in den wenigen Wörtern: ihm, ihn, ihnen, ihr, ihren, ihrige und in dem Namen des Pommerschen Flusses Ihne;

c) *ie* in allen übrigen Fällen, die unter a und b nicht ausgenommen sind — Hieb, Bier, hier, fiel, Riem ꝛc. — In manchen Fällen kommt zu ie noch ein h, welches zur Wurzel solcher Wörter gehört und darum nicht weggelassen werden darf, als: befiehlst von befehlen, empfiehlt, stiehlt, siehst, fliehst, liehst ꝛc.;

d) *y* in

d) y in fremden Wörtern — Styl, Hyder (Wasserschlange), Physik.

Unterscheide: wider (gegen) und wieder (noch einmal) mit den von ihnen durch Ableitung und Zusammensetzung gebildeten; also: widersprechen, widerstreiten, widerstehen, erwidern; aber: wiederkommen, wiederholen — Fiber und Fieber — Mine und Miene — Stiel und Styl.

6) Der gestoßene zweite Zungenlaut — ĭ — wird allemal durch ein bloßes i bezeichnet, nur in einigen fremden Wörtern aus der griechischen Sprache durch y — Fisch, wichtig, mich, mit, Himmel; Sylbe. — Nur in den Wörtern vierzehn, vierzig, Viertel, dies wird das i gewöhnlich gestoßen ausgesprochen, man behält aber beim Schreiben doch ie bei, um die so nahe liegende Ableitung von vier und dieses nicht zu verdunkeln.

Unterscheide: Schiffer und Schiefer — in und ihn — im und ihm.

7) Der gedehnte erste Lippenlaut — ō — wird auf dreifache Art bezeichnet: durch ein bloßes o ohne Dehnungszeichen, durch oo und oh. Die Bezeichnung durch oo findet nur in einigen Wörtern statt, welche leicht behalten werden können; die beiden anderen Bezeichnungsarten können nur durch Uebung erlernt werden. Man schreibt

a) *oo* in: Looß, Moor (Morast), Moos, Boot, Schoſs und allenfalls noch Lootse. In letzterem Worte, so wie in Schoſs, wird das zweite o schon häufig weggelassen;

b) *oh* in: Argwohn, Bohle, Bohne, bohren, Dohle, Drohne, froh, hohl, Hohn, Kohl, Kohle, Lohn, Mohr (schwarzer Mensch), Ohm, ohne, Ohr, Rohr, Sohle, Sohn, wohl, wohnen u. a., so wie in allen davon abgeleiteten. Da letzteres auch in Beziehung auf alle übrigen Buchstaben stattfindet, so wird es künftig nicht mehr jedesmal bemerkt werden;

c) *o* ohne Dehnungszeichen: Brod, geboren, geschoren, Flor, fror, Bord, groſs Honig, holen, erkoren, Kloſs, los,

Mond, Morast, empor, schon, schonen, Strom, Thon, Ton, Thor, verloren, vor und anderen.

Unterscheide: Loos und los — Moor und Mohr — Boot, bot; Boote und Bote.

8) Der gestoßene erste Lippenlaut — ŏ — wird allemal durch o bezeichnet — Ort, Wort, sonst, von, grob, hoffen, Dorf.

Unterscheide: Schoss und Schooss.

9) Der gedehnte zweite Lippenlaut — ū — kann nur auf zweifache Weise bezeichnet werden, entweder mit oder ohne Dehnungszeichen. Wo das Eine oder das Andere geschehen muß, kann nur durch Uebung erlernt werden. Man setzt z. B.

a) *uh* in buhlen, fuhr, Huhn, Muhme, Pfuhl, Ruhm, Ruhr, Schuh, Stuhl, Uhr;

b) ein bloßes *u* in der Mehrzahl der Wörter, z. B. in: Blume, Blut, Busse, Schuster, bunt, rund, gesund, Huld ꝛc.

Unterscheide: Uhr von der Vorsetzsylbe ur — besonders in den Zusammensetzungen Uhrleder, Uhrgehäuse; Ursache, Ursprung, urbar.

10) Der gestoßene zweite Lippenlaut — ŭ — wird allemal durch u bezeichnet — und, Busch, durch, Furcht, Schutz, kurz.

11) Der gedehnte Oefnungs-Zungenlaut — ǟ — kann auf fünffache Art bezeichnet werden. Da nämlich nach einer besonderen Unregelmäßigkeit unserer Sprache, für welche sich kein weiterer Grund als der Gebrauch anführen läßt, der Buchstabe e, sowohl ohne als mit Dehnungszeichen wie ä gelesen wird, so kommen zu den beiden ursprünglichen Zeichen für den Oefnungs Zungenlaut noch die drei des e hinzu. Durch die Berücksichtigung der Abstammung läßt sich gewöhnlich bestimmen, ob e oder ä zu setzen sei; aber die Entscheidung darüber, ob ein Dehnungszeichen und welches stehen müsse, muß durch Uebung erworben werden. Da nämlich ä der Umlaut von a ist, so hat man es in den

meisten Fällen da zu setzen, wo ein Stammwort angegeben werden kann, welches an dieser Stelle ein a hat; ist aber ein solches Stammwort nicht aufzufinden, so hat man Ursache zu vermuthen, daß ein e mit oder ohne Dehnungszeichen gesetzt werden müsse. Hienach wird dieser Laut also bezeichnet:

a) durch *äh* in allen Wörtern, deren Stammwort ein gedehntes a enthält, welches durch ah bezeichnet ist — erwähnen von Wahn, zählen von Zahl, Kæhne von Kahn. Außerdem aber auch noch in manchen andern, die sich nicht von einem Stammworte herleiten lassen, worin a vorkommt, als: ähnlich, Aehre, allmählich, Mæhne, Mæhre, nähren, währen (dauern), Zæhre, gähnen u. s. w.;

b) durch ein bloßes *ä* in denjenigen Wörtern, deren Stammwort ein a enthält, welches durch ein a ohne Dehnungszeichen bezeichnet ist — schämen von Scham — gräbt von graben — Stäbe von Stab — nämlich von Namen. — Auch das aa der Stammwörter geht in den abgeleiteten Wörtern in *ä* über, als: Härchen von Haar — Aelchen von Aal — mäſsig von Maaſs. — Außerdem findet sich das ä noch in manchen andern Wörtern, die sich nicht von Stammwörtern mit a ableiten lassen, oder wo diese Stammwörter wenigstens veraltet sind, als: Bär, gebären, hämisch, Thräne, Krähe, spät, träge;

c) durch *ee* in: Beere, leer, Heer, Meer, Speer, Theer, verheeren;

d) durch *eh* in: angenehm, befehlen, begehren, dehnen, empfehlen, Fehde, fehl, fehlen, hehl, verhehlen, Kehle, Lehne, lehnen, Mehl, nehmen, Sehne, sehnen, stehlen, Wehr, wehren, wehen, zehn, zehren u. s. w.;

e) durch ein bloßes *e* in: bequem, bescheren, beschweren, Besen, dem, den, denen, derer, eben, Degen, Elend, her, Herd, Herde (auch Heerde), quer, selig, Schemel, Schere, schwer, Schmer, Schwert, wem, wen, weben, leben, heben, schweben, drehen ꝛc.

Unterscheide die gleichklingenden Wörter: währen, wären und wehren — Gewähr und Gewehr — Zæhren und zehren — gäbe und gebe — läse, lese und Lese (Weinlese) — Heer, hehr und her — stählen und stehlen — Segen, Sægen und sægen — Hæfen und Hefen — dehnen, denen und Dänen — Bären und Beeren. — Die ähnlich klingenden: sæen, sahen, sehen und Seen — Leere und Lehre — zähe und Zehe — zehn und Zähne.

12) Der gestoßene Oefnungs-Zungenlaut — ä — welcher dem gestoßenen ersten Zungenlaute ĕ gleich klingt, kann durch ä und e bezeichnet werden, worüber die Abstammnng entscheiden muß. Er wird bezeichnet:

a) durch *ä* in Wörtern, deren Stammwörter an dieser Stelle ein a haben — kämmen von Kamm — tränken von Trank — fällen von fallen — einhällig und misshällig von Hall. — Dagegen ist seine Bezeichnung

b) durch *e* wenigstens höchst wahrscheinlich, wenn sich die Entstehung aus a nicht nachweisen läßt — hemmen, nennen, trennen, Fell, schlecht.

Doch gibt es einige Wörter mit ä, wo die Entstehung aus a jetzt nicht mehr nachgewiesen werden kann, als: Gränze, ächt. — Umgekehrt werden einige Wörter jetzt mit e geschrieben, deren Stammwörter ein a enthalten, als: Jenner von Januarius — Fessel von fassen — besser von bass — Mehl von mahlen — behende statt bei Hænden — da die Ableitung bereits etwas verdunkelt ist. Auch Eltern wird jetzt am gewöhnlichsten mit e geschrieben, obgleich die Ableitung von alt nicht so gar fern liegt, vorzüglich wohl um die Verwechselung mit älteren, dem Gegensatze von jüngeren, zu verhüten.

Unterscheide: Fälle, fällen und Felle — Bällen und bellen — kälter und Kelter — Schwämme und Schwemme — Stränge und strenge — Schlächter und schlechter — Ställe, Stelle und stelle — Färse, Ferse und Verse — fällt, Feld und fehlt — denn und den — wenn und wen.

13) Der gedehnte erste Lippen-Zungenlaut — ō — ist der Umlaut von o und wird daher meistentheils in solchen Wörtern gesetzt, deren Stammwörter ein o enthalten. Er wird auf zweifache Art bezeichnet:

a) durch *öh* in den Wörtern, deren Stammwörter ein gedehntes o haben, welches durch oh bezeichnet ist — Söhne von Sohn — fröhlich von froh — Höhle von hohl — Röhre van Rohr — Köhler von Kohle 2c. — Außerdem findet es sich noch in dröhnen, stöhnen, versöhnen;

b) durch ein bloßes *ö* in den Wörtern, deren Stammwörter an dieser Stelle ein o haben — krönen von Krone — strömen von Strom — Töne von Ton — thönern von Thon — empören von empor. — Sonst findet es sich in: Börse, böse, hören, König, Oel (im Latein. oleum), schön, schwören, stören, Stör 2c.

Unterscheide: Blöße und Bläße — Röthe, Rede, Rhede und Räthe — röthlich und redlich — schwören, schwären und schweren — beschwören und beschweren — Stör, Staar und starr.

14) Der gestoßene erste Lippen-Zungenlaut — ŏ — wird allemal durch ö bezeichnet und es kann bei richtiger Aussprache über seine Bezeichnung kein Zweifel stattfinden. Da aber wegen fehlerhafter und undeutlicher Aussprache leicht eine Verwechselung mit anderen gestoßenen Lauten, besonders mit ä und ö, eintreten kann, so kann man in zweifelhaften Fällen sich auch hier nach einem Stammworte umsehen. Findet sich ein Stammwort, welches an dieser Stelle ein o enthält, so leidet es kein Bedenken, daß ö zu setzen sei — Töchter von Tochter — Knöpfe von Knopf — Stöcke von Stock. — Schöpfer ist unregelmäßig von schaffen abgeleitet, und schöpfen läßt sich gar nicht von einem anderen noch gebräuchlichen Stammworte herleiten.

Unterscheide: Zölle, Zelle und zählen — Böcken und Becken — körnig und kernig.

15) Der gedehnte zweite Lippen-Zungenlaut — ü — ist der Umlaut von u und wird daher meistentheils in solchen Wörtern gesetzt, deren Stammwörter ein u enthalten. Er wird bezeichnet:

a) durch *üh* in Wörtern, deren Stammwörter an dieser Stelle ein u enthalten, welches durch uh bezeichnet ist — Hühnchen von Huhn — rühmen von Ruhm — Stühle von Stuhl. — Sonst findet es sich in: Bühne, früh, gebühren, kühl, kühn, Mühle, wühlen, fühlen, Sühnung;

b) durch ein bloßes ü in Wörtern, deren Stammwörter an dieser Stelle ein u ohne Dehnungszeichen haben — Schüler von Schule, schnüren von Schnur — müfsig von Mufse. — Sonst findet es sich in: blühen, für, Gemüfse, Gefchwür, grün, Thür, ungestüm, übel, Bügel, trübe, über, spülen.

Unterscheide: Gefühl und gefiel — rühmen und Riemen — lügen und liegen — Stühle und Stiele — Bühne und Biene — düngen, dingen und Dingen — trübe, triebe und Triebe — kühn und Kien — spülen und spielen — für und vier — Zügel und Ziegel — Krüger und Krieger — Müder und Mieder — Züge und Ziege.

16) Der gestoßene zweite Lippen-Zungenlaut — ŭ — wird allemal durch ü bezeichnet, und seine Bezeichnung ist also bei richtiger Aussprache unzweifelhaft. Da aber bei fehlerhafter und undeutlicher Aussprache leicht eine Verwechselung, besonders mit dem ähnlich klingenden i, eintreten kann, so sehe man sich im zweifelhaften Fällen nach einem Stammworte um. Wenn man ein Stammwort mit u findet, so ist die Schreibung mit ü unzweifelhaft, als: Brüche von Bruch, flüssig von Fluss (was im Flusse, d. h. im Zustande des Fliessens ist) — schützen von Schutz. Findet man dagegen ein Stammwort mit e oder i, so muß man i setzen, als: wirklich von Werk — Gebirge von Berg — Gestirn von Stern — wirst und wird von wer-

den. — Eine solche Ableitung findet jedoch nicht mehr statt bei den Wörtern: Hütte, Bürde.

Unterscheide: müssen und missen — Küste und Kiste — küssen, Küssen und Kissen — Tücke und Dicke — brüllen und Brillen — pflücken und flicken — Gerücht und Gericht.

Die gestoßene Aussprache der acht Laute: a, e, i, o, u; ä, ö und ü hat nach §. 40. ein besonderes Zeichen noch darin, daß das nachfolgende Bestimmungszeichen doppelt gesetzt wird. In der Mitte eines Wortes geschieht dies aber nur da, wo die folgende Lautbestimmung doppelt gehört wird, also zwischen zwei Lauten, wovon der vorangehende gestoßen ist, als: Lappen, Neffe, Mitte, hoffen, murren, hätte, Götter, Hütte — oder wo durch Weglassung eines e das Wort eine Sylbe weniger bekommen hat, bei dessen Wiederherstellung die Lautbestimmung wieder doppelt gehört wird, als: hoffte st. hoffete — schallte st. schallete — gedämmt st. gedämmet — genannt st. genennet. — Am Ende eines Wortes geschieht es zwar auch da, wo die Lautbestimmung nur einfach gehört wird, jedoch nur in solchen Fällen, wenn sie bei der Verlängerung wieder doppelt ausgesprochen wird, als: Kamm verlängert Kæmme, Fall verl. Fälle, Gewinn verl gewinnen. — Da an der Endung inn, welche zur Bezeichnung weiblicher Personen dient, bei der Verlängerung die Endbestimmung doppelt gehört wird, so muß sie mit einem doppelten n geschrieben werden, als: Freundinn verlängert Freundinnen, Fürstinn verl. Fürstinnen, Königinn verl Königinnen. — Die Wörter denn und wenn haben ein doppeltes n, ohne verlängert werden zu können; dann und wann lassen sich noch in dannen und wannen verlängern. — Daß nach gestoßenen Lauten ck und tz, und wann ss danach gesetzt werden müsse, darüber vergl. §. 58.

17) Der Lipppen-Doppellaut — au — wird allemal durch au bezeichnet, nnd über seine Schreibung kann nie ein Zweifel eintreten — Haus, Maus, Raum. schauen.

18) Der Zungen-Doppellaut — äi — hat in unserer Sprache zwar vier Zeichen: ai, ei, ay, ey, von denen aber die beiden letzteren immer mehr außer Gebrauch kommen und mit ai und ei verwechselt werden. Für jetzt findet man sie aber noch hin und wieder, besonders am Ende der Wörter, z. B. Bay, May; Ey, Tändeley, bey, frey — seyn, meynen, vergl. §. 59. Da wir aber den Buchstaben y aus echt Deutschen Wörtern überhaupt verdrängen wollen, damit er nur als ein Zeichen für den fremden Ursprung eines Wortes verbleibe, so werden wir auf diese beiden Zeichen, ay und ey, gar keine Rücksicht nehmen, und es verbleiben uns also dann nur die beiden anderen, ai und ei. Man könnte nun zwar bei diesen beiden Zeichen an den vollständigen und abgekürzten Doppellaut denken und jedem derselben eines dieser Zeichen zuwenden. Aber von diesem Unterschiede wird nie Gebrauch gemacht; namentlich wird in unserer Provinz nie der vollständige, sondern immer nur der abgekürzte Doppellaut gesprochen; Saite und Seite, Waise und Weise haben einen gleichen Klang, und wenn manche Sprachlehrer noch einen Unterschied bei der Aussprache des ai und ei finden wollen, so beruht dies entweder auf einer Täuschung, oder es ist ein gemachter Unterschied, der in der lebenden Sprache sich nicht vorfindet. Bei dieser Gleichheit der Aussprache wird die Unterscheidung des ai und ei also ganz Sache des Schreibegebrauches und der Uebung. Da ai nur in einer nicht großen Anzahl von Wörtern vorkommt, so wird man das Hiehergehörige am besten erlernen, wenn man sich diese Wörter mit ai merkt; alle übrigen, die den Zungen-Doppellaut enthalten, werden mit ei bezeichnet. Man setze also:

a) *ai* in: Hain, Hai, Laie, Laich, Kaiser, Main, Mainz,

Mai, Maiſs, Saite, Waiſe, Waid, Rain und allenfalls in Haide (eine mit Haidekraut bewachsene Gegend);

b) *ei* in allen übrigen Fällen, z. B. Bein, rein, reich, Kleid. — Auch meiſchen (beim Brauen), Getreide und Weizen werden jetzt gewöhnlicher mit ei als mit ai geschrieben.

Unterscheide: Hain (Wald) und Hein (Tod) — Saite, Seite und Seide — Waiſe, Weiſe und weiſe — Haide und Heide — Waid und weit — Rain, Rhein und rein — Laich und Leiche.

19) Der Lippen-Zungen-Doppellaut — äu — hat ein zweifaches Zeichen, äu und eu, welche durch die Abstammung unterschieden werden müssen. Wenn dieser Doppellaut der Umlaut von au, und also aus au entstanden ist, so wird er mit äu bezeichnet; wenn sich eine solche Abstammung nicht angeben läßt, so hat man Ursache zu vermuthen, daß er mit eu bezeichnet werden müsse. Man setze also:

a) *äu* in den Wörtern, deren Stammwörter auf dieser Stelle au enthalten — häuslich von Haus — Gräuel und gräulich von grauen — räuchern von Rauch — träumen von Traum — Bräutigam von Braut. — Sonst kommt äu vor in: Säule.

b) *eu*, wo eine solche Ableitung nicht stattfindet — Beute, heulen, ſcheuen, leuchten. — Wo eine Ableitung von au zweifelhaft oder schon ganz verdunkelt ist, setzt man auch lieber eu als äu, z. B. Heu, ſchleudern, heucheln, leugnen, deuchten.

Unterscheide: Häute and heute — Häuſer und heiſer — Leuten, läuten, leiten und leiden — räuchern und bereichern — Scheunen und ſcheinen — Leuchter und leichter — Säule und Seile — räumen und reimen — Reue und Reihe — Fäule oder Fäulniſs und Feile — Reuſen und reiſen — äuſsern und eiſern — Feuer und Feier, nebst feuern und feiern — Beule und Beile — Euter und Eiter — Gehäuſe und Geheiſs — Geläute und

Geleite — Sträuche und Streiche — Zeugen, zeugen und zeigen — Eule und Eile.

61.

Bezeichnung der Lautbestimmungen.

1) Der freie Hauch — h — welcher nur im Anfange der Sylben als Vorbestimmung gesprochen wird und ausgesprochen werden kann, wird allemal durch h bezeichnet — Haar, haben, hoffen, erholen, gehen. — Wo der Buchstabe h an anderen Stellen des Wortes steht, ist er entweder Dehnungszeichen, als: Lohn, sehnt, gähnen — oder gibt einem Buchstaben eine andere Aussprache, als ph: Joseph — oder ist für die Aussprache überflüssig, wie in th: thun, Muth, Rath.

2) Der scharfe Lippenhauch — f — hat im Deutschen drei Zeichen: f, v und ph Hiezu kommt noch, daß man pf, bei welchem eigentlich der scharfe Lippenschluß in Verbindung mit dem scharfen Lippenhauche gesprochen werden soll, durch eine Nachlässigkeit in der Aussprache ganz gewöhnlich wie ein bloßes f spricht. Da dies auch selbst von Gebildeten, wenigstens zu Anfange der Wörter, sehr gewöhnlich geschieht, so muß auch dieses Zeichen berücksichtiget werden. — Wo pf zu setzen ist, merkt man sich am besten, wenn man sich frühzeitig gewöhnt, immer beide Buchstaben auszusprechen, und dem Lehrer ist es daher sehr anzuempfehlen, beim ersten Leseunterrichte ernstlich darauf zu halten, daß auch die Kinder dieses thun. Dadurch werden die Wörter, welche pf enthalten, frühzeitig den Kindern eingeprägt, und wenn nachher auch die nachlässigere Aussprache bei ihnen eintritt, so hat sich der Eindruck in der Seele schon befestigt. — Die Buchstaben ph sollen nach §. 58. IV. nur in fremden Wörtern stehen bleiben, und die Wörter, worin sie vorkommen, müssen besonders gemerkt werden. — So bleibt also für die Wörter Deutschen Ursprunges nur f und

v zu unterscheiden. Nun steht v mit wenigen Ausnahmen nie als Nachbestimmung; wo man also den scharfen Lippenhauch als Nachbestimmung hört, ist er durch f zu bezeichnen. Eben so wenig wird v als Vorbestimmung vor einer anderen Lautbestimmung gesetzt, steht auch nie vor den Lauten u, ü und äu; wo also der genannte Sprachton vor Lautbestimmungeu und vor den Lauten u, ü und äu gehört wird, kann auch kein Zweifel darüber stattfinden, daß f gesetzt werden muß. Hienach bleibt also das Sprechen dieses Lautes vor a, e, i, o, ä, ö, au und ei dasjenige Gebiet, in welchem nicht durch allgemeine Regeln bestimmt werden kann, ob f oder v zu sezen ist, und wo das Nöthige darüber durch bloße Uebung erlernt werden muß. Merkt man sich hiezu nun noch, daß v am häufigsten vorkommt in den Wörtern viel, voll, von, vor und in der Vorsylbe ver, so wie in denjenigen Wörtern, welche hieraus durch Ableitung und Zusammensetzung gebildet sind, daß es außerdem noch vor a in Vater, vor e in Vetter, vor i in vier und Vieh, vor o in Vogel, Vogt, Volk, vor ä in Väter, vor ö in Vögel, vor au in seinem eigenen Namen Vau, vor ei in Veilchen steht, so wird man vor Verwechselungen dieser beiden Buchstaben ziemlich gesichert sein.

Hienach wird also der scharfe Lippenhauch bezeichnet:

1) durch *f* — a) allemal wo dieser Hauch Nachbestimmung ist, mit Ausschließuug einiger wenigen unter Nr. 2. anzuführenden Ausnahmen — Hof, Brief, schafft.

b) allemal wenn er Vorbestimmung ist und vor einer andern Lautbestimmung gesprochen wird, mit einer einzigen nachher anzuführenden Ausnahme — frei, fromm, fliehen, flechten;

c) sehr häufig auch, wenn er als Vorbestimmung vor einem anderen Laute gesprochen wird, als: Fall, Fell, Forst, Furcht, Fährte, fehlen, faul, feil — und zwar hier allemal vor u, ü und eu, als: Furcht, fuhr, führen, für, Fürst, feucht, Fäulnis;

2) durch *v* — a) als Nachbestimmung gar nicht, mit Ausnahme des Wortes brav, des Deutschen Namens Gustav, und einiger fremden Namen, in denen die Endung aus in v abgekürzt ist, als: Bogislav st. Bogislaus, Wladislav st. Uladislaus — so wie auch einiger fremden Wörter, bei denen das v durch Weglassung der eigenthümlichen Endung der letzte Buchstabe des Wortes geworden ist, als: Substantiv, Positiv, Dativ u. s. w..

b) als Vorbestimmung — nicht vor Lautbestimmungen mit Ausnahme des schon ziemlich veralteten Wortes Vliess (Fell) — wohl aber häufig vor Lauten, mit Ausnahme von u, ü und eu, worüber das Nähere oben schon gesagt ist — Vater, vor, von, davon, verzehren, verfertigen;

3) durch *ph* nur in Wörtern aus fremden Sprachen — Prophet, Joseph, Phantasie, Philosophie, Triumph, Seraph. — Daher schreibe man mit f auch die Deutschen Namen Westfalen, Adolf und Rudolf.

4) wegen der häufig vorkommenden nachlässigen Aussprache merke man sich noch die Wörter, welche mit pf anfangen, und unterscheide sie von den ähnlich klingenden, welche mit f anfangen — Pferd, Pfand, Pfund, Pfahl, Pfirsich oder Pfirsche, Pflaume, pfropfen, Pflanze, Pfriem, Pfründe, Pflug, Pfeil, Pflicht pflücken.

Unterscheide: Ferse, Färse und Verse — fiel und viel — Vetter und fetter — für und vier —
ferner: Pferd und fahrt — Pfand und fand — Pfund und Fund — Pfahl und fahl — Pflaumen und Flaumen — pflügen und fliegen — Pflug, Flug und Fluch — Pfeil, feil nnd Feile — pflücken und flicken — Pflicht und flicht (von flechten). —

3) Der sanfte Lippenhauch — w — kommt nur als Vorbestimmnng vor und kann höchstens durch eine solche Abkürzung eines Wortes, wodurch es eine Sylbe verliert, zu einer Nachbestimmung werden, als: Löw'. — Sein eigentliches Zeichen, wodurch er auch in allen Wörtern

Deutschen Ursprunges bezeichnet wird, ist w; in einigen fremden Wörtern findet man ein v, was aus den fremden Sprachen herübergenommen ist. In Verbindung mit einem voraufgehenden scharfen Kehlschlusse wird er allemal durch qu bezeichnet. Man setze also für diesen Sprachton:

a) *w* in allen echt Deutschen Wörtern, mit Ausnahme des unter c bemerkten Falles — Weg, warm, Wort, Löwe.

b) *v* in wenigen Wörtern fremden Ursprunges — Venus, Sklave, Clavier, Pulver.

c) wenn der scharfe Kehlschluß k unmittelbar vorhergeht, werden beide zusammen statt kw mit *qu* bezeichnet — Qual, quetschen.

4) Der scharfe Zungenhauch — ß — ist unter allen Deutschen Sprachtönen der schwierigste für die Bezeichnung, daher über ihn etwas ausführlicher gehandelt werden muß. — Wir haben für ihn vier Buchstaben: ſs (eszet, ß), s, ſ und ſſ. — Von diesen hat das ſſ die feste Bestimmung, ihn da zu bezeichnen, wo er doppelt gesprochen wird. Dies kann aber nur in der Mitte eines Wortes zwischen zwei Lauten geschehen, wovon der vorangehende gestoßen ist, so daß der erste Hauch zur vorangehenden, und der zweite zur nachfolgenden Sylbe gehört; ſſ steht also weder zu Anfange, noch zu Ende eines Wortes. — Das s ist eigentlich bestimmt, den Zungenhauch, sowohl den scharfen als den sanften, am Ende eines Wortes zu bezeichnen, daher es auch das End-es heißt; nur durch Zusammensetzung und durch Hinzufügung von Ableitungssylben kann es in die Mitte eines Wortes kommen, z. B. ausfallen, Hausthür, häuslich, böslich. Wenn es seiner ursprünglichen Bestimmung nach (in Rücksicht auf den eigentlichen Wortstamm) den sanften Zungenhauch bezeichnen sollte, wird es doch scharf ausgesprochen, da es immer am Ende eines Wortes steht, und die Buchstaben, welche sanfte Lautbestimmungen bezeichnen, am Ende eines Wortes doch immer scharf ausgesprochen werden. Die verlängerten

Wörter Græſer und graſen zeigen z. B., daß nach dem a eigentlich der ſanfte Zungenhauch geſprochen werden ſoll, und daß graſ' der eigentliche Wortſtamm iſt; aber ſo wie man in Grab das b wie ein p, in Hund das d wie ein t ausſpricht, ſo ſpricht man aus demſelben Grunde in Gras das s am Ende wie ein ſs aus. — Das ſs (ß) iſt das eigentliche Hauptzeichen für den ſcharfen Zungenhauch; es wird aber nie zu Anfange eines Wortes geſetzt und in der Mitte eines Wortes, ſo wie am Ende, immer nur nach einem Laute. — Das ſ iſt eigentlich zur Bezeichnung des ſanften Zungenhauches beſtimmt; es treten aber doch manche Fälle ein, wo bei dieſem Buchſtaben auch der ſcharfe Zungenhauch geſprochen wird, und zwar theils am Anfange eines Wortes (Smaragd), theils in der Mitte eines Wortes als Vorbeſtimmung einer nachfolgenden Sylbe (Ochſe), theils als Nachbeſtimmung, und hier wieder als einfache Nachbeſtimmung (Knoſpe), oder als Theil einer zuſammengeſetzten Nachbeſtimmung (haſt, Kunſt). — So müſſen wir denn nun die Stellen im Worte, wo der ſcharfe Zungenhauch gehört wird, genau von einander unterſcheiden und die Zeichenſetzung für jeden dieſer Fälle beſonders beſtimmen. Wir unterſcheiden alſo den Anfang, die Mitte und das Ende des Wortes.

Am Anfange des Wortes wird der ſcharfe Zungenhauch überhaupt ſehr ſelten gehört, und wenn er daſelbſt gehört wird, ſo bezeichnet man ihn allemal mit ſ — Slave, Smaragd, Sklave, ſkalpiren, Skulptur; die letzteren drei Wörter auch Sclave, ſcalpiren, Sculptur. — Für die Bewohner anderer Deutſcher Landſchaften gehören hieher auch diejenigen Wörter, in denen ſ vor p und t ſteht — ſtellen, ſpalten, wo wir es wie ſch ausſprechen. Vergl. Nr. 8 c.

Unter Mitte eines Wortes werden hier alle diejenigen Fälle begriffen, wo dieſer Sprachton nicht der letzte des Wortes iſt, ſondern noch andere, wenn auch nur Einer, ihm nachfolgen. Dabei ſind wieder zwei Hauptfälle zu unterscheiden; er wird entweder zwischen zwei Lauten gehört, oder er hat unmittelbar vor oder hinter sich eine Lautbestimmung. — Wenn er zwischen zwei Lauten gesprochen wird, so kann nur ein Zweifel darüber entstehen, ob ſſ oder ſs zu setzen sei, und darüber entscheidet die Aussprache des vorhergehenden Lautes. Ist dieser ein gestoßener, so wird der scharfe Zungenhauch doppelt gesprochen und muß mit ſſ bezeichnet werden, als: Waſſer, näſſen, haſſen, gegoſſen; — ist er aber ein gedehnter Laut oder ein Doppellaut (denn die gedehnten Laute werden überall den Doppellauten gleich gesetzt), so wird der scharfe Zungenhauch nur einfach gesprochen, wird durch ſs bezeichnet und gehört als Vorbestimmung zur nachfolgenden Sylbe — gro-ſse, ſpa-ſsen, gie-ſsen, Fü-ſse, entblö-ſsen, weiſse, rei-ſsen, drau-ſsen. — Geht vor dem scharfen Zungenhauche unmittelbar eine Lautbestlmmung vorher, so ist unbedenklich ſ zu setzeu, da ſs nur nach einem Lautzeichen stehen kann — Erbſe, Krebſe, Mengſel, Räthſel, wachſen, hopſen. — Folgt auf den scharfen Zungenhauch unmittelbar eine Lautbestimmung, so kann man zweifelhaft sein zwischen ſs und ſ, worüber die Verwandschaft mit anderen Wörtern entscheiden muß. Läßt sich nämlich eine Entstehung aus ſſ nachweiſen, oder läßt sich darthun, daß in verwandten Wörtern an dieser Stelle ein ſs stehe, so hat man ein ſs zu setzen, als: haſste st. haſſete, iſst st. iſſet von eſſen, müſst st. müſſet von müſſen, wuſste von wiſſen, wäſsrig st. waſſerig von Waſſer, häſslich von haſſen; ſpaſste von ſpaſsen, gieſst st. gieſset von gieſsen; — kann aber eine solche Entstehung aus ſſ oder ſs nicht dargethan werden, so muß ſ gesetzt werden, besonders vor p und t, als: Knoſpe, Weſpe (welches jedoch auch Knospe, Wespe mit s geschrieben wird), biſt und iſt von ſein, Miſt (Dünger), haſt, Froſt, Weſte, geſtern, koſten, raſten ꝛc. — Wenn der Buchstabe s durch Zusammensetzung oder Verlängerung eines Wortes vermittelst Ableitungssylben in die Mitte eines

Wortes vorgerückt ist, so bleibt er auch stehen, als: auswerfen, Grasblume, häuslich.

Am Ende des Wortes, d. h. wenn der scharfe Zungenhauch als der letzte Sprachton eines Wortes gesprochen wird, kann er mit ſs und s bezeichnet werden, denn ſ kann eben so wenig als ſſ am Ende eines Wortes stehen. Geht hier wieder eine Lautbestimmung vorher, so kann man nicht zweifelhaft sein, daß s zu setzen sei, als: rechts, links, ſtets. Geht aber ein Laut vorher, so können ſs und s stehen, und hierüber müssen wieder die Verwandschaft und Verlängerung entscheiden. §. 47. Wird bei der Verlängerung der scharfe Zungenhauch gehört, sei es einfach oder doppelt, so wird gewiß ſs gesetzt, als: Spaſs verlängert Späſse, Spieſs verl. Spieſse, weiſs verl. weiſse, Biſs verl. Biſſe, muſs verl. müſſen, goſs verl. goſſen (daher auch bloſs richtiger ist als blos). — Wird aber bei der Verlängerung der sanfte Zungenhauch gehört, so muß s gesetzt werden, als: Gras verl. Græſer, Glas verl. Glæſer, Reis verl. Reiſer, Haus verl. Häuſer, Kreis verl. Kreiſe. Einige nähere Bestimmungen, wo s zu setzen ist, s. noch nachher. — Nach diesen voraufgegangenen Bemerkungen wird also der scharfe Zungenhauch auf folgende Art bezeichnet:

1) durch ſs — a) als Vorbestimmung — nie zu Anfange eines Wortes — häufig aber in der Mitte zwischen zwei Lauten, wovon der vorangehende gedehnt ist, als: Straſse, vergröſsern, heiſsen. Er muß alsdann bei der Sylbenabtheilung zur nachfolgenden Sylbe gezogen werden.

b) als Nachbestimmung nur nach einem Laute, wenn entweder in den verwandten Wörtern auch ein ſs (ß) an dieser Stelle ist, oder sich die Entstehung aus ſſ nachweisen läßt. Dies kann nun sein — theils in der Mitte des Wortes, d. h. so daß noch andere Sprachtöne bis zum Ende hin ausgesprochen werden, als: faſslich von faſſen, erſprieſslich von erſprieſsen, gemuſst von müſſen, verdrieſst von verdrieſsen, läſst von laſſen, nebst der Sylbe miſs,

miſs, da man Miſſethat ſagt; — theils ganz am Ende des Wortes, wo dann bei der Verlängerung der ſcharfe Zungenhauch einfach oder doppelt gehört werden muß, als: heiſs verlängert heiſse, groſs verl. groſse, Nuſs verl. Nüſſe u. ſ. w.;

2) durch ſ — a) als Vorbeſtimmung theils zu Anfange einiger wenigen Wörter: Slave, Smaragd, Sklave, — theils in der Mitte, wenn eine Lautbeſtimmung vorhergeht, beſonders eine ſcharfe Lautbeſtimmung: Ochſe, wirkſam, Erbſe, Räthſel, drechſeln;

b) als Nachbeſtimmung, wenn ſich keine Entſtehung aus ſſ oder ſs nachweiſen läßt, beſonders vor p und t: Knoſpe, Heſpe, geſtern, Gaſt, haſt, Liſt, Kunſt, Gewinnſt;

3) durch s — a) vorzüglich am Ende der Wörter, wenn bei der Verlängerung der ſanfte Zungenhauch gehört wird: Maus verl. Mäuſe, Moos verl. Mooſe, Eis verl. Eiſes — gewiß allemal, wenn eine Lautbeſtimmung vorhergeht, als: ſtets, vorwärts, længs. — Am Ende der Wörter findet beſonders noch ſeine Stelle: das s, welches Zeichen des Genitivs iſt: des Briefs, Bruders, Geldes, Daches — das s, welches Zeichen des ſächlichen Geſchlechts an Eigenſchaftswörtern iſt: gutes Land, ſchönes, reines, blaues Papier — das s, welches zur Bildung von Umſtandswörtern dient: rings, flugs, rechts, links — und das s an mehren kleinen einſylbigen Wörtern: es, was, das, als, aus;

b) in die Mitte eines Wortes kann dieſes s nur vorgerückt werden — durch Zuſammenſetzung: bisweilen, alsdann, ausdauern — durch Anhängung von Nachſylben: Röschen von Roſe, Luischen von Luiſe, Mäuschen von Maus, Häuslein von Haus, preislich von preiſen, weislich von weiſe;

4) durch ſſ — nur da, wo er wirklich doppelt geſprochen wird, und dies kann nur geſchehen in der Mitte eines Wortes zwiſchen zwei Lauten, wenn der vorangehende geſtoßen ausgeſprochen wird, als: Biſſen, weſſen, er-

schossen, Nüsse. — Dann gehört der Aussprache nach das erste s zur vorangehenden, das zweite zur nachfolgenden Sylbe; beim Schreiben zieht man aber das ganze ss zur nachfolgenden Sylbe; man spricht: wis-sen, müs-sen, aber schreibt: wi-ssen, mü-ssen. — Wenn zwei Wörter, von denen das eine mit s endigt, das andere mit s anfängt, durch Zusammensetzung verbunden werden, darf man nicht ss, sondern muß ss (ss) schreiben: aussagen, weissagen, Aussaat;

5) wenn dem scharfen Zungenhauche der scharfe Zungenschluß unmittelbar vorhergeht (tß) und beide Sprachtöne wie zu Einem verschmelzen, so werden sie beide zusammen noch durch z, tz, c, in fremden Wörtern auch durch t bezeichnet, worüber Nr. 21. zu vergleichen ist;

6) wenn vor dem scharfen Zungenhauche der scharfe Kehlhauch unmittelbar vorhergeht (kß) und beide wie zu Einem Sprachtone verschmelzen, so können sie beide zusammen noch durch x bezeichnet werden, worüber Nr. 22. zu vergleichen ist.

Unterscheide: hasst und hast — isst und ist — lasst und Last — misst und Mist — frisst und Frist — fasst und fast —

ferner: Reiss (Getreideart) und Reis — weisslich und weislich — dass und das — Biss und bis.

5) Der sanfte Zungenhauch — s — wird allemal durch s bezeichnet. Er steht fast immer zu Anfange der Sylben vor einem Laute: Sache, sind, Sohle, blasen, reisen, lösen. — Zur Nachbestimmung wird er nur durch Abkürzung eines Wortes, wenn ein e herausfällt und dadurch eine Sylbe verloren geht. In diesem Falle wird das ausgelassene e durch das Auslassungszeichen oder Häkchen am s bezeichnet, als: lös't statt löset, reis't st. reiset, blas' st. blase, Ros' st. Rose.

Unterscheide: reisen und reissen, heiser und heisser.

6) Der scharfe Kehlhauch — ch — hat eigentlich den Buchstaben ch zum Zeichen, der für ihn auch in den

meisten Fällen gesetzt wird. Da dieser Buchstabe aber wegen seiner beträchtlichen Breite nicht doppelt gesetzt wird, so muß man auch da, wo man den scharfen Kehlhauch doppelt spricht, sein Zeichen ch nur Einmal setzen, als: lachen, Facher. — Da wir bei dem Buchstaben g in unserer Provinz nie den sanften Kehlschluß, sondern immer den sanften Kehlhauch sprechen, und dieser am Ende der Wörter und Sylben sich in den scharfen Zungenhauch verwandelt, so treten am Ende der Wörter und Sylben häufig Fälle ein, wo man den scharfen Kehlhauch durch g bezeichnet, wenn nämlich bei der Verlängerung des Wortes der sanfte Kehlhauch gehört wird. — Hienach wird also der scharfe Kehlhauch bezeichnet:

a) durch *ch* — allemal wo er Vorbestimmung ist, als: rauchen, reiche, Söhnchen — gewöhnlich auch wenn er Nachbestimmung ist, und hier besonders in allen den Fällen, wo bei der Verlängerung der scharfe Kehlhauch gehört wird, als: Tuch verl. Tuche, bleich verl. bleiche, flach verl. flache — sonst: mich, dich u. a. — Wenn in der Mitte eines Wortes zwischen zwei Lauten, wovon der erste gestoßen ausgesprochen wird, der scharfe Kehlhauch doppelt gesprochen wird, so wird das ch doch nur Einmal geschrieben, als: Wache, machen, sprechen, gebrochen, welche gesprochen werden wie: Wachche, machchen rc.;

b) durch *g* — als Vorbestimmung am Ende der Wörter und Sylben, wenn man bei der Verlängerung des Wortes oder in verwandten Wörtern den sanften Kehlhauch hört, als: Tag verl. Tage, mag verl. mögen, Berg verl. Berge; betrüglich von betrügen, genügsam von genügen, wegsam von Weg verl. Weges.

Besonders ist hier auf die Endsylben vieler Eigenschaftswörter, ig und lich, zu achten. Bei einer recht deutlichen Aussprache würde man sich auch in Hinsicht auf sie überall durch die Verlängerung helfen können. Da aber eine so reine und deutliche Aussprache nicht überall stattfindet, so muß man auch bei ihnen auf Abstammung und Verwandschaft sehen. Es ist nämlich jedesmal auszumitteln, ob man die Nachsylbe ig oder lich vor sich habe, von denen die erstere überall mit g, die letztere mit ch geschrieben wird. Geht nun vor dem gestoßenen i, welches man in beiden Sylben hat, irgend ein anderer Buchstabe als l vorher, so ist es unbedenklich die Nachsylbe ig, und man muß mit g schreiben: gütig, jährig, häufig, blutig. — Geht aber vor diesem g ein l vorher, so ist zu untersuchen, ob dieses l zum Stammworte gehört, oder ob es durch die Ableitung hinzugekommen ist. Gehört es zum Stammworte, so hat man ebenfalls den Buchstaben ig und muß mit g schreiben: mehlig von Mehl, nebelig von Nebel, wollig von Wolle, billig und unbillig von den ziemlich veralteten Wörtern Bill und Unbill, adelig von Adel, spitzwinkelig von Winkel, gleichschenkelig von Schenkel. — Ist aber das l durch die Ableitung erst hinzugekommen, so hat man die Ableitungssylbe lich und muß mit ch schreiben, als: freundlich von Freund, jährlich von Jahr, mündlich von Mund; stündlich, gebräuchlich, erheblich, kündlich, besorglich.

Eben so ist auf die Unterscheidung der beiden Wortausgänge icht und igt einige Aufmerksamkeit zu richten. — icht ist eine Nachsylbe, durch welche man eine Aehnlichkeit bezeichnet und wird mit ch geschrieben, als: erdicht, holzicht, steinicht, grasicht. — igt ist dagegen allemal durch die Zusammenziehung der beiden Nachsylben ig und et entstanden, und kann gewöhnlich auch darin wieder aufgelöset werden, wird daher mit g geschrieben, als: erkundigt st. erkundiget, beerdigt st. beerdiget, verewigt st. verewiget.

Unterscheide: Teich und Teig — Fluch, Flug und Pflug — taucht und taugt — siech und Sieg.

7) Der sanfte Kehlhauch — j — hat zu seinem Zeichen eigentlich den Buchstaben j. — Da man aber bei uns nie den sanften Kehlschluß, sondern statt dessen immer

den sanften Kehlhauch spricht, so muß letzterer auch häufig mit g bezeichnet werden, und wir erhalten dadurch also zwei Zeichen j und g, deren richtige Setzung sorgfältig zu unterscheiden ist. Von diesen beiden steht j nur zu Anfange der Wörter und auch da nur vor Lauten; nur durch Zusammensetzung oder dadurch, daß das Wort Vorsylben annimmt, kann dieser Buchstabe in die Mitte eines Wortes kommen, z. B. bejammern von Jammer. Wo man den sanften Kehlhauch also unter anderen Verhältnissen hört, kann man mit Sicherheit g setzen. Das Gebiet desjenigen, wobei man zwischen j und g zweifelhaft sein kann, betrifft also nur den Anfang der Wörter vor Lauten, und hier ist nur durch Uebung und Merken auf den Schreibegebrauch zu helfen. Am besten thut man, wenn man sich die eben nicht große Anzahl von Wörtern, welche vorn ein j haben, zu merken sucht. — Hienach setzt man also

a) j nur zu Anfange der Wörter vor einem Laute, vorzüglich in folgenden Wörtern: ja, Jagd, Jacht, Jacke, Jæger, Jahr, jährig, Johann, jähe, Jacob, jagen, Jæhzorn, Jammer, Janitſchar, jauchzen, jämmerlich, Januar, jemand, jenſeit, jetzt, Jeſus, jener, Joſeph, Joch, Jude, Jubel, Jugend, jung, Junge, Junker, Jungfer, Julius, jüngſt, Jupiter, Juriſt, juſt, Juſtiz, Juwel, Juwelier, Jasmin und in manchen anderen, so wie in den davon abgeleiteten. Nur durch Vorsylben und durch Zusammensetzung kommt der Buchstabe j oft in die Mitte der Wörter, als: verjähren, verjüngen, bejahen, erjagen, groſsjährig, bejammern, Hirschjagd u. s. w.;

b) g — allemal, wenn der sanfte Kehlhauch als Nachbestimmung gehört wird, als: legt, mögt, ſiegt; — allemal wenn er in der Mitte der Wörter als Vorbestimmung gehört wird und nicht blos durch Zusammensetzung oder Vorsylben diese Stelle erhalten hat, als: wiegen, mögen, regen, ſteigen; — allemal zu Anfange der Wörter vor Lautbestimmungen: Glaube, Gras, Gnade; — häufig auch zu

Anfange der Wörter vor Lauten, wo jedoch auch j seine Stelle haben kann, als: Gabe, geben, Gier, Gott, gut, gäbe, Götter, Güter, Geifer. — Wenn man, wenigstens vor a, o, u bei g immer den hinteren und bei j den vorderen sanften Kehlhauch ausspräche, so könnte auch bei allen diesen Wörtern, die a, o, u zum zweiten Buchstaben haben, kein Zweifel obwalten, ob j oder g zu setzen sei, und man könnte Jahr und gahr, Jude und gute, Gott und jot schon deutlich durch die Aussprache unterscheiden. Der Zweifel bliebe dann nur noch vor den Lauten e, i und ei; daher die Gewöhnung an diese Aussprache sehr zu empfehlen ist.

Unterscheide: Jahr, gahr und gar — ver-jähren und gähren.

8) Der scharfe Zungen-Kehlhauch — ſch — hat ſch zu seinem Zeichen. Es würde über seine Bezeichnung gar kein Zweifel entstehen können, wenn nicht nach §. 58. zu bemerken wäre, daß er nie doppelt gesetzt wird, und daß also auch da, wo er doppelt gesprochen wird, der Buchstabe ſch nur einfach gesetzt werden darf; und wenn nicht außerdem bei uns das ſ vor p und t zu Anfange der Wörter wie ſch ausgesprochen würde. Mit Berücksichtigung dieser beiden Abweichungen ist also über die Bezeichnung dieses Sprachtones Folgendes zu bemerken. Sein Zeichen ist

a) *ſch* — gewöhnlich und an allen Stellen des Wortes, als: Scham, ſchal, rauſcht, Tiſch, raſch;

b) Wenn in der Mitte eines Wortes zwischen zwei Lauten, wovon der erste gestoßen ist, der scharfe Zungenhauch doppelt ausgesprochen wird, so wird der Buchstabe ſch doch nur Einmal geschrieben, als: waſchen, naſchen, Buſches, löſchen, gesprochen wie waſchſchen, Buſchſches;

c) *ſ* im Anfange mancher Wörter vor p und t, als: ſtehen, ſtumm, ſpringen, Splitter. Durch Zusammensetzung und Vorsylben kann er so auch in die Mitte der Wörter kommen, als: ausſprechen, aufſtellen, zerſpalten, verſtellen. — In anderen Provinzen Deutschlands, z. B. in Westphalen, hält man diese Aussprache für fehlerhaft und spricht hier bei ſ nicht den scharfen Zungen-Kehlhauch, sondern den scharfen Zungenhauch ß, also ſpalten wie ßpalten.

9) Der sanfte Zungen-Kehlhauch — j — kommt in Wörtern Deutschen Ursprunges nicht vor, ausgenommen in einigen nachahmenden Wörtern, die jedoch größtentheils nur in der niedrigeren Sprechweise gebraucht werden, als: einbujjen. In Wörtern aus fremden Sprachen, besonders aus der französischen, behält man die Buchstaben bei, mit welchen er dort bezeichnet wird, d. i. entweder j oder g: Jabot, Jalousie, Page, Fourage.

10) Der Lippenhalblaut — m — wird allemal durch m bezeichnet und kann zu keinem Zweifel Veranlassung geben — Mann, mehr, mit; Lehm, Halm, Damm; hemmt, kommt.

11) Der Zungen-Nasen-Halblaut — n — wird allemal durch n bezeichnet und kann ebenfalls zu keinem Zweifel veranlassen — Nacht, nein, nicht; Dorn, dann Dienst.

12) Der Kehlhalblaut — ŋ ŋ — hat im Deutschen gar keinen eigenthümlichen Buchstaben und wird daher in der Regel auch durch n bezeichnet, auf welches dann entweder g oder k folgen, die aber dann neben dem Kehlhalblaute noch einen besonderen Sprachton ausdrücken. — So werden Lunge, Finke, lang wie Luŋge, Fiŋke, laŋk gesprochen, d. h. man spricht für das n den Kehlhalblaut und im ersten Worte nachher noch den sanften Kehlhauch, in den beiden andern den scharfen Kehlschluß. — Nur in einigen wenigen Fällen, wo s und t folgen, spricht man für ng blos den Kehlhalblaut, und so ist ng nur als Zeichen für diesen zu betrachten, z. B. längs, rings. Es hat also dieser Sprachton zwei ihn darstellende Zeichen:

a) in den meisten Fällen blos *n*, wenn man hinter ihm den sanften Kehlhauch oder den scharfen Kehlschluß hört — hängen, ſpringen, ſinken, lenken, ſing, Ring, ſank, Bank;

b) in wenigen Fällen *ng*, wenn man hinter dem ſanften Kehlhauche noch in derſelben Sylbe den ſcharfen Zungenhauch oder den ſcharfen Zungenſchluß hört, als: längs, längſt, bangt, Angſt, bringt, bringſt, ſengt — aber nicht: ſing's, hing's, welche wie ſinks, hinks geſprochen werden.

13) Der Zungen-Halblaut — l — wird allemal durch l bezeichnet, ſo daß kein Zweifel über ihn entſtehen kann — Land, lahm, lenken; ſollen, fällt, fehlſt, kühlt; Schall, ſchal.

14) Der Gaumen-Halblaut — r — wird allemal durch r bezeichnet und kann ebenfalls zu keinem Zweifel Anlaß geben — Raum, reiſ, Rohr, vor, für, fährt, führſt.

15) Der ſcharfe Lippenſchluß — p — hat zu ſeinem eigenthümlichen Zeichen den Buchſtaben p. Da aber auch der ſanfte Lippenſchluß am Ende eines Wortes oder einer Sylbe ſich leicht in den ſcharfen umwandelt, ſo tritt nicht ſelten der Fall ein, daß der ſcharfe Lippenſchluß am Ende durch b bezeichnet werden muß. Der Hinblick auf Verlängerung und Verwandſchaft wird faſt überall den Zweifeln hierüber zur Entſcheidung verhelfen. Es wird alſo dieſer Sprachton bezeichnet

a) gewöhnlich durch p an allen Stellen des Wortes — Paar, Lappen, ſchöpfen, rupſt, zirpt, Geripp;

b) durch *b* am Ende der Wörter und Sylben, wenn der ſanfte Lippenſchluß gehört wird, ſobald man das Wort verlängert, oder doch eine ſolche Veränderung mit ihm vornimmt, daß ein Laut auf den Schluß folgt und der Schluß dadurch zur Vorbeſtimmung wird. — Grab verl. Gräber, Lob verl. loben, erbt erweitert erbet, ſchwebt erweitert ſchwebet. — Man merke noch beſonders: Erbſe, Krebs.

Unterſcheide: Raub und Raupe — raubt und raupt — Gyps und gib's.

16) Der sanfte Lippenschluß — b — wird allemal durch b bezeichnet, und es kann daher über ihn kein Zweifel entstehen — Bann, bin, brechen, erben, Ebbe, Salbe.

Unterscheide: baar und Paar — Blatt und platt.

17) Der scharfe Zungenschluß — t — hat zwar zu seinem eigenthümlichen Zeichen t; doch kann er auch in einigen Wörtern, die nachher genauer angegeben werden sollen, durch th und dt bezeichnet werden; und da auch der sanfte Zungenschluß sich am Ende der Wörter in den scharfen umwandelt, so kann dieser Sprachton am Ende auch durch d bezeichnet werden, welches durch die Verlängerung und die Berücksichtigung verwandter Wörter erkannt wird. So hat dieser Sprachton also folgende Zeichen:

a) *t* — das gewöhnlichste, welches an allen Stellen eines Wortes vorkommt — Tag, Traum, treiben, treten, spät, Gott, Bette, litt;

b) *th* — auch ziemlich häufig, aber nur durch die Uebung zu erlernen. Es bewirkt fast immer, daß der vorhergehende oder nachfolgende Laut gedehnt ausgesprochen wird, und würde daher mit unter die Dehnungszeichen aufzunehmen sein, wenn nicht bei Wörtern, wo es in der Mitte steht, die Zweideutigkeit übrig bliebe, ob der vorhergehende oder der nachfolgende Laut gedehnt ausgesprochen werden soll. In thun ist der nachfolgende, in Rath der vorhergehende Laut gedehnt; in muthig gehört th der Aussprache nach zu der nachfolgenden Sylbe, in welcher der Laut aber gestoßen ist, und die Anzeige der Dehnung könnte sich nur auf den vorhergehenden Laut u beziehen. Dadurch wird th als Dehnungszeichen unbrauchbar, und dies um so mehr, da es auch noch Ausnahmen von der Regel gibt, z. B. das Wort Thurm mit gestoßenem Laute. — Uebrigens kommt th vor: — zu Anfange in den Wörtern: Thal, Thaler, thun, Thau, Theer, Theil, Thier, theuer, Thon, Thor, Thran, Thräne, Thür und den davon abgeleiteten und damit zusammengesetzten, als: theilen, thönern, thierisch, aufthauen rc. — in der Mitte: gerathen, miethen, Othem oder Athem und in der Ableitungssylbe thum mit allen Wörtern, die dadurch gebildet sind, als: Eigenthum, Reichthum rc. — am Ende in den Wörtern: Gemüth, Koth, Loth, Muth, Wuth, Noth, Rath, roth, werth, Wirth, so wie in den Ableitungssylben ath und und uth, als: Zierath, Armuth. Durch Verlängerung dieser Wörter kommt es dann wieder in die Mitte hinein, als: rathen, röthen, muthig, Bewirthung. In Naht und Draht ist das h vor dem t richtiger wegen der Ableitung von nähen und drehen, In manchen Wörtern fängt man schon an, das h wegzulassen, ohne daß sich die Schreibung schon fest entschieden hätte, als: Flut, Blüte, Monat, beten, Bote, wo andere noch Fluth, Blüthe, Monath, bethen und Bathe schreiben;

c) *dt* findet sich, ohne daß sich ein besonderer Grund dafür anführen ließe, nur in wenigen Wörtern, als Nachbestimmung, als: Stadt, todt. Statt Brodt wird häufig Brod und Brot, und statt Schwerdt eben so oft Schwert geschrieben; auch Schmidt schreiben manche Schmid, wegen der Verlängerung Schmiede; wodurch jedoch die Unregelmäßigkeit in der Aussprache des Lautes noch nicht aufgehoben wird. — Häufiger noch hat dt darin seinen Ursprung, daß aus der Sylbe det der Laut e herausgefallen ist und das Wort dadurch eine Sylbe weniger erhalten hat, als: gesandt zusammengezogen aus gesendet, verwandt st. verwendet, beredt st. beredet;

d) durch *d* — am Ende der Wörter und Sylben, wenn der sanfte Zungenschluß gehört wird, sobald man das Wort verlängert oder doch eine solche Veränderung mit ihm vornimmt, daß auf den Schluß ein Laut folgt und der Schluß dadurch Vorbestimmung wird. — Hand verl. Hände, bald verl. baldig, schadhaft von schaden, bildlich von bilden, kindlich von Kind verl. Kinder;

e) Wenn auf den scharfen Zungenschluß unmittelbar der scharfe Zungenhauch folgt, so daß beide fast zu Einem Sprachton verschmelzen ('ß), so werden sie beide zusammen noch durch z, tz und c bezeichnet, worüber Nr. 21. zu vergleichen ist.

Unterscheide: Thau und Tau — Thon und Ton — ferner: todt und Tod — Stadt und statt —

Bund und bunt — Rath und Rad — ent und end, z. B. entlaufen und endlich.

18) Der sanfte Zungenschluß — d — wird allemal durch den Buchstaben d bezeichnet, so daß über ihn kein Zweifel entstehen kann, als: Dach, durch, Boden, Widder.

Unterscheide: Dorf und Torf — Marder und Marter — Dicke und Tücke — Waden und waten — Mandel und Mantel — Ende und Ente — Deich, Teich und Teig.

19) Der scharfe Kehlschluß — k — hat eigentlich den Buchstaben k zum Zeichen und wird auch am allgemeinsten durch ihn bezeichnet. Außerdem wird aber auch für ihn der Buchstabe c unter gewissen Verhältnissen gebraucht, dessen Anwendung man jetzt wieder immer mehr auf fremde Wörter zu beschränken sucht. Das Vorhandensein dieses Zeichens hat wieder Veranlassung gegeben, daß man für den doppelt gesprochenen scharfen Kehlschluß statt kk den zusammengesetzten Buchstaben ck eingeführt hat, bei dem man unter Umständen den scharfen Kehlschluß auch nur einfach spricht. Da der sanfte Kehlschluß, wie alle sanfte Lautbestimmungen, sich am Ende der Wörter in die verwandte scharfe Lautbestimmung umwandelt, so führt dies wieder Fälle herbei, in welchen der scharfe Kehlschluß am Ende der Wörter und Sylben durch g zu bezeichnen ist. Endlich wird durch eine besondere Unregelmäßigkeit, für welche sich kein näherer Grund angeben läßt, auch das ch zuweilen wie k gesprochen, und muß daher auch den Zeichen für den sanften Kehlschluß beigezählt werden. Es gibt daher für diesen Sprachton in unserer Sprache fünf

verschiedene Zeichen: k, c, ck, g und ch, in Hinsicht auf welche die Unterscheidung des k und ck am meisten zu beachten ist. Diese Zeichen werden nun auf folgende Art angewandt:

a) *k* wird am gewöhnlichsten gesetzt, an allen Stellen des Wortes, als: Kahn, Kamm, Balken, Laken, Wink, Falk. — Zu Anfange der Wörter kann kein Zweifel obwalten, mit Ausnahme der unter b und e aufzuführenden Fälle, wo c und ch zu stehen kommen. An anderen Stellen des Wortes unterscheidet man k von ck dadurch, daß man ersteres nach gedehnten Lauten und Lautbestimmungen, ck aber nach gestoßenen Lauten setzt, als: Haken, Schaukel, Höker, spukt, Balken, Bank. Nur wenn man in fremden Wörtern das in den fremden Sprachen gebräuchliche c mit k verwechselt hat, um solchen Wörtern ein Deutsches Ansehn zu geben, kann ein solches k nach einem gestoßenen Laute stehen, als: Produkt st. Product; Confekt, Oktober, Doktor. — Wo am Ende der Wörter und Sylben k oder g zu setzen sei, welches aber nur nach einem n zweifelhaft sein kann, muß durch die Verlängerung des Wortes bestimmt werden. Hört man bei der Verlängerung den scharfen Kehlschluß, so muß k stehen, als: Bank verl. Bänke, Wink verl. Winke; hört man dann aber den sanften Kehlhauch oder nach der Aussprache anderer den sanften Kehlschluß, so muß g stehen, als: Anfang verl. anfangen, lang verl. länger;

b) der Buchstabe *c*, über dessen Gebrauch §. 58. das Ausführlichere bereits gesagt ist, steht nach dem dort Gesagten jetzt vorzüglich nur noch in denjenigen Wörtern fremden Ursprungs, welche sich durch ihre fremden Endungen und durch ihre Ungefügigkeit gegen Deutsche Biegung und Ableitung noch als Fremdlinge ankündigen, als: Commissarius, Collegium, Consistorium, Catechismus, Condition. — In Wörtern, welche das Deutsche Bürgerrecht erlangt haben, wird es immer allgemeiner mit k vertauscht, als: Kameel st. Cameel, Kanzel, Kloster. Auch ist es zu wünschen, daß dies immer allgemeiner in denjenigen echt Deutschen Namen geschehe, wo c jetzt noch sehr gebräuchlich ist; man schreibe also lieber: Karl, Küstrin, Köslin, Köln anstatt Carl, Cüstrin, Cöslin, Cöln;

c) der Buchstabe *ck* soll eigentlich den scharfen Kehlschluß doppelt gesprochen bezeichnen, und bezeichnet ihn auch wirklich, wenn er in der Mitte eines Wortes zwischen zwei Lautzeichen steht, wovon das vorangehende gestoßen ist, als: hacken, drücken, wecken. — Wenn aber mit solchen Wörtern eine Veränderung vorgeht, wodurch der Sprachton an das Ende der Wörter oder Sylben gerückt wird, so daß kein Laut mehr darauf folgt, so kann er nicht mehr doppelt gesprochen werden; man behält ihn dennoch bei und er bezeichnet dann also auch den nur einfach gesprochenen scharfen Kehlschluß, als: Blick, Druck, Glück, schicklich, geschmückt. Bei der Verlängerung oder Erweiterung solcher Wörter wird er aber dann wieder doppelt hörbar, als: Blicke, drücken, schicken, geschmücket. Hieraus hat sich nun die Regel erzeugt, daß man nach jedem gestoßenen Laute den scharfen Kehlschluß durch ck bezeichnet, z. B. in zurück, mit Ausnahme der unter a angeführten fremden Wörter: Produkt, Confekt, Sekte, Doktor ꝛc., welche man zwar Product, Confect, Secte, Doctor ꝛc., aber nicht Produckt, Confeckt, Seckte, Docktor ꝛc. schreiben darf, auch wenn man Deutsche Buchstaben gebraucht; — und mit Ausnahme der unter e zu erwähnenden Fälle, wo ch im Gebrauche ist;

d) durch *g* ist der scharfe Kehlschluß am Ende der Wörter und Sylben zu bezeichnen, wenn ein n als Zeichen des Kehlhalblautes vorhergeht, und wenn bei der Verlängerung nach unserer Aussprache der sanfte Kehlhauch, nach anderer Aussprache der sanfte Kehlschluß gehört wird, als: Ding verlängert Dinge, fing verl. fingen, langsam von lang verl. lange, Mengsel von mengen. — Diejenigen, welche bei g den sanften Kehlschluß aussprechen, sprechen auch allemal, wenn dieser Buchstabe am Ende der Wörter und Sylben steht, den scharfen Kehlschluß aus; sie sprechen z. B. Tag wie Tak, Berg wie Berk;

e) *ch* ist ein Zeichen für den scharfen Kehlschluß — im Anfange einiger fremden Wörter, als: Christ, Charte, Chor, Choral; aber nicht im Anfange echt Deutscher Wörter, daher man auch besser thut, Kurfürst, Karfreitag und Karwoche, als Churfürst, Charfreitag und Charwoche zu schreiben; — ferner noch in vielen Wörtern vor einem s oder ſ, welche Wörter durch Uebung erlernt werden müssen, als: Wachs, Dachs, Fuchs, Flachs, sechs; Büchse, wachsen, Ochsen ꝛc. — aber Glücks und Häcksel, weil diese von Glück und hacken abzuleiten sind;

f) wenn auf den scharfen Kehlschluß unmittelbar der scharfe Zungenhauch gehört wird und mit ihm selbst zu Einem Sprachtone verschmilzt (kß), so werden beide Sprachtöne zusammen auch noch durch den Buchstaben x bezeichnet. Vergl. Nr. 22.;

g) wenn auf den scharfen Kehlschluß unmittelbar der sanfte Lippenhauch folgt (kw), so werden beide Sprachtöne durch die Buchstaben qu bezeichnet, worüber Nr. 23. das Weitere enthält.

Unterscheide: Haken, hacken, Hacken — spuken und spucken — Höker und Höcker —
ferner: sank und sang — Fink und sing — Schwank und schwang — rang, Rang und Ranke — sinkt und singt — senkt und seng —

20) Der sanfte Kehlschluß — g — wird bei uns fast gar nicht gesprochen, indem wir immer den sanften Kehlhauch dafür hören lassen. Wo er aber gesprochen wird, kann er nur durch g bezeichnet werden — Gabe, Gott, gut, Gras, glauben, Egge.

Unterscheide: Rogen, Roggen und Rocken.

21) Der sanfte Zungenschluß, auf welchen unmittelbar der sanfte Zungenhauch folgt — tß, vergl. §. 44. — wird in manchen Wörtern wirklich durch zwei Buchstaben bezeichnet, was durch den Hinblick auf die Entstehung solcher Wörter fast überall leicht zu erkennen ist, als: stets, hat's, Bluts, vorwärts, rechts. — Gewöhnlich gebraucht man aber dafür nur einen einzigen Buchstaben als abgekürztes Zeichen, und dies kann sein z, tz, c und t. — c behält man nur noch in fremden Wörtern, die noch nicht das Deutsche Bürgerrecht erlangt haben, verwechselt es aber in fremden Wörtern, denen das Deutsche Bürgerrecht ertheilt ist, immer häufiger mit z. — t steht ebenfalls nur in fremden Wörtern, unter bestimmten Verhältnissen, die nachher angezeigt werden sollen. — Es bleibt für echt Deutsche Wörter also vorzüglich nur der Unterschied zwischen z und tz zu beachten. Von diesen beiden Buchstaben kann tz gar nicht zu Anfange der Wörter stehen, und wo also die beiden vorhin angeführten verschmolzenen Sprachtöne zu Anfange derselben gehört werden, muß gewiß z stehen. An anderen Stellen des Wortes kommt es auf den vorhergehenden Sprachton an. Ist dieser eine Lautbestimmung oder ein gedehnter Laut, so muß z stehen, als: Holz, Reiz; ist es aber ein gestoßener Laut, so muß man tz setzen, als: platzen, Sitz, Hienach setzt man also:

a) z — allemal zu Anfange der Wörter, als: Zahn, Ziel, Zaum, zu, zahm, zürnen; — allemal nach einer Lautbestimmung, als: Herz, Holz, Lenz, Filz, glänzen, schmerzen, salzen; — allemal nach einem gedehnten Laute, jedoch tritt dieser Fall außer Namen (z. B. Glaz) nur nach Doppellauten ein, als: Geiz, Reiz, heizen, Kreuz.

b) tz — allemal nach einem gestoßenen Laute, als: Satz, Blitz, Klotz. In der Mitte der Wörter zwischen zwei Lauten, wovon der vorangehende gestoßen ist, wird bei diesem Zeichen der scharfe Zungenschluß doppelt geprochen, als: Spitze wie Spit-tße, setzen wie set-tßen; netzen, Kitzel;

c) *c* — zu Anfange einiger fremden Wörter und Sylben vor den Lauten e, i, ä, ei und selten vor ö. In Wörtern, welche das Deutsche Bürgerrecht bereits erlangt haben, vertauscht man es dort schon immer allgemeiner mit z. — Cecrops, Ceder, Cypresse, Cæsar, Con-cert, Ceilon, Cölius. Man schreibt aber schon häufig: Zeder, Zepter, Prozess, Zitrone, Polizei, Offizier; vergl. §. 59.;

d) durch *t* — in einigen fremden Wörtern, jedoch immer nur vor einem i, auf welches noch ein ander Laut folgt, als: Lection, Portion, Nation, Actien.

Unterscheide: ganz und Gans.

22) Der scharfe Kehlschluß, auf welchen unmittelbar der scharfe Zungenhauch folgt — kß, vergl. §. 44. Nr. 18. — wird in einigen wenigen Wörtern durch einen besonderen Buchstaben x bezeichnet. Außerdem können dieselben Sprachtöne noch durch ks, cks, gs und chs bezeichnet werden. Die Wörter mit ks, cks und gs sind durch Berücksichtigung der Ableitung leicht zu erkennen; die mit chs, welche unter allen die zahlreichsten sind, müssen durch die Uebung erlernt werden. Es wird geschrieben:

a) *ks* in Danks, Winks von Dank, Wink;

b) *cks* in Glücks, blickst von Glück, blicken;

c) *gs* in flugs, fing's von Flug, fing;

d) *chs* oder *chs* in: Achse, Achsel, Büchse, Dachs, Deichsel, drechseln, Eidechse, Flachs, Fuchs, Lachs, Ochse, Sachsen, sechs, Wachs, wachsen, Gewächs, wechseln, wichsen, Weichsel, Wuchs, und den davon abgeleiteten:

e) *x* findet sich nur in wenigen echt Deutschen Wörtern, nämlich in: Hexe, Kux, Axt, Buxbaum, wovon das letztere gewiß auch schon aus dem Lateinischen entlehnt ist; allenfalls noch in Axe und Eidexe, welche aber meistentheils auch schon Achse, Eidechse geschrieben werden; —

sonst noch in vielen fremden Namen, als: Xerxes, Xantippe, Xenophon.

Unterscheide: Achse und Axt.

23) Der scharfe Kehlschluß, auf welchen unmittelbar der sanfte Lippenhauch folgt — kw, vergl. §. 44. Nr. 22. — wird, wo er vorkommt, allemal durch die beiden Buchstaben qu bezeichnet, kommt jedoch fast immer nur zu Anfange der Wörter vor, als: Qual, Qualm, Quacksalber, Quark, quarren, Quast, Quadrat, Quartal, Quartier, Quecksilber, Quentchen, quetschen, quitt, Quittung, Quote, Quelle, quillen, Quirl. — Nur wenn ein Wort durch Vorsylben vorn gewachsen oder wenn es mit einem Worte zusammengesetzt worden ist, können diese Buchstaben in der Mitte des Wortes zu stehen kommen, als: bequem, erquicken, zerquetschen, abquälen.

Drittes Kapitel.

Sylbenabtheilung.

62.

In der Lehre von der Wortbildung wird gezeigt, daß es eine doppelte Sylbenabtheilung gebe, nach der Aussprache (au-ßer-or-dent-li-cher), und nach der Abstammung (auß-er-ord-ent-lich-er). Sowohl beim Schreiben als beim Drucken, wo man die Sylben vorzüglich beim Abbrechen der Zeilen theilen muß, legt man die Sylbenabtheilung nach der Aussprache zum Grunde, weil sie dem Lesenden die Wörter unmittelbar so abgetheilt vor Augen führt, wie er sie auszusprechen hat, und weil sie zugleich so bestimmt ist, daß über sie nicht leicht Zweifel entstehen können; wogegen die Sylbenabtheilung nach der Abstammung wegen des ungewissen Ursprunges mancher Wörter zu Zweifeln Anlaß gibt.

Die Sylbenabtheilung nach der Aussprache geschieht nach folgenden Hauptregeln:

Wenn zwischen zwei Lauten nur Eine Lautbestimmung gesprochen wird, so gehört sie zur nachfolgenden Sylbe; es muß also auch das Bestimmungszeichen beim Schreiben zur nachfolgenden Sylbe gezogen werden. — Glau-be, schwö-ren; aber auch deh-nen, Söh-ne, rö-then, nö-thigen, weil in diesen Wörtern das h kein besonderes Bestimmungszeichen ist, sondern in den beiden ersten Wörtern zur Dehnung dient, in den beiden letzteren mit dem t zusammengehört.

Wenn zwischen zwei Lauten zwei Lautbestimmungen gesprochen werden, so gehört die erste zur vorangehenden, die zweite zur nachfolgenden Sylbe; es muß also auch beim Schreiben das erste Bestimmungszeichen zur vorangehenden, das zweite zur nachfolgenden Sylbe gezogen werden. — Freun-de, brach-te, schen-ken, fol-gen, red-lich; röth-lich, dehn-bar, Noth-wen-dig-keit.

Werden drei oder mehre Lautbestimmungen zwischen zwei Lauten gesprochen, so läßt sich die Sylbenabtheilung durch keine festen Regeln bestimmen. — Ur-sprung, vor-treff-lich, Fen-ster, ent-stehen, wirk-lich, fest-halten, Selbst-liebe u. s. w.

Nur zusammengesetzte Wörter und solche Wörter, die eine Vorsylbe erhalten haben, machen von diesen Regeln häufige Ausnahmen, und müssen ihrer Zusammensetzung gemäß getheilt werden, als: auf-eisen, Ur-enkel, un-achtsam, ver-achten, ent-erben. — Bei ihnen muß zuweilen sogar abweichend von der gewöhnlichen Aussprache getheilt werden, als: hier-auf, her-ein, her-an, dar-auf, wor-über, beob-ach-ten u. s. w.

64.

In Hinsicht auf die Theilung einzelner Buchstaben ist noch Folgendes zu bemerken:

Wenn die Buchstaben ch und sch nach gestoßenen Lauten doppelt gesprochen, aber nur einfach geschrieben werden, so könnte man den übrig bleibenden Buchstaben mit gleichem Rechte zur vorangehenden und zur nachfolgenden Sylbe ziehen und also eben so gut mach-en, wasch-en, als ma-chen, wa-schen abtheilen, je nachdem man sich den ersten oder den zweiten der beiden gleichen Buchstaben herausgefallen denkt. Das Erstere würde die richtige Aussprache befördern; das Letztere würde mehr der allgemeinen Schreibregel entsprechen, daß, wenn zwischen zwei Lautzeichen nur Ein Bestimmungszeichen steht, dasselbe zur nachfolgenden Sylbe gezogen werden muß. Der allgemeine Schreibegebrauch hat für die letztere Abtheilung entschieden, und man trennt ganz allgemein so: la-chen, mischen, gedro-schen, verbro-chen, obgleich dadurch die richtige Aussprache verdunkelt wird, indem man den Leser veranlaßt, den Laut in der vorangehenden Sylbe gedehnt lesen zu wollen.

ck in der Mitte eines Wortes zwischen zwei Lauten wird zwar zu zwei Sylben gesprochen; da aber beide Buchstaben, woraus dieses Zeichen besteht, beim Schreiben und Drucken zusammengezogen und so nur als Ein Buchstabe betrachtet werden, so trennt man sie beim Sylbenabtheilen nicht, sondern nimmt sie aus dem bei ch und sch vorhin schon angeführten Grunde zur nachfolgenden Sylbe, als: ha-cken, blicken, und nicht hac-ken, blic-ken, auch nicht hack-en, blick-en.

Der gleiche Fall tritt für st bei der Deutschen Schrift ein, weil man diese beiden Buchstaben in Einem Zuge mit einander verbindet (ſt), sie dann nur als Einen Buchstaben betrachtet und daher zur nachfolgenden Sylbe zieht, als:

ko-sten, ni-sten, ge-stern. — Es versteht sich, daß zusammengesetzte Wörter hier eine Ausnahme machen, z. B. austauschen, nicht aultauschen.

tz (tz) wird beim Drucken aus gleichem Grunde zur nachfolgenden Sylbe gezogen, weil t und z dabei in ein besonderes Zeichen zusammengezogen sind; also: se-tzen. Beim Schreiben aber können t und z getrennt werden; also: set-zen.

ss und ff können beim Drucken getrennt werden: las-sen, Waf-fen. — Beim Schreiben, wo man jedes dieser beiden Zeichen (ss, ff) in einem ungetrennten Schriftzuge macht, zieht man es im Falle des Abbrechens ungetrennt zur nachfolgenden Sylbe, als: la-ssen, be-sser, wi-ssen; Wa-ffen, Schi-ffe. — Wenn man aber zwei abgesonderte s oder f schreibt, thut man besser sie zu trennen: las-sen, Waf-fen. — Sind aber zwei s oder zwei f durch die Zusammensetzung eines Wortes neben einander gekommen, so darf man nicht in einem Zuge ss und ff schreiben, sondern muß beim Sylbenabtheilen beide Buchstaben trennen, als: aus-senden, auf-finden, nicht aussenden, auffinden, auch nicht außenden; daher auch weissagen, dasselbe, und nicht: weißagen, daßelbe.

Viertes Kapitel.

Unterscheidungszeichen oder Interpunction.

65.

In der Schrift sind gewisse Zeichen gebräuchlich, um die Verständlichkeit der Rede und die richtige Auffassung des Sinnes zu befördern, welche man am gewöhnlichsten Unterscheidungszeichen, und deren Anwendung man

Interpunktion nennt. So wichtig das richtige Setzen derselben für die Verständlichkeit der Rede ist, so schwierig ist es doch, darüber zureichende Regeln aufzustellen. Hier genüge es, nur im Allgemeinen mit diesen Zeichen und ihrer Bestimmung bekannt zu machen, da ein ausführlicherer Unterricht darüber nothwendig einen schon voraufgegangenen gründlichen Unterricht über die Redebildung voraussetzt. — Sie sind entweder Ruhezeichen, oder Sinnzeichen, oder Zeichen gemischter Art.

66.

Die Ruhezeichen stellen die nähere oder entferntere Verbindung dar, in welcher die einzelnen Theile der Rede mit einander stehen. Sie gewähren dem Lesenden Ruhepunkte, wo er mit der Stimme innehält, und wo er Athem schöpft, ohne den Sinn der Rede zu stören; dem Hörenden gewähren sie Ruhepunkte, um seine Gedanken zu sammeln, den Inhalt des Gehörten näher zu erwägen, und in Gedanken zu verbinden, was verbunden, zu trennen, was getrennt gedacht werden soll.

Man unterscheidet insbesondere drei Hauptstuffen der Trennung und der daraus hervorgehenden Ruhe und stellt sie durch drei Zeichen dar, die man am ehesten mit den verschiedenen Pausenzeichen in der Musik vergleichen kann:

den größten Abstand und die damit in Verbindung stehende längste und vollständigste Ruhe des Lesenden bezeichnet man durch das Punktum oder den Schlußpunkt (.);

den mittlern Abstand und die mittlere Ruhe durch das Semikolon oder den Strichpunkt (;);

den kleinsten Abstand und die kürzeste Ruhe durch das Komma oder Strichlein (,).

Bei den beiden ersten muß der Lesende die Ruhe auch durch Senkung der Stimme zu erkennen geben; bei dem letzten muß die Stimme sich in der Regel weder heben noch senken.

Ein viertes Zeichen, das Kolon oder der Doppelpunkt (:), hat als Ruhezeichen eine mittlere Geltung zwischen der des Schlußpunktes und des Semikolon und wird also gebraucht, wo man einen Abstand zwischen Theilen der Rede bezeichnen will, der größer ist, als der, den man durch den Schlußpunkt, geringer als der, den man durch das Semikolon ausdrückt, vorzüglich zwischen einem aus mehren Gliedern bestehenden Vordersatze und dem dazu gehörigen Nachsatze. Das Kolon hat außerdem aber noch eine besondere Bestimmung und wird namentlich noch gebraucht bei wörtlicher Anführung von Reden oder Stellen aus Schriften, und bei voraufgehender Ankündigung, daß eine Aufzählung von Dingen, eine Beschreibung, ein Beispiel und dergl. folgen solle.

67.

Die Sinnzeichen deuten den Inhalt der durch die Schrift dargestellten Rede an und geben dem Lesenden einen Wink, in welchem Tone er den vorhergehenden Theil der Rede ansprechen soll, um dem Hörenden das richtige Verstehen zu erleichtern. Es gibt solcher Sinnzeichen aber nur zwei, eines für die Sätze der fragenden, und eines für die Sätze der wünschenden Rede.

Das Fragezeichen (?) steht nach einer Frage, in welcher die Worte gerade so angegeben sind, wie sie der Fragende gesprochen hat (nach einer direkten Frage, z. B. „Was hast du gethan?"); es wird aber nicht gesetzt, wenn der Inhalt der Frage bloß erzählungsweise angegeben wird (nach einer indirekten Frage, z. B. Er fragte mich, was ich gethan hätte) Bei einem Fragezeichen wird der Ton der Stimme etwas erhoben.

Das Ausrufungszeichen (!) steht nach Ausrufungen aller Art, als: nach Anreden, Betheurungen, Empfindungswörtern; nach Sätzen, in welchen ein Befehl, ein Wunsch, eine Bitte, Bewunderung, Unwille und dergl. ausgedrückt wird; und je nachdem in solchen Sätzen diese oder jene Empfindung vorwaltet, müssen sie in verschiedenem Tone, bald mit gesenkter, bald mit erhobener Stimme gelesen werden.

Wenn bei Frage- und Ausrufungszeichen der Sinn vollständig zu Ende gebracht ist und also eine vollständige Ruhe in der Rede eintritt, so vertreten sie zugleich die Stelle des Schlußpunktes, der hier eigentlich stehen sollte. Sehr zweckmäßig, aber noch keinesweges in den Schreibegebrauch aufgenommen, ist der Vorschlag mancher Sprachlehrer, zur Bezeichnung der verschiedenen Abstände zwischen den Theilen der Rede die im vorigen §. aufgeführten vier Ruhezeichen mit diesen Sinnzeichen auf folgende Art zu verbinden: ? ? ? ? — ! ! ! !

68.

Die Zeichen gemischter Art vereinigen in sich entweder die Bestimmung der Ruhezeichen und Sinnzeichen, oder werden noch zu anderen Zwecken gesetzt:

Der Gedankenstrich (—) bezeichnet entweder einen noch größeren Abstand und eine noch längere Ruhe, als die gewöhnlich durch einen Schlußpunkt ausgedrückt wird, oder es soll dadurch die besondere Aufmerksamkeit des Lesenden und Hörenden auf das Vorhergehende oder Nachfolgende hingelenkt und er veranlaßt werden, sich noch etwas hinzuzudenken, was in der Rede noch nicht ausgedrückt ist.

Das Hemmungszeichen (. . . . oder , , , , oder — — — —) bezeichnet, daß eine Rede wegen lebhafter Empfindung des Redenden oder wegen Unterbrechung durch einen anderen nicht vollständig zu Ende geführt ist.

Die Parenthese oder die Klammern, auch das

Einschließungszeichen genannt (( ) oder [ ]), werden gesetzt, wenn ein für sich bestehender Satz von einer andern Wortfügung in die Mitte eines anderen Satzes eingeschoben wird, um entweder dem Gesagten eine nähere Erklärung hinzuzufügen, oder einen Gedanken, welcher dem Sprechenden erst während der Rede eingefallen ist, noch mit aufzunehmen, aber doch der Verständlichkeit wegen von der übrigen Rede abzusondern.

Das Binde- und Theilungszeichen (-) wird gebraucht: als Bindezeichen, wenn in zusammengesetzten Wörtern mehre Bestimmungswörter auf ein nachfolgendes gemeinsames Grundwort bezogen werden sollen (Armen- Kranken- und Irrenanstalten); — als Theilungszeichen beim Abbrechen eines Wortes am Ende der Zeilen, so wie in mehrfach zusammengesetzten Wörtern, um zu erkennen zu geben, welche Theile der Zusammensetzung mit einander verbunden, und welche getrennt werden sollen, als: Ober-Stadtinspektor und Oberstadt-Inspektor.

Das Aufführungszeichen („—“), in der Druckersprache Gänsefüße genannt, wird gebraucht, wo die Worte eines anderen unverändert, so wie er sie gesprochen hat, angeführt werden.

69.

Um Abkürzungen anzudeuten, werden besonders gebraucht: der Abkürzungspunkt, als: Febr., Aufl., Prf.

Der Apostroph oder das Auslassuugszeichen, welcher das Herausfallen eines e oder eines i anzeiget (leb', bläs't, des Allmächt'gen), und bei fremden Eigennamen das s des Genitivs von dem Eigennamen selbst trennt, (Cicero's Werke).

Das Anmerkungszeichen (* oder †), welches auf eine unter dem Texte stehende Anmerkung verweiset.

Die Wortabkürzungen, als: u. s. w. (statt dessen

auch ꝛc. oder etc., beim Schreiben auch pp.) — u. dgl. — u. a. m. — Bf. — A. T. — d. h. — Ew. — Sr. — Rthl. — und viele andere, welche durch Uebung erlernt werden müssen.

Fünftes Kapitel.

Lehrmethode beim Unterrichte im Rechtschreiben.

70.

In der Rechtschreibelehre, so wie dieselbe hier vorgetragen worden, ist der Unterrichtsstoff nicht in methodischer Hinsicht geordnet, sondern mehr nach seinem inneren wissenschaftlichen Zusammenhange aufgestellt worden, um einen leichteren und deutlicheren Ueberblick zu gewähren. Die Absicht ist dabei nicht, daß der Lehrer das Einzelne in dieser Aufeinanderfolge seinen Schülern mittheile; vielmehr läßt sich darüber kaum überhaupt etwas Allgemeingeltendes sagen, da mancherlei zufällige Umstände wesentlichen Einfluß darauf haben können, indem z. B. der Lehrer den Stoff zu den Rechtschreibeübungen aus den Unterredungen mit seinen Schülern in diesen und anderen Lehrstunden, oder aus dem Inhalte des in den Lesestunden Vorgekommenen hernehmen kann, wobei dann jedesmal eine andere Aufeinanderfolge des Einzelnen eintreten wird. Wenn alles Einzelne durchgenommen ist, wie es die Umstände herbeigeführt haben, so wird das Gewonnene zuletzt auf die im Vorhergehenden angegebene Art nach seinem inneren Zusammenhange geordnet, um dadurch dem Schüler zu einem klaren Ueberblicke des ganzen durchlaufenen Weges zu verhelfen und seinem Wissen Vollendung und Abrundung zu geben.

Um jedoch das Methodische hier nicht ganz zu übergehen, und um besonders zu zeigen, wie das Buchstabiren, als Vorübung zum Rechtschreiben, mit den Rechtschreibeübungen in Verbindung gesetzt werden müsse, mögen hier einige Beispiele zur Darstellung der methodischen Behandlung des Stoffes aufgestellt werden.

71.

Zuerst einige Unterredungen über einzelne außer Verbindung stehende Wörter, wobei der Leser leicht erkennen wird, daß die hier aufgestellten ausführlichen Antworten der Kinder in dieser Form und diesem Umfange von ihnen nicht gefordert werden können, sondern daß beim wirklichen Unterrichte die Unterredung in mehrere kürzere Fragen und Antworten zu zerstückeln ist, welches hier zur Verhütung über großer Weitläuftigkeit vermieden wurde.

1) L. Zerlegt das Wort Leib in seine Sprachgrundtheile! (Lautirt das Wort Leib!) K. l, äi, p.

L. Wie viel Sprachgrundtheile enthält das Wort? K. — drei —.

L. Mit welchem Buchstaben wird der Sprachton l bezeichnet?

K. l wird allemal durch den Buchstaben el bezeichnet.

L. Mit welchen Buchstaben wird der Doppellaut äi bezeichnet?

K. Durch ai und ei.

L. Welches von beiden Zeichen werdet ihr nehmen, und warum?

K. Das Zeichen ai ist jetzt nur noch in einigen wenigen Wörtern gebräuchlich, zu denen Leib nicht gehört; also nehmen wir ei.

L. Wodurch könnt ihr den scharfen Schluß p bezeichnen? K. Durch pe und be.

L. Welches von diesen beiden Zeichen werdet ihr nehmen, und warum?

K. An andern Stellen des Wortes kann nur pe gebraucht werden; aber am Ende des Wortes, wie hier, kann man zweifelhaft seyn zwischen pe und be, und man muß dann durch die Verlängerung des Wortes den richtigen Buchstaben zu erfahren suchen. — Leib, Leibes oder Leiber. — In dem verlängerten Worte höre ich statt des scharfen Lippenschlusses den sanften Lippenschluß und ich muß daher hier den Buchstaben be nehmen.

L. Werdet ihr das Wort mit einem großen oder kleinen Anfangsbuchstaben schreiben?

K. Das Wort Leib ist ein Hauptwort, weil ich den Artikel der vor dasselbe setzen kann, und mir dabei einen selbstständigen Gegenstand denke; daher muß es mit einem großen Anfangsbuchstaben geschrieben werden.

L. Gebt jetzt die Buchstaben des Wortes der Reihe nach an und schreibt es zugleich auf!

K. Buchstabiren: el, e, i, be; Leib — und schreiben das Wort zugleich auf ihre Schiefertafel oder in ihr Schreibebuch.

2) L. Lautirt: ist! K. ĭ, ß, t. — Das Wort hat drei Sprachgrundtheile.

L. Bestimmt das Zeichen für den ersten!

K. Das gestoßene i wird allemal durch den Buchstaben i bezeichnet.

L. Womit werdet ihr den Sprachton ß bezeichnen?

K. Der scharfe Zungenhauch ß kann durch ein langes es, eszet, eses und ein kurzes es bezeichnet werden. — Eses wird nur gebraucht, wenn dieser Sprachton doppelt gehört wird, welches hier nicht der Fall ist; — das kurze es wird in der Regel nur am Ende eines Wortes gesetzt, und findet daher hier auch keine Anwendung. Es bleibt also nur die Wahl zwischen dem eszet und langen es. Von diesen beiden wird eszet vor einer Lautbestimmung nur dann gesetzt, wenn sich nachweisen läßt, daß das Wort unter andern Formen ein eszet oder eses an dieser Stelle vor einem Laute habe. Zwar gibt es ein eben so klingendes Wort ist, welches aus isset zusammengezogen ist und von essen herkommt, also auf dieser Stelle ein eses enthält; es ist dies aber ein ganz anderes Wort. Bei dem Worte ist, welches wir jetzt betrachten, läßt sich eine solche Nachweisung nicht führen, und daher kann in demselben nur es gesetzt werden.

L. Erklärt euch über das Zeichen des dritten Sprachtons!

K. Für den scharfen Zungenhauch t kann am Ende der Wörter te und de gesetzt werden, und welchen von beiden man zu wählen habe, erfährt man gewöhnlich durch die Verlängerung. — Mit diesem Worte kann ich keine solche Verlängerung vornehmen, und daher ist anzunehmen, daß te gesetzt werden müsse.

L. Erklärt euch über den Anfangsbuchstaben!

K. Das Wort ist bezeichnet keinen selbstständigen Gegenstand; man kann auch keinen der drei Artikel vor das Wort setzen; es ist also kein Hauptwort und muß daher mit einem kleinen Anfangsbuchstaben geschrieben werden.

L. Gebt jetzt die Buchstaben des Wortes an und schreibt es nieder!

K. buchstabiren und schreiben: i, es, te, ist.

3) L. Lautirt das Wort zählt!

K. t, ß, $\bar{ä}$, l, t. — Fünf einfache Sprachtöne.

L. Bestimmt die Zeichen für die Vorbestimmungen!

K. Das Zeichen des scharfen Zungenschlusses t ist te, und das Zeichen des scharfen Zungenhauches ß ist eszet. Gewöhnlich werden aber diese beiden Sprachtöne, wenn sie zusammengesprochen werden, nur durch einen einzigen Buchstaben bezeichnet, und dieser Buchstabe kann zu Anfange der Wörter nur zet seyn.

L. Sucht nun auf, wie ihr den Laut zu bezeichnen habt!

K. Der Laut $\bar{ä}$ kann entweder durch ä oder e bezeichnet werden. Ersteres geschieht, wenn sich eine Ableitung von einem Stammworte machen läßt, worin a vorkommt; dies ist hier der Fall, da zählt von Zahl abgeleitet ist, und daher muß ä genommen werden. Nun ist das ä gedehnt und es entsteht noch die Frage, ob ein Dehnungszeichen angewandt werden soll. Mir ist bekannt, daß in dem Stammworte Zahl das a noch ein ha als Dehnungszeichen hinter sich hat, und dieses ha wird daher auch in das abgeleitete Wort hinübergehen. Der Laut wird also durch ä, ha bezeichnet.

L. Mit welchen Buchstaben bezeichnet ihr die Nachbestimmungen?

K. Der Halblaut l wird allemal durch el bezeichnet. — Der scharfe Zungenschluß t kann am Ende der Wörter durch te und de bezeichnet werden, was aus der Verlängerung erkannt wird. Das Wort zählt kann sich verlängern in zählten; dann hört man den scharfen Zungenschluß und daher muß ein te gesetzt werden.

L. Erklärt euch über den Anfangsbuchstaben!

K. Das Wort zählt bezeichnet keinen selbstständigen Gegenstand, duldet auch keinen Artikel vor sich, und muß daher mit einem kleinen Anfangsbuchstaben geschrieben werden.

L. Seht jetzt die Buchstaben des Wortes an und schreibt es nieder!

K. buchstabiren und schreiben: zet, ä, ha, el, te; zählt.

4) L. Vergleicht mit diesem Worte das ähnlich klingende Wort fehlt, und gebt mir an, worin sich dieses Wort, wenn es geschrieben wird, von dem vorhergehenden unterscheidet!

K. Die Vorbestimmung f kann durch ef, vau und peha bezeichnet werden. — Peha wird nur gebraucht in Wörtern, die aus einer fremden Sprache herkommen; ef und vau könnten beide hier stehen, da es zu Anfange eines

Wortes ist und der Laut e darauf folgt; es läßt sich also durch keine Regel bestimmen, welcher von beiden Buchstaben genommen werden muß. Der Schreibegebrauch fordert ef. — — In Hinsicht auf den Laut ǟ läßt sich nicht nachweisen, daß fehlt von einem Worte herkomme, worin auf dieser Stelle a ist, und daher muß ein e zur Bezeichnung desselben genommen werden. In den verwandten Wörtern fehl und Fehler hat das e auf dieser Stelle das Dehnungszeichen ha, und dieses werde ich daher hier auch setzen. — Die Nachbestimmungen werden eben so bezeichnet, wie im vorigen Worte.

Die K. buchstabiren und schreiben nun: ef, e, ha, el, te; fehlt,

Durch Uebungen solcher Art werden die Kinder dahin geführt, daß sie endlich die Buchstaben, womit sie ein jedes Wort und die Gründe, warum sie es auf die übliche Weise schreiben, auch ohne voraufgegangene Fragen des Lehrers, in zusammenhängender Rede so angeben, wie es die nachfolgenden Beispiele zeigen, die aus der §. 36. aufgestellten Erzählung hergenommen sind.

Der — ist ein einsylbiges Wort, welches drei einfache Sprachtöne enthält: d, ä̆, r. — Der erste Sprachton wird allemal durch de bezeichnet. Der zweite ä̆ kann durch ä und e bezeichnet werden; ersteres geschieht aber nur dann, wenn sich eine Ableitung von einem Stammworte angeben läßt, worin a vorkommt; da dies hier nicht der Fall ist, so muß e gesetzt werden. Der dritte Sprachton r wird allemal durch er bezeichnet. — Der Anfangsbuchstabe wird groß geschrieben, weil es das erste Wort eines Aufsatzes ist. — De, e, er; der.

Barmherzige — ist ein viersylbiges Wort, dessen vier Sylben heißen: Barm-her-zi-ge. — Die erste Sylbe barm enthält vier Sprachgrundtheile: b, ă, r, m. Der erste b wird stets durch be, der zweite ă stets durch a, der dritte r stets durch er, und der vierte m stets durch em bezeichnet. — Die zweite Sylbe her besteht aus drei Sprachgrundtheilen: h, ă, r. Der erste h wird stets durch ha; ă wird hier mit e bezeichnet, weil sich keine Ableitung von einem Stammworte mit a machen läßt; r wird allemal durch er bezeichnet. — Die dritte Sylbe zi enthält die Sprachgrundtheile: t, ß, i. Davon werden die beiden ersten t ß zusammengenommen durch den einfachen Buchstaben zet bezeichnet, weil eine Lautbestimmmung vorhergeht, nach welcher kein tezet folgen kann. Der dritte i kann nnr durch i bezeichnet werden, welches hier kein Dehnungszeichen erfordert, da die Sylbe sich auf einen Laut endigt, und da das gedehnte i aus einem gestoßenen i in dem Worte barmherzig entstanden ist. — Die vierte Sylbe ge enthält zwei Sprachgrundtheile: j, e. Davon könnte der erste an sich zwar mit jot und mit ge bezeichnet werden; da aber jot nur zu Anfange der Wörter steht, so kann an dieser Stelle nur ge seine Anwendung finden. Der Laut ĕ wisd durch ein bloßes e bezeichnet, da ein Dehnungszeichen bei einem so abgekürzten Endlaute völlig überflüssig seyn würde. — — Das Wort ist zwar eigentlich ein Eigenschaftswort; es schließt aber hier den Begriff Mensch in sich, welchen jeder sogleich hinzudenkt, auch ohne daß das Hauptwort Mensch voraufgegangen ist; daher ist es hier wie ein Hauptwort gebraucht und muß mit einem großen Anfangsbuchstaben geschrieben werden. — Be, a, er, em; barm — ha, e, er; her — zet, i; zi — ge, e; ge — Barmherzige.

Kunz — ein einsylbiges Wort, welches fünf einfache Sprachtöne enthält: k, u, n, t, ß. — Der scharfe Kehlschluß k kann hier zu Anfange des Wortes nur durch ka bezeichnet werden; der Laut u, hier ein wenig gedehnt, wird durch ein u ohne Dehnungszeichen bezeichnet; das Zeichen für n kann nur ein en seyn. Die beiden Nachbestimmungen tß müssen hier durch den einfachen Buchstaben zet bezeichnet werden, da zwei Buchstaben (ts) für diese verbundenen Sprachtöne nur dann gesetzt werden, wenn sie sich aus der Entstehung des Wortes nachweisen lassen, und auch ein tezet wegen der vorhergehenden Lautbestimmung nicht stehen darf. Das Wort erfordert einen großen Anfangsbuchstaben, weil es ein Eigennamen und zugleich das erste Wort der Erzählung ist. — Ka, u, en, zet; Kunz.

und — ein einsylbiges Wort, welches drei einfache Sprachtöne enthält: ŭ, n, t. — Der Laut ŭ kann nur durch u, n nur durch en bezeichnet werden. Der scharfe Zungenschluß am Ende des Wortes kann durch te und de bezeichnet werden, worüber in der Regel die Verlängerung entscheidet; da sich aber mit diesem Worte keine Verlängerung vornehmen läßt, so kann man nur aus dem Schreibegebrauche wissen, daß der letzte Buchstabe ein de seyn muß. Es erfordert einen kleinen Anfangsbuchstaben, weil es kein Hauptwort ist — u, en, de; und.

Klaus — ein einsylbiges Wort, welches aus vier Sprachtönen besteht: k, l, au, ß. — Der scharfe Kehlschluß k kann nur durch ka, l nur durch el, au nur durch au bezeichnet werden. Ob für den letzten Sprachton ß der Buchstabe eszet oder es zu setzen sey, müßte der Regel nach durch Verlängerung des Wortes entschieden werden; und da man mit dem scharfen Zungenhauche spricht: „Klaußens Eltern", so würde dies auf eszet führen; nur die Rücksicht auf den Ursprung des Wortes durch Abkürzung aus dem Namen Nicolaus kann das gebräuchliche es am Ende rechtfertigen. — Als Eigennamen erfordert das Wort einen großen Anfangsbuchstaben. — Ka, el, a, u, es; Klaus.

gingen — ein zweisylbiges Wort: gin-gen. — Die erste Sylbe enthält drei Sprachtöne: j, i, ŋ; die zweite ebenfalls drei: j, ă, n. — Als erster Sprachton der ersten und zweiten Sylbe wird bei uns der sanfte Kehlhauch ausgesprochen, und es könnte daher zu Anfange des Wortes ge oder jot dafür genommen werden. Da in dem Stammworte gehen auf dieser Stelle ein ge steht, so muß hier auch ein ge genommen werden. Auch zu Anfange der zweiten Sylbe kann nur ein ge stehen, da jot sich überhaupt nur zu Anfange der Wörter findet. — Der Laut i, hier ein wenig gedehnt, wird durch ein i ohne Dehnungszeichen ausgedrückt. — Für den Kehlhalblaut ŋ gibt es nur das Zeichen en. — Der Laut ă wird hier durch e bezeichnet, da keine Ableitung von a Statt findet. — Der Halblaut n wird hier, wie immer, durch en bezeichnet. — Das Wort erfordert als ein Zeitwort einen kleinen Anfangsbuchstaben — Ge, i, en; gin — ge, e, en; gen — gingen.

sehr — ein einsylbiges Wort, welches aus drei Sprachgrundtheilen besteht: ſ, ē, r. — Der sanfte Zungenhauch ſ kann nur durch das lange es bezeichnet werden. Das gedehnte e wird durch ein e bezeichnet, welches hier nach dem Schreibegebrauche noch ein ha als Dehnungszeichen zu sich nimmt. Der Gaumenhalblaut r hat nur das Zeichen er. — Kleiner Anfangsbuchstabe, weil es kein Hauptwort ist. — Es, e, ha, er; sehr.

Feld — ein einsylbiges Wort, welches vier Sprachgrundtheile enthält: f, ă, l, t. — Der scharfe Lippenhauch f kann durch ef, vau und peha bezeichnet werden, von denen sich aber peha nur in Wörtern fremden Ursprunges findet; vau findet sich vor dem Laute e nur in der Vorsylbe ver und in dem Worte Vetter, und daher bleibt nur ef übrig. Der gestoßene Laut ă kann zwar durch ä und e bezeichnet werden; ersteres geschieht aber nur in Wörtern, deren Stammwort ein a enthält, und da sich ein solches Stammwort hier nicht nachweisen läßt, so kann nur e gewählt werden. Der Zungen-Halblaut l wird hier wie überall durch el bezeichnet. Der scharfe Zungenschluß t kann am Ende des Wortes durch te und de bezeichnet werden, worüber die Verlängerung entscheidet; in dem verlängerten Worte Felder hört man den sanften Zungenschluß, und daher ist de der rechte Buchstabe. — Da das Wort ein Hauptwort ist, so erfordert es einen großen Anfangsbuchstaben. — Ef, e, el, de; Feld.

In dem gleichklingenden Worte fällt wird der Laut durch ä bezeichnet, wegen der sich leicht darbietenden Ableitung von fallen; auf das Lautzeichen folgt ein doppeltes el aus dem gleichen Grunde und wegen der Zusammenziehung aus fället; der letzte Buchstabe ist ein te, weil sich durch die Verlängerung der Uebergang in den sanften Zungenschluß nicht nachweisen läßt; der Anfangsbuchstabe muß klein seyn, weil es ein Zeitwort ist. — Ef, ä, el, el, te; fällt.

lachend — ein zweisylbiges Wort, welches nach der Aussprache klingt und abgebrochen wird: lach-chend. — Die erste Sylbe enthält die drei Sprachtöne: l, ă, ch; die zweite enthält deren folgende vier: ch, ă, n, t. — Der Halblaut l kann nur durch el, das gestoßene a nur durch a bezeichnet werden. Der scharfe Kehlhauch ch wird zwischen den beiden Lauten doppelt gesprochen; weil aber sein Zeichen ceha, als ein zusammengesetzter Buchstabe, eine zu große Breite hat, so setzt man es nur einfach, wenn es auch doppelt gesprochen wird, und zieht es beim Abbrechen der Sylben im Schreiben zur nachfolgenden Sylbe. Das gestoßene ä wird hier durch e bezeichnet, weil keine Ableitung von a gemacht werden kann. Der Halblaut n wird stets durch en bezeichnet. Der scharfe Zungenschluß d am Ende wird hier durch de bezeichnet, weil in dem verlängerten Worte lachende der sanfte Zungenschluß gehört wird. — Kleiner Anfangsbuchstabe, weil es ein Hauptwort ist. — El, a; läceha, e, en, de; chend — lachend.

kann — ein einsylbiges Wort, welches drei Sprachtöne enthält: k, ä, n. — Der scharfe Kehlschluß k kann hier zu Anfange des Wortes nur durch ka bezeichnet werden, da ce und ceha an dieser Stelle nur in fremden Wörtern, ceka nur nach einem gestoßenen Laute, und ge nur am Ende der Wörter zur Bezeichnung dieses Sprachtones vorkommen. Das gestoßene a wird allemal durch a bezeichnet. Der Halblaut n kann zwar nur durch en bezeichnet werden; da aber hier ein gestoßener Laut vorhergeht, so kann die Frage entstehen, ob die Stoßung des Lautes durch Verdoppelung der Nachbestimmung angezeigt werden müsse, oder nicht; welches nur durch die Verlängerung zu erfahren ist. In dem verlängerten Worte können hört man den Zungen-Nasen-Halblaut doppelt; also muß auch der Buchstabe en doppelt gesetzt werden. — Kleiner Anfangsbuchstabe, weil es kein Hauptwort ist. — ka, a, en, en; kann.

Auf diese Weise kann die Erzählung §. 36. durchgegangen und nach dem üblichen Schreibegebrauche in folgender Art aufgeschrieben werden:

Der Barmherzige.

Kunz und Klaus gingen an einem sehr kalten Wintertage mit einander über Feld. An der Strafse u. s. w.

Sie wird zu einer fortwährenden Vergleichung der früheren Schreibart mit der gegenwärtigen benutzt, und es werden die Kinder dadurch zur deutlichen Einsicht darüber geführt, wie sehr und worin der eingeführte Schreibegebrauch von der regelrechten und gesetzmäßigen Schreibung abweiche. — Aehnliche Uebungen der Rechtschreibung an anderen Schreibestücken werden nachher sehr fleißig mit den Kindern in der Schule angestellt; und so wie dieselben in Einsicht und Fertigkeit vorschreiten, werden die Erläuterungen allmählich abgekürzt und nur auf dasjenige beschränkt, wodurch das Wissen der Kinder weiter gefördert wird.

Dritter Abschnitt.

Die Leselehre.

Vorbemerkung. Einer ausführlichen Anleitung zum Lesenlernen bedarf es nach dem hier angegebenen Unterrichtsgange nicht. Schon während des Unterrichtes in der reinen Sylbenbildung ist Gehörtes niedergeschrieben und Geschriebenes gelesen worden. Darauf sind in der Buchstabenlehre die wirklich in unserer Sprache eingeführten Zeichen und ihre Bedeutung gelehrt; auch sind die Druckbuchstaben, welche in Büchern gebraucht werden, bereits aufgeführt worden. Es kommt hier also nur darauf an, die Kinder zu einer recht großen Fertigkeit zn führen, die Druckbuchstaben sowohl der deutschen als lateinischen Form schnell in ihrer Aufeinanderfolge und in ihrem Zusammenhange aufzufassen, und diejenigen Sylben, Wörter und Sätze auszusprechen, welche dadurch dargestellt werden sollen. Eine kurze Angabe der Stuffen, welche hiebei durchzugehen sind, mag genügen; ausführlicher ist dieser Gang an einem andern Orte *) dargestellt, wo auch die Lesemaschine, welche von dem Lehrer bei den ersten Stuffen des Unterrichtes als Hülfsmittel gebraucht werden kann, näher beschrieben ist.

Erstes Kapitel.

Vorübungen des Lesens.

73.

Erste Stuffe. Kenntniß der Laute und Lautzeichen und ihrer Aussprache. Die Zeichen für die Laute und Lautbestimmungen werden den Kindern nach ihrer vierfachen Bezeichnungsart in großen und kleinen deutschen und lateinischen Druckbuchstaben aufgeführt.

a A a A

u. s. w. bis

y Y y Y

Indem sie dieselben genau kennen lernen, finden sie, daß sich auch bei den Druckbuchstaben folgende ihnen bereits früher bekannt gewordenen Sätze bestätigen:

Das Zeichen jedes reinen Lautes besteht aus einem einfachen Buchstaben. — Das Zeichen jedes Zwischenlautes besteht aus einem größeren

*) Anleitung für Volksschullehrer zum ersten Unterrichte im Lesen und Rechtschreiben von F. H. G. Graßmann. Berlin 1816. S. dort über die Lesemaschine S. VI. u. VII. der Vorrede. — Damit ist zu vergleichen die eben dort erschienene Fibel oder das Erste Uebungsbuch für Kinder.

Buchstaben, über welchem noch ein kleines e steht. — Das Zeichen jedes Doppellautes besteht aus zwei neben einander stehenden größeren Buchstaben. (Bei äu steht über dem ersten Buchstaben noch ein kleines e.)

In Hinsicht auf die Aussprache der Laute werden folgende Sätze wiederholt:

Reine Laute and Zwischenlaute können gedehnt und gestoßen ausgesprochen werden. — Doppellaute können nur auf Eine Art ausgesprochen werden, und, weil dies auch bei der schnellsten Aussprache immer mehr Zeit erfordert, als die Aussprache der gestoßenen Laute, so werden sie immer den gedehnten Lauten geichgestellt. — Das gestoßene e klingt wie das gestoßene ä.

Wiederholende Uebung im Aussprechen gedehnter und gestoßener Laute. — Hierauf werden die Kinder mit sämmtlichen Dehnungszeichen an den Druckbuchstaben bekannt gemacht, also mit folgenden Buchstabenverbindungen: ah, aa-eh, ee-ih, ie-oh, oo-uh-äh-öh-üh.

74.

Zweite Stuffe. Kenntniß der Bestimmungszeichen. Die Bestimmungszeichen werden ebenfalls vierfach, in großen und kleinen deutschen und lateinischen Buchstaben, den Kindern vorgeführt. — Wiederholung ihrer Eintheilung in Lippen-, Zungen- und Kehlbestimmungen, in scharfe und sanfte Hauche, in Halblaute, in scharfe und sanfte Schlüsse. — Erinnerung daran, daß bei g nach unserer hiesigen Aussprache statt des sanften Kehlschlusses gewöhnlich der sanfte Kehlhauch ausgesprochen werde; daß für den sanften Zungenkehlhauch (j) und Kehlhalblaut (ŋ und ŋ) die Buchstaben fehlen; und daß dagegen s, v, ph-z, tz, c, x, qu als überflüssige Buchstaben vorhanden sind, und was dieselben bedeuten. Der

Gebrauch von s, v und ph wird in den folgenden Uebungen mit einfachen Sylben sogleich mitgenommen; dagegen wird die weitere Berücksichtigung von z, tz, c, x und qu bis zur fünften Stuffe vorbehalten.

75.

Dritte Stuffe. Verbindung eines Lautzeichens mit einem Bestimmungszeichen zu Sylben, erst an der Lesemaschine, dann in dem Uebungsbuche, nach folgenden drei Unterabtheilungen:

1) Sylben, welche aus einem Vorbestimmungszeichen und einem Lautzeichen bestehen. Dabei die Einübung der Regel:

Wenn eine Sylbe sich auf ein Lautzeichen endigt, so wird der Laut gedehnt ausgesprochen, als: bo, scha, lä, mö, wei.

2) Sylben, welche aus einem Lautzeichen und einem Nachbestimmungszeichen bestehen, ohne daß ein Dehnungszeichen bei dem Lautzeichen steht, als: af, och, um, ön —, wobei denn bloß die Zeichen für die reinen Laute und Zwischenlaute gebraucht werden. Hiebei die Einübung der Regel: Wenn eine Sylbe sich auf ein Bestimmuugszeichen endigt, so wird der Laut in der Sylbe gewöhnlich gestoßen ausgesprochen, wenn kein Dehnungszeichen dabei steht.

3) Sylben, welche aus einem Lautzeichen und einem Nachbestimmungszeichen bestehen, indem mit dem Lautzeichen entweder ein Dehnungszeichen verbunden, oder es das Zeichen eines Doppellautes ist, als: aaf, ier, ohm, uhl, aup, äut. — Hiebei die Bemerkung, daß der freie Hauch als Nachbestimmung nie gesprochen werden kann, und daß der Buchstabe ha daher, weil er als Nachbestimmungszeichen nie gebraucht werden kann, zum Dehnungs-

zeichen genommen ist; daß außerdem bei a, e und o die Dehnung auch noch durch die Verdoppelung des Buchstaben, bei i auch durch Hinzufügung eines e angezeigt werde. Ferner wird bemerkt, daß s nur als Nachbestimmungszeichen stehe.

Wenn nach geschehener besonderen Einübung dieser drei Arten von Sylben der Uebung wegen nachher Sylben aller drei Arten unter einander gemischt gelesen werden, so geben Sylben wie: ab, ied, ad, og, eg, ieb, oos zur Erläuterung nachfolgender Regel Anlaß:

Die Buchstaben, welche sanfte Lautbestimmungen bezeichnen, werden am Ende der Sylben gewöhnlich scharf ausgesprochen; es werden also gesprochen b wie p, d wie t, g entweder wie k oder wie ch, s wie ſs. Mit dieser veränderten Aussprache sollen solche Sylben künftig in der Regel gelesen werden, also: ab wie ap, ied wie iet, ad wie at, og wie och, eg wie ech, oos wie ooſs u. s. w.

76.

Vierte Stuffe. Uebung im Lesen solcher Sylben, die einfache Vorbestimmungen und zugleich einfache Nachbestimmungen enthalten, als: losch, fach, rum, noch, tisch u. s. w. — Hier werden alle Laute mit allen Vorbestimmungen und Nachbestimmungen verbunden. So lange die Lesemaschine gebraucht wird, mögen die Sylben bloß als Sylben gelesen werden. Wenn aber nachher das Buch zur Hand genommen wird, und darin die einsylbigen Wörter mit einfachen Lautbestimmungen gelesen werden, so müssen alle Ausnahmen, d. h. hier, alle einsylbigen Wörter ohne Dehnungszeichen, in denen der Laut aber doch gedehnt gesprochen werden soll, genau angemerkt werden z. B. mir, kam, Bär. — Sylben wie Thor, Theil, Muth ꝛc. geben Anlaß zu der Bemerkung: Wenn hinter dem t noch ein h steht, so wird das h gar nicht ausgesprochen, sondern th bloß wie t gelesen; jedoch wird der Laut, der in solchen Sylben vorkommt, gewöhnlich gedehnt ausgesprochen.

Ferner gehört hieher folgende erläuternde Bemerkung: In manchen Wörtern, wie schon früher gelehrt ist, wird die Stoßung eines Lautes noch dadurch angezeigt, daß das folgende Bestimmungszeichen doppelt gesetzt wird, und die Verdoppelung dieses Zeichens nennt man dann ein Stoßungszeichen. In Ball, Bann, Lamm, Schiff ꝛc. soll also nicht ein doppeltes l, n, m und f, sondern der vorhergehende Laut soll nur gestoßen ausgesprochen werden. Anstatt kk gebraucht man denn das Zeichen ck (ceka), z. B. in den Wörtern Rock, Sack, keck ꝛc.

Auch mehrsylbige Wörter werden auf dieser Stuffe gelesen, bei denen jedoch die Sylben abgesetzt seyn müssen.

77.

Fünfte Stuffe. Uebung im Lesen von Sylben mit mehrfachen Lautbestimmungen, und zwar in folgenden Unterabtheilungen:

1) Sylben mit mehrfachen Vorbestimmungen entweder ohne Nachbestimmung: blau, frei, schlau. — oder mit einfachen Nachbestimmungen: braun, Schweiſs, Brauch, Fluch, Grab, Stock.

Hiebei folgende Erläuterungen und die nöthige Uebung darin:

Zur Bezeichnung der zweifachen Bestimmung tß oder tſ wird der Buchstabe z (zet) gebraucht, als: Zahn, Zaum, Zinn.

Statt kß oder ks dient der Buchstabe x (ix). — Xerxes. Anstatt kw gebraucht man immer die Buchstaben qu, von denen der erstere (ku) nie ohne das nachfolgende u steht, als: Qual, Quell, quet-schen, qual-men.

Der Buchstabe c (ce) hat eine doppelte Aussprache; er wird gesprochen: 1) wie k vor den Lautzeichen a, o und u, als: Carl, Conrad, Cur; — vor jedem Bestimmungszeichen, als: Cleve, Crispus, Cnejus; — am Ende einer Sylbe als Nachbestimmung, als: Doc-tor, Oc-to-ber.

2) wie z vor den Lautzeichen e, i und ä, als: Ceder, Cider, Caesar

3) vor einem ö bald wie k: Cöln, Cöslin; — bald wie z: Cölius, Cöleſtin.

Wenn ſ zu Anfange der Wörter vor einem p oder t steht, so wird es bei uns gewöhnlich wie sch ausgesprochen, als: Spieſs, spalten; stumm, Stein.

In andern Fällen wird bei dem langen ſ häufig statt des sanften der scharfe Zungenhauch ausgesprochen, z. B. in Wörtern wie Sklave, Smaragd.

2) Sylben mit mehrfachen Nachbestimmungen entweder ohne Vorbestimmung: Amt, Angſt, oſt. — oder mit einfachen Vorbestimmungen: Dorf, hoſſt, schämt, Fürſt.

Hiebei die Bemerkung:

Zur Bezeichnung der zweifachen Nachbestimmung tß oder ts steht als Nachbestimmung, aber nur nach gestoßenen Lauten, häufig das Zeichen tz (tezet), als: Sitz, Netz, Schatz. — Wenn dieses Zeichen in der Mitte des Wortes zwischen zwei Lautzeichen steht, so spricht man den scharfen Zungenschluß vorn doppelt, einmal zur vorangehenden und einmal zur nachfolgenden Sylbe, als: ſchützen wie ſchüt-tßen, Katzen wie Kat-tßen.

Die Abweichungen, welche durch die Regel über die scharfe Aussprache der Endbuchstaben, welche sanfte Lautbestimmungen bezeichnen, häufig entstehen, werden sorgfältig beachtet und angemerkt; also wird in der Regel gelesen: lb wie lp, halb — ld wie lt, Wald — ng wie ŋk.

lang, Ring — lg wie lch, Talg — bſch wie pſch, hübſch — rd wie rt, wird u. ſ. w.

3) Sylben mit mehrfachen Vorbeſtimmungen und zugleich mit mehrfachen Nachbeſtimmungen, als: Frucht, ſchlürſt, ſtürzt, Brand, blickt, ſprieſst.

78.

Sechste Stuffe. Bekanntmachung mit einigen anderen Unregelmäßigkeiten der deutſchen Schriftbezeichnung und der dadurch veränderten Ausſprache der Sylben und Wörter. —

Hieher gehören noch folgende Erläuterungen und deren Einübung:

Der Buchſtabe e wird bei geſtoßener Ausſprache zwar allemal wie das geſtoßene ä ausgeſprochen; aber häufig ſpricht man auch ſowohl das bloße e, als auch das e mit ſeinen Dehnungszeichen ee und eh, wie ein gedehntes ä aus — oder: Sowohl bei dem e allein, als auch bei dem e mit ſeinen Dehnungszeichen ee und eh, ſpricht man häufig ſtatt des gedehnten erſten Zungenlautes (ē) den gedehnten Oeffnungs-Zungenlaut (æ) aus. — Leben, heben, ſchwer, Krebs — Meer, Heer, Speer — Sehne, dehnen, gedehnt.

Der Buchſtabe ch wird öfters wie k ausgeſprochen und zwar: im Anfange einiger fremden Wörter: Chriſt, Chor, Choral, Charte — oft vor einem s oder ſ: Wachs, Fuchs, Flachs; wachſen, drechſeln — letzteres jedoch nicht immer: wachſam.

Bei dem Buchſtaben ſ (dem langen ſ) ſpricht man noch häufig ſtatt des ſanften Zungenhauches den ſcharfen Zungenhauch (ß); man ſpricht alſo ſ wie ß. Dies geſchieht:

a) wenn zu Anfange der Wörter das ſ vor anderen Bestimmungszeichen als vor p und t steht (denn vor p und t wird es wie sch gesprochen. Vgl. 5te Stuffe). — Smaragd, Slave, Sklave, Spitze.

b) wenn das s in der Mitte der Wörter, d. h. nicht ganz am Ende, nach Bestimmungszeichen folgt, besonders nach Buchstaben, bei denen scharfe Schlüsse gesprochen werden. — Ochse, Füchse; hopsen, Räthsel, Erbse, Mengsel; — gewöhnlich wird auch Person so gesprochen.

c) wenn es als Theil einer zusammengesetzten Nachbestimmung, besonders vor p und t steht. — Ast, ists, hast, Kunst, wirst.

d) wenn es in der Mitte der Wörter zwischen zwei Lautzeichen doppelt steht, in welchem Falle der scharfe Zungenhauch zweimal gesprochen wird. — Wasser, hassen, nässen, wissen.

Der Buchstabe v wird in einigen fremden Wörtern wie w gelesen. — Pulver, Clavier, Sklave.

Bei den Buchstaben g und j wird in einigen fremden Wörtern der sanfte Zungen-Kehlhauch (J), für den es uns an einem Buchstaben fehlt, ausgesprochen, als: Page, Bagage, Fourage; Jabot, Jalousie.

Der Buchstabe t wird in einigen Wörtern, die aus der lateinischen Sprache herstammen, wie z ausgesprochen, und zwar vor einem i, wenn noch ein anderes Lautzeichen darauf folgt, als: Nation, Portion, Actien; — doch nicht wenn ein s vorhergeht, wo es seinen gewöhnlichen Ton beibehält, als: Cestius.

Die Buchstaben ch und sch, wenn sie in der Mitte der Wörter zwischen zwei Lautzeichen stehen, und man bei dem vorangehenden einen gestoßenen Laut spricht, werden doppelt gesprochen, als: machen wie machchen, Fische wie Fischsche.

79.

Siebente Stuffe. Uebung im Sylbenabtheilen nach folgenden Regeln:

Jedes Wort hat so viel Sylben, als es Laute enthält. — Wenn ich also von einem gedruckten Worte wissen will, wie viel Sylben es enthält, so darf ich nur die darin enthaltenen Lautzeichen zählen. Die Zeichen der Doppellaute (au, ei) und die Zeichen für gedehnte Laute (ie, oo) dürfen dabei dann nur für Ein Lautzeichen gerechnet werden.

Der Umfang der Sylben wird nach den Bestimmungszeichen ermittelt — Wenn zwischen zwei Lautzeichen nur Ein Bestimmungszeichen steht, so gehört es in der Regel zur nachfolgenden Sylbe, als: David, Babel, kleiden. — Wenn zwischen zwei Lautzeichen zwei Bestimmungszeichen stehen, so gehört das erste in der Regel zur vorangehenden, das zweite zur nachfolgenden Sylbe, als: Anton, lebte, Mitte. — Es versteht sich hiebei, daß ein h als Dehnungszeichen, so wie ein h nach einem p und t, nicht mit als Bestimmungszeichen gezählt werden darf, und daß ph, th, nn und alle Stoßungszeichen, wo wirklich nur Eine Lautbestimmung bei ihnen gesprochen wird, auch nur für Ein Bestimmungszeichen gelten können. — — Wenn zwischen zwei Lautzeichen mehr als zwei Bestimmungszeichen stehen, so läßt sich durch keine Regel genau feststellen, wie viele zur vorangehenden und wie viele zur nachfolgenden Sylbe gehören. — Vergleiche: Sänf-te, För-ster, klein-ste, wirk-sam ernst-haft, freund-lich.

Zusammengesetzte Wörter werden ihrer Zusammensetzung gemäß abgetheilt, wodurch die meisten Ausnahmen von obigen beiden Hauptregeln entstehen.

Uebung im Zergliedern ein- und mehrsylbiger Wörter, oder in dem Angeben der Gründe, warum so abgetheilt und gelesen werden müsse, wobei sich von selbst versteht, daß die Uebungen an solchen Lesestücken angestellt werden müssen, in denen die Sylben nicht mehr abgesetzt sind. — Bei einsylbigen Wörtern ist nur anzugeben, warum man nur Eine Sylbe annimmt, und warum man den Laut gedehnt oder gestoßen spricht. — Bei mehrsylbigen Wörtern läßt man erst die Lautzeichen zählen, und bestimmt danach die Anzahl der Sylben. Dann läßt man die Bestimmungszeichen zwischen jeden zwei Lautzeichen zählen, und bestimmt danach den Umfang jeder Sylbe. Endlich bestimmt man nach dem Ende der Sylben (je nachdem sich jede auf ein Lautzeichen oder ein Bestimmungszeichen endigt) die Aussprache des Lautes in jeder Sylbe, welches sich nicht eher mit Grund angeben läßt, als bis man den Umfang der Sylben kennt. — ſs, ſt, tz und ck läßt der Lehrer bei der Sylbenabtheilung, wie sie hier zum Behuf des richtigen Aussprechens vorgenommen wird, trennen, weil die einzelnen Buchstaben als zu verschiedenen Sylben gehörig ausgesprochen werden.

80.

Anhang zu den bis hieher aufgestellten Vorübungen des Lesens.

Wenn die Kinder durch den bisherigen Stuffengang der Uebungen befähigt sind, nicht bloß jede Sylbe einzeln zu lesen, sondern auch jedes mehrsylbige Wort mit nicht abgebrochenen Sylben richtig in seine Sylben zu zerlegen und sylbenweise richtig auszusprechen, so mache der Lehrer den Schluß dieser Vorbereitung zum Lesen durch folgende

Vollständige Uebersicht der verschiedenen Aussprache sämmtlicher in der deutschen Druckschrift vorkommenden Buchstabenzeichen.

Die Lautzeichen

1) a
2) i
3) o
4) u
5) å
6) ŏ
7) ů

bezeichnen jedes den ihm zukommenden Laut bald gedehnt bald gestoßen; — wenn die Sylbe mit dem Lautzeichen schließt, allemal gedehnt (so, ha-ben); wenn die Sylbe sich aber auf ein Bestimmungszeichen endigt und kein Dehnungszeichen dabei steht, gewöhnlich gestoßen (Wur-zel); doch zuweilen auch im letzteren Falle gedehnt, welches jedoch nur als Ausnahme gelten kann.

Der große Buchstabe J bezeichnet zugleich den sanften Kehlhauch j zu Anfange der Wörter vor einem Lautzeichen, als: Jahr, jauchzen, Jude. — Vor einem Bestimmungszeichen aber bezeichnet er den zweiten Zungenlaut i, als: immer, innere.

8) e bezeichnet gewöhnlich den ersten Zungenlaut e, nicht selten aber auch den Oeffnungs-Zungenlaut ä, z. B. in leben, schweben; und zwar beide Laute unter denselben Bedingungen, wie die vorhin angeführten Lautzeichen, bald gedehnt und bald gestoßen, als: se-hen; setzen; heben; schwer.

9) aa bezeichnet ein gedehntes a. — Saal.
10) ah — — — a. — wahr.
11) ie — — — i. — Bier.
12) ih — — — i. — ihm.
13) oo — — — o. — Moos.
14) oh — — — o. — Ohr.
15) uh — — — u. — Uhr.
16) äh — — — ä. — fährt.
17) öh — — — ö. — höhnt.
18) üh — — — ü. — führt.

19) ee bezeichnet a) ein gedehntes e, den gedehnten ersten Zungenlaut. — See, Schnee, beseelt.

b) ein gedehntes ä, den gedehnten Oeffnungs-Zungenlaut. — Meer, Speer.

20) eh bezeichnet a) ein gedehntes e, den gedehnten ersten Zungenlaut. — mehr, sehr.

b) ein gedehntes ä, den gedehnten Oeffnungs-Zungenlaut. — Mehl, fehlt, gedehnt.

21) y bezeichnet a) den zweiten Zungenlaut i, und zwar gedehnt in Hyder, Styl.

gestoßen in Sylbe, Hymne.

b) in einigen Wörtern den sanften Kehlhauch j, als: pfuy, huy, Boy, — die jedoch auch pfui, hui, Boi geschrieben werden.

22) au bezeichnet den Lippen-Doppellaut au oder âu — Haus.

23) ai bezeichnet den Zungen-Doppellaut ai oder äi. — Kaiser.

24) ei bezeichnet den Zungen-Doppellaut ai oder äi. — reich.

25) ay bezeichnet den Zungen-Doppellaut ai oder äi. — May.

26) ey bezeichnet den Zungen-Doppellaut ai oder äi. — Ey, seyn.

Anmerk. ay wird jedoch immer mehr mit ai, so wie ey mit ei, vertauscht.

27) äu bezeichnet den Lippen-Zungen-Doppellaut aü oder æü. — Häuser, Bäume.

28) eu bezeichnet auch den Lippen-Zungen-Doppellaut aü oder æü. — Beute, neu.

Bestimmungszeichen.

1) h bezeichnet a) zu Anfange der Sylben den freien Hauch h. — hofft, Hut.

b) nach einem Lautzeichen ist es Dehnungszeichen, wenn es zu derselben Sylbe gehört. — Lohn, sehr.

c) nach einem p gibt es diesem Buchstaben eine andere Aussprache, verwandelt den scharfen Lippenschluß in den scharfen Lippenhauch, p in f. — Phantasie, Seraph.

d) nach einem t wird es gar nicht ausgesprochen, bezeichnet aber zugleich die Dehnung bald des vorhergehenden, bald des nachfolgenden Lautes. — Rath, Muth; Thon, thun. — Eine Ausnahme ist Thurm.

2) f bezeichnet allemal den scharfen Lippenhauch f. — Ruf, für.

3) w bezeichnet allemal den sanften Lippenhauch w, als: wenn, bewohnen. — Am Ende einiger Namen von Personen und Dörfern pflegt man es nicht auszusprechen: Bredow, Grabow, Cummerow.

4) v bezeichnet a) gewöhnlich den scharfen Lippenhauch f. — Vater.

b) in wenigen fremden Wörtern den sanften Lippenhauch w, als: Venus, Sklave.

5) ph bezeichnet allemal den scharfen Lippenhauch. — Philosoph.

6) ſs (ß) bezeichnet allemal den scharfen Zungenhauch einfach gesprochen. — Straſse, Faſs.

7) ſ bezeichnet 1) gewöhnlich den sanften Zungenhauch. — Sand, ſenken; dieſer, Raſen. So wird er allemal zu Anfange der Wörter vor einem Lautzeichen und in der Mitte der Wörter zwischen zwei Lautzeichen gesprochen.

2) häufig auch den scharfen Zungenhauch ß, nämlich:

a) zu Anfange der Wörter vor andern Lautbestimmungen als p und t. — Slave, Sklave, Smaragd.

b) in der Mitte der Wörter als Vorbestimmung der nachfolgenden Sylbe, wenn ein Bestimmungszeichen vorhergeht, besonders ein Buchstabe, bei welchem ein scharfer Schluß gesprochen wird. — Ochſe, wechſeln, Räthſel, Krebſes Mengſel.

c) als Nachbestimmung vor t und p. — Ast, gestern, Weste; Knospe, Hespe.

3) den scharfen Zungen-Kehlhauch sch zu Anfange der Wörter vor p und t, nach der Aussprache der meisten deutschen Landschaften, die jedoch in andern Gegenden z. B. in Westfalen, für fehlerhaft erklärt wird, als: Stein, Spalte. — Wenn ein Wort durch Zusammensetzung oder Vorsylben vorn einen Zusatz erhalten hat, so kann das ſ auch in der Mitte der Wörter diese Aussprache haben, als: mitſprechen, zerſpalten; aufſtehen, verſtellen.

8) s bezeichnet eigentlich sowohl den scharfen als den sanften Zungenhauch am Ende der Wörter. Da wir aber jede sanfte Lautbestimmung gewöhnlich scharf aussprechen, wenn sie am Ende des Wortes zu stehen kommt, so wird bei s auch immer der scharfe Zungenhauch ß ausgesprochen. — Gutes, des, aus; Gras, Haus.

9) ſſ bezeichnet allemal den scharfen Zungenhauch doppelt gesprochen, wird also gelesen wie ßß, als: haſſen, müſſen, verdroſſen.

10) ch bezeichnet a) gewöhnlich den scharfen Kehlhauch einfach gesprochen. — Buch, Steinchen.

b) den scharfen Kehlhauch doppelt gesprochen. Diesen bezeichnet er in der Mitte der Wörter zwischen zwei Lauten, wovon der erste gestoßen ist, weil der Buchstabe in solchem Falle, vielleicht wegen seiner zu großen Breite, nicht doppelt gesetzt wird. — Woche, machen.

c) den scharfen Kehlschluß k, und zwar im Anfange einiger fremden Wörter, als: Chriſt, Chor. — in vielen deutschen Wörtern vor einem ſ oder s, als: Ochſen, wachſen; Fuchs, Luchs, Flachs. — Doch gibt es auch Ausnahmen, als: wachſam.

11) j bezeichnet als kleiner Buchstabe allemal den vordern

sanften Kehlhauch, wie er am Zungenrücken gebildet wird (§. 20). — ja, jeder.

Der große Buchstabe J ist zugleich ein Zeichen für den Laut i, welcher in seiner Bildung dem sanften Kehlhauche j sehr nahe verwandt ist. Wie i wird dieser große Buchstabe dann gesprochen, wenn ein Bestimmungszeichen darauf folgt. — Innere, Jstrien. Wie j wird er gesprochen vor jedem Lautzeichen, als: Jahr, Jubel, Judith.

12) sch bezeichnet a) gewöhnlich den scharfen Zungen-Kehlhauch einfach gesprochen. — Schaf, Busch.

b) in der Mitte eines Wortes zwischen zwei Lautzeichen, wovon der erste gestoßen ausgesprochen wird, bezeichnet sch denselben Hauch doppelt gesprochen, da auch dieser Buchstabe wie ch, wahrscheinlich wegen seiner zu großen Breite, nicht doppelt gesetzt wird. — Wäsche, fischen, dreschen.

13) m bezeichnet allemal den Lippenhalblaut m. — Maus, Ruhm, kam.

14) n bezeichnet a) gewöhnlich den Zungen-Nasen-Halblaut n. — Nahrung, woh-nen, an, bin.

b) vor g und k meistentheils den Kehlhalblaut ŋ, als: Angel, Win-ken. — Nur wo es durch Zusammensetzung vor einen dieser beiden Buchstaben gekommen ist, bezeichnet es doch den Zungen-Nasen-Halblaut. — Ankunft, ankehren, angenehm.

15) l bezeichnet stets den Zungen-Halblaut l. — Leib, Seele, weil.

16) r bezeichnet stets den Gaumen-Halblaut r. — Recht, fah-ren, sehr.

17) p bezeichnet a) den scharfen Lippenschluß p. — Paar, Lappe, hopsen.

b) mit einem nachfolgenden h verbunden, ph, gibt er ein neues Zeichen für den scharfen Lippenhauch — Philosophie, Joseph.

18) ph bezeichnet nach dem eben Gesagten den scharfen Lippenschluß f, als: Phantasie, Seraph.

19) t ist stets das Zeichen des scharfen Zungenschlusses t, als: Ton, mit. — Nur in einigen fremden Wörtern bezeichnet es den scharfen Zungenschluß in Verbindung mit dem unmittelbar darauf folgenden scharfen Zungenhauche (tß oder z), nämlich vor einem i, auf welches noch ein anderes Lautzeichen folgt, als: Nation, Auction, Actien. — Wenn aber ein s vorhergeht, wird es auch in diesem Falle wie gewöhnlich gelesen, als: Cestius, Ostia.

20) th wird wie t gelesen. — Rath, Muth, Thau.

21) dt, welches nur in einigen Wörtern am Ende vorkommt, wird ebenfalls wie t gelesen. — Stadt, todt, entwandt, beredt.

22) k ist stets das Zeichen des scharfen Kehlschlusses k. — Kahn, Wolke, sank.

23) ck bezeichnet a) den scharfen Kehlschluß k doppelt gesprochen, und zwar in der Mitte eines Wortes zwischen zwei Lautzeichen, wovon das erste gestoßen ausgesprochen wird. — Stücke, wecken.

b) den scharfen Kehlschluß einfach gesprochen, wenn es nach einem gestoßenen Laute entweder am Ende des Wortes steht, als: Sack, Schreck, zurück; — oder wenn ein Bestimmungszeichen darauf folgt, so daß man den scharfen Kehlschluß nicht doppelt und als zu zwei Sylben gehörig aussprechen kann, als: blickt, neckt, Glücks, erwecklich, schrecklich.

24) b bezeichnet a) nach seiner ursprünglichen Bestimmung den sanften Lippenschluß b, als: Band, wer-ben, blei-ben, Bube. — Da aber sanfte Lautbestimmungen am Ende der Wörter sich gewöhnlich in scharfe umwandeln, so wird

b) am Ende der Wörter und Sylben bei diesem Buchstaben auch der scharfe Lippenschluß p ausgesprochen. — Grab, Hieb, habt, erbt, Erbse, hübsch.

25) d bezeichnet a) nach seiner ursprünglichen Bestimmung den sanften Zungenschluß d, als: Dach, Damm, müde, schaden. — Da aber sanfte Lautbestimmungen sich am Ende der Wörter gewöhnlich in scharfe umwandeln, so wird

b) am Ende der Wörter und Sylben bei diesem Buchstaben auch der scharfe Zungenschluß t ausgesprochen, als: Bad, Glied, Hund, Pferd.

26) g. — Die rechte Aussprache dieses Buchstaben ist am schwierigsten zu bestimmen, und die Sache liegt zum Theil in der größten Verwirrung. — Er soll eigentlich das Zeichen des sanften Kehlschlusses sein, und wird von vielen, besonders am Anfange der Sylben, auch wirklich so gesprochen, d. h. wie ein gelindes k. Wer diesen Buchstaben so spricht, läßt am Ende für ihn dann gewöhnlich den scharfen Kehlschluß hören; er spricht z. B. Tag wie Tak, Sarg wie Sark. Auch bei uns ist diese Aussprache des g am Ende der Wörter gebräuchlich, wenn ein n unmittelbar vorhergeht; wir sprechen z. B Gang wie Gank, fing wie fink, Ring wie Rink. — Viele andere sprechen den sanften Kehlschluß nie aus, sondern statt dessen immer den sanften Kehlhauch; und dies ist die bei uns allgemein gebräuchliche Sprechweise. Dann klingt dieser Buchstabe vor e und i eben so wie j, z. B. geben wie jeben, Gier wie Jier; aber vor a, o und u unterscheidet sich seine Aussprache von der des j dadurch, daß bei g der an der Zungenwurzel gebildete, also der hintere, bei j aber der an dem Zungenrücken gebildete, also der vordere sanfte Zungenhauch gesprochen wird. Hienach ist die Aussprache des Anfanges folgender Wörter genau zu unterscheiden: gar und Jahr, gute und Jude, Gott und Jot (Name des Buchstaben.) Wer nun den

Buchstaben g auf diese Weise ausspricht, der läßt am Ende dafür den scharfen Kehlhauch hören, und spricht Tag wie Tach, Sarg wie Sarg, welcher Kehlhauch dann eben so gut an den zwei genannten Stellen der Mundhöhle gebildet werden kann, ohne daß man dies gewöhnlich zu unterscheiden pflegt.

Hienach ist die Aussprache des g also eigentlich sechsfach. Es kann nämlich bezeichnen:

1) den sanften Kehlschluß nach einer bei uns eben nicht gebräuchlichen, aber anderswo z. B. in Sachsen, allgemeinen Aussprache. — Gabe, gut, Gott.

2) den scharfen Kehlschluß. — Fang, Ring.

3) den sanften Kehlhauch und diesen wieder mit zwei Abänderungen der Aussprache,

   a) den hinteren, gebildet bei der Zungenwurzel. — Gott, gut, gar.

   b) den vorderen, gebildet bei dem Zungenrücken. — Gier, gehen.

4) den scharfen Kehlhauch mit eben diesen beiden Abänderungen der Aussprache, nämlich

   a) den hintern, gebildet bei der Zungenwurzel. — Tag, wog, Pflug.

   b) den vorderen, gebildet bei dem Zungenrücken. — Weg, Sieg, Steig.

27) z bezeichnet den scharfen Zungenschluß, auf welchen unmittelbar der scharfe Zungenhauch folgt, tß oder tſ. — Zahn, Zelt, wälzen, Schmerz, ſchwarz.

28) tz welches nur auf gestoßene Laute folgt, wird eben so ausgesprochen wie z wenn es nur zu Einer Sylbe gesprochen werden kann, als: Schatz, Blitz, ſetzt. — Wenn tz in der Mitte eines Wortes zwischen zwei Lautzeichen steht, wovon das erste gestoßen ausgesprochen wird, so spricht man den scharfen Zungenschluß doppelt, indem man den Zuschluß zur vorangehenden und den Aufschluß zur nachfolgenden Sylbe hören

läßt, als: Hitze wie Hit-tße, setzen, wie set-tßen; Katze rc.

29) c bezeichnet

1) den scharfen Kehlschluß k, nämlich:

a) vor den Lautzeichen a, o und u und in einigen Wörtern vor ö. — Carl, Conrad, Cur, Cöln.

b) vor einem Bestimmungszeichen. — Classe, Credit, Cnejus.

c) am Ende einer Sylbe als Nachbestimmung. — Doctor, October.

2) den scharfen Zungenschluß, auf welchen unmittelbar der scharfe Zungenhauch folgt; es wird also gesprochen wie z. Dies geschieht vor den Lautzeichen e, i, æ und in einigen Wörtern vor ö. — Ceder, Citrone, Cæsar, Cölestin.

30) x bezeichnet den scharfen Kehlschluß, auf welchen unmittelbar der scharfe Zungenhauch folgt, kß oder ks. — Xerxes, Axe, Hexe.

31) qu bezeichnet den scharfen Kehlschluß, auf welchen unmittelbar der sanfte Lippenhauch folgt, kw. — Qual, Quelle, bequem.

ff, mm, nn, ll, rr, pp, tt bezeichnen den durch sie dargestellten Sprachton doppelt, wenn sie ihre Stelle in der Mitte des Wortes zwischen zwei Lautzeichen haben, als: schaffen, hemmen, können, schütten. Stehen sie aber am Ende eines Wortes, oder folgt ein Bestimmungszeichen darauf, so wird ihr Sprachton nur einfach gesprochen, als: Schiff, Kamm, kann, will; gekännt, gerippt, erkenntlich, beharrlich, willkommen.

ff (efef) ist ein zusammengezogenes doppeltes f.

st (este) ist ein zusammengezogenes s und t.

Zweites Kapitel.

Das Lesen selbst auf drei Stuffen.

Nachdem mit dieser Uebersicht der Aussprache aller Buchstabenzeichen der Schluß der eigentlichen Vorübungen zum Lesen gemacht worden ist, folgt nun die Uebung im Lesen selbst, und zwar nach drei Stuffen, die wir Sylbenlesen, Wörterlesen und Sätzelesen benennen wollen, und von denen die beiden ersten wieder nur vorbereitend auf die dritte sind. Das Sätzelesen aber ist dasjenige Lesen, zu welchem hier, als dem letzten Ziele, Nachbildung der zusammenhängenden Rede, geführt werden sollte.

81.

Achte Stuffe. Sylbenlesen. Jede Sylbe wird einzeln ausgesprochen und zwischen ihr und der nachfolgenden eine kleine Pause gemacht; und dabei wird keine Sylbe vor der andern durch einen stärkeren Druck oder ein längeres Zeitmaaß ausgezeichnet, z. B. Am Him-mel er-blicken wir Son-ne, Mond und Sterne. — Der Hauptzweck dieser Uebung ist, die Kinder an ein recht sorgfältiges Aufmerken auf alle Zeichen, die sie vor sich erblicken, und an ein recht genaues Aussprechen aller Bestandtheile, die zu jedem Worte gehören, so wie an richtige Abtheilung jedes Wortes in seine Sylben zu gewöhnen. Schwierigkeiten, welche besonders in langen Wörtern vorkommen, werden durch Hinweisung auf die Regeln der Sylbenabtheilung und auf die eigenthümliche Bedeutung jedes Buchstaben unter den vorhandenen Umständen beseitigt, und der Lehrer kann solche schwierigen Wörter zur Bestimmung der Anzahl und des Umfanges der Sylben und der Aussprache der in den Sylben vorhandenen Laute zergliedern lassen. Ausnahmen, welche den Kindern noch unbekannt sind, werden vom Lehrer angegeben und erläutert.

82.

Neunte Stuffe. Wörterlesen. Jedes Wort wird einzeln ausgesprochen, ohne zwischen den dazu gehörigen Sylben, wenn es mehrsylbig ist, abzusetzen; wohl aber wird zwischen jedem Worte und dem nachfolgenden solch eine Pause gemacht, wie auf der vorigen Stuffe zwischen den einzelnen Sylben, z. B. Die-Sónne-geht-an-jédem-Táge-im-Ósten-auf-und-im-Wésten-únter. — Der Hauptzweck der Uebung ist, die Kinder zu gewöhnen, jedes Wort als ein Ganzes zu betrachten, und es so auszusprechen, daß es der Hörende sogleich als ein Ganzes erkennt. Das vorzüglichste Mittel, um dieses zu bewirken, ist der Wortaccent, dessen richtiges Angeben der Lehrer hier zum besonderen Gegenstande seiner Aufmerksamkeit machen muß. Was er sei und wohin er gehöre, darüber stellt der Lehrer die nöthigen Wiederholungen aus der Wortbildungslehre an, in welcher das Erforderliche über diesen Gegenstand jetzt schon vorgekommen sein wird. Er erinnert also an den Unterschied zwischen Wort- und Nebensylben, von denen sich die letzteren wieder in Vor- und Nachsylben theilen; an die Kennzeichen zur Auffindung der Wortsylbe und die darauf beruhende Sylbenabtheilung eines Wortes nach der Abstammung und deren Unterschied von der Sylbenabtheilung nach der Aussprache; an die Abtheilung zusammengesetzter Wörter in Grundwort und Bestimmungswort; und an folgende beiden Hauptregeln über das Setzen des Accentes, von denen hier nun eine fortwährende Anwendung gemacht werden soll.

Wenn in einem mehrsylbigen Worte nur Eine Wortsylbe ist, so hat die Wortsylbe den Accent, als: Éinsamkeit, zerstórbar, Genúgsamkeit.

Ausnahmen: lebéndig und die Wörter mit der Nachsylbe ei, z. B. Betrügerei, Reuteréi.

Wenn in einem mehrsylbigen Worte mehr

als zwei Wortsylben sind (welches allemal in zusammengesetzten Wörtern der Fall ist), so hat die Wortsylbe des Bestimmungswortes den Hauptaccent und die Wortsylbe des Grundwortes einen Nebenaccent, als: Briefträger, Kléiderspínd, Réchentáfel, Dórfbewóhner. — Besteht aber das Wort nur aus den beiden Wortsylben, so kann nur Ein Accent stattfinden, der des Bestimmungswortes, der Nebenaccent muß aber wegfallen, weil keine Sylbe mehr vorhanden ist, über welche das Grundwort könnte hervorgehoben werden, als: Bríefbuch, Háusthür, Ráthhaus.

Um die Kinder stets im deutlichen Bewußtsein der Gründe ihres Thuns zu erhalten, läßt der Lehrer oft Wörter in ihre Wort- und Nebensylben, und zusammengesetzte Wörter in Bestimmungs- und Grundwort zerlegen und sie dann mit richtiger Setzung des Accents aussprechen, worauf sie nachher jedesmal angeben müssen, warum sie so sprechen.

Sowohl das Sylbenlesen als das Wörterlesen wird nie ausschließlich vom Lehrer auf längere Zeit, nicht einmal ganze Stunden hindurch, getrieben, da es, obgleich nothwendige Vorbereitung, doch immer ein unnatürliches Lesen bleibt, bei welchem man fortwährend trennt, was seiner Natur nach zusammengehört. Beim Sylbenlesen fordert er die Kinder zwischenher zuweilen auf, die zu einem Worte gehörigen Sylben noch einmal kurz hinter einander auszusprechen, ohne zwischen ihnen mit der Stimme abzusetzen; und beim Wörterlesen fordert er sie zwischenher eben so auf, besonders bei kurzen Sätzen, die erst einzeln gelesenen Wörter noch einmal kurz hinter einander so auszusprechen, wie sie sprechen würden, wenn sie einem anderen den Inhalt des Gelesenen erzählend mittheilen wollten.

83.

Zehnte Stuffe. Lesen nach Sätzen oder zusammenhängendes Lesen. Auf dieser letzten Stuffe, welche das Ziel aller vorhergegangenen Uebungen ist, soll der Elementarunterricht im Lesen vollendet werden. Der Zweck derselben ist Nachbildung der zusammenhängenden Rede im Lesen und daraus folgt die Hauptregel:

Denke dir, daß du einem anderen dasjenige, was der Inhalt dieser Worte ist, mittheilend sagen wolltest, und sprich sie nun so kurz hinter einander, so zusammenhängend und mit solcher Betonung der Stimme aus, wie du sie in solchem Falle sprechen würdest.

Nachdem wiederholend daran zurück erinnert ist, daß wir in Sätzen sprechen und was Sätze sind, zeigt der Lehrer nun an dem, was sie und er selbst gesprochen haben,

1) daß nicht alle Wörter mit gleicher Stärke gesprochen, sondern daß diejenigen Wörter, welche für das Verständniß unserer Rede die wichtigsten sind, durch einen etwas stärkeren Druck der Stimme und durch ein längeres Verweilen auf ihnen vor den minder wichtigen ausgezeichnet werden. Dies führt auf die Erläuterungen über den Redeaccent und dessen Unterschied vom Wortaccent.

2) daß wenn unsere Rede aus mehren Sätzen besteht, wir zwischen den einzelnen Sätzen mehr oder weniger innehalten, je nachdem diese Sätze näher oder entfernter mit einander verbunden sind, und daß also dadurch Ruhepunkte oder Pausen von verschiedener Dauer entstehen. Um diese auch beim Lesen genauer beobachten zu können, was das Verstehen des Gehörten für den Zuhörer sehr befördert, sind in unserer Schrift gewisse Ruhezeichen eingeführt, welche man gewöhnlich Unterscheidungszeichen nennt.

3) daß man auch nach dem Inhalte des Gesprochenen, je nachdem man erzählt, fragt, eine lebhafte Empfindung

ausdrückt u. s. w., einen verschiedenen Ton der Stimme annimmt. Auch hiefür hat man zur Erleichterung und als Winke für den Lesenden gewisse Zeichen eingeführt, welche man ebenfalls mit unter dem Namen Unterscheidungszeichen begreift. Richtiger würde es jedoch sein, zwischen den vorigen Zeichen und diesen zu unterscheiden, und jene etwa Ruhezeichen, diese aber Sinnzeichen oder Tonzeichen zu nennen (vergl. Rechtschreibelehre Kap. IV).

Wenn wir diesen Unterschied unberücksichtigt lassen und bei der gewöhnlichen Benennung Unterscheidungszeichen verbleiben wollen, so kommt es also beim zusammenhangenden Lesen vorzüglich nur an auf gehörige Beobachtung des Redeaccents und auf angemessene Berücksichtigung der Unterscheidungszeichen.

In Hinsicht auf den Redeaccent ist zu zeigen, daß sich das Setzen desselben gar nicht nach Regeln bestimmen lasse, sondern daß genaues Aufmerken auf den Sinn dessen, was man liest, und Nachahmung guter Vorleser, hierin allmählig zu einer Fertigkeit verhelfen müssen, durch welche man endlich dahin gelangt, auch ohne ein bewußtes Nachdenken allemal die richtigen Wörter mit der Stimme hervorzuheben. Gedankenloses Lesen, bei welchem man den Inhalt des Gelesenen nicht versteht, oder nicht daran denkt, kann freilich nie dahin führen. Da nun alles ausdrucksvolle Lesen vorzüglich auf dem richtigen Setzen des Redeaccentes beruht, so ist Gewöhnung an verständiges Auffassen des Inhaltes ein Gegenstand, worauf der Lehrer frühzeitig, ja von Anfange dieses Unterrichtes an, seine Aufmerksamkeit richten muß.

Wenn die Kinder die Unterscheidungszeichen und allenfalls die Verschiedenheit zwischen Ruhezeichen (, ; : .) und Sinnzeichen (? !) kennen gelernt haben, und wenn sie dabei zum Bewußtsein geführt sind, was es heiße die Stimme sinken lassen und die Stimme erheben, so mag sich der Lehrer allenfalls mit der Angabe folgender allgemeinen Regeln begnügen:

Bei einem Komma oder Strichlein (,) muß man ein wenig innehalten und die Stimme weder heben noch sinken lassen, um anzudeuten, daß das Nachfolgende mit dem Vorhergehenden in naher Verbindung stehe.

Bei einem Semikolon oder Strichpunkt (;) muß man etwas länger innehalten als bei einem Komma und die Stimme ein wenig sinken lassen.

Bei einem Kolon oder Doppelpunkte (:) muß man noch länger innehalten und die Stimme noch etwas mehr sinken lassen als bei einem Semikolon.

Bei einem Punkte muß man am längsten innehalten und die Stimme ganz sinken lassen, um einen größeren Abschnitt und einen Ruhepunkt in der Rede zu bezeichnen, wobei der Lesende sich etwas erholen und der Hörende seine Gedanken sammeln kann.

Bei einem Fragezeichen (?) muß man die Stimme heben, so wie man in der gewöhnlichen Rede eine Frage ausspricht. Wenn es zugleich einen größeren Abschnitt in der Rede bezeichnet, so muß man dabei zugleich so lange innehalten, wie bei einem Punkte.

Bei einem Ausrufungszeichen (!) muß man den Ton der Stimme annehmen, mit welchem man gewöhnlich einen Ausruf ausspricht. — Da man aber aus sehr verschiedenen Bewegungsgründen etwas ausrufen kann, aus Freude, Schmerz, Bewunderung u. s. w., und in allen solchen Fällen der Ton der Stimme verschieden ist, so muß auch im Lesen bei einem Ausrufungszeichen der Ton der Stimme verschieden sein, je nachdem Freude, Schmerz, Bewunderung u. dgl. ausgedrückt werden soll. — Wenn das Ausrufungszeichen zugleich einen größeren Abschnitt der Rede schließt, so muß man dabei ebenfalls solange innehalten, wie bei einem Punkte.

Die Bekanntschaft mit diesen Regeln und die genaue Beobachtung derselben wird die Kinder wenigstens vor den gröbsten und gewöhnlichsten Fehlern bewahren, besonders davor, daß sie nicht überall innehalten, wo ihnen gerade der Athem ausgeht, und daß sie auf der anderen Seite bei jedem Unterscheidungszeichen nicht gleich lange innehalten und die Stimme so sinken lassen, wie es eigentlich nur bei einem Punkte geschehen soll. Dabei bleibt freilich auch in Hinsicht auf die Unterscheidungszeichen noch vieles zu beobachten, indem nach dem näheren oder entfernteren Zusammenhange, in welchem die verschiedenen Abschnitte der Rede zu einander stehen, die Ruhezeiten kürzer oder länger sein können, das Senken und Heben der Stimme in geringerem oder höherem Grade stattfinden muß; aber diese Fälle lassen sich bei ihrer großen Verschiedenheit gar nicht in Regeln erschöpfend angeben, und der Unterricht darüber muß der Anwendung auf die einzelnen besonderen Fälle vorbehalten bleiben.

Berichtigung.

Seite	4	Zeile	25	st. kleinen l. kleineren.
—	23	—	1	st. å, u setze: åü.
		—	2	st. "u — åü.
—	42	—	23	st. aussprachen l. aussprechen.
—	55	—	16	st. Daher l. Dagegen.
—	63	—	30	st. Bildung l. Bedeutung.
—	71	—	12	st. uns l. und.
—	74	—	24	st. auswårts l. aufwårts.
—	81	—	33	st denen l. dem.
—	100	—	13	st. Lautlehre l. Lautreihe.
—	106	—	32	st. aufzustellen l. aufstellen.
—	117	—	11	st. vorbereitet l. verbreitet.
—	158	—	21	st. dl setze dt.
—	162	—	31	st. aber l. also.
—	178	—	13	st. Anleitung l. Ableitung.
—	191	—	5	st. Ahl l. Aal.
—	193	—	24	st. Schofs l. Schoofs.
—	198	—	27	st. im l. in.
—	214	—	28	st. Zungenhauch l Zungen=Kehlhauch.
—	222	—	28	st. seng l. sengt.
—	234	—	14	st. über großer l. übergroßer.

Kolibri 360 GmbH
Ferdinand-Jühlke-Straße 7
99095 Erfurt, Deutschland
produktsicherheit@kolibri360.de